Heritage, Culture and World

유산, 문화, 그리고 세계

유네스코 세계문화유산 탐방 **1** 한국, 북한, 중국, 일본 편
UNESCO World Heritage

유용욱 지음

진인진

유산, 문화, 그리고 세계-유네스코 세계문화유산 탐방 1 (한국, 북한, 중국, 일본 편)

초판 2쇄 발행 | 2023년 9월 18일
    2판 발행 | 2025년 9월 2일

지은이 | 유용욱
편   집 | 배원일, 김민경
발행인 | 김태진
발행처 | 진인진
등   록 | 제25100-2005-000003호
주   소 | 경기도 과천시 관문로 92 101동 1818호(힐스테이트 과천중앙)
전   화 | 02-507-3077-8
팩   스 | 02-507-3079
홈페이지 | http://www.zininzin.co.kr
이메일 | pub@zininzin.co.kr

ⓒ 유용욱 2023
ISBN 978-89-6347-637-7 03900

* 책값은 표지 뒤에 있습니다.

목차

2판을 내며 ·· 5

프롤로그　한·중·일의 세계문화유산을 경쾌하게 즐겨본다 ················· 7

추천사(전곡선사박물관 관장 이한용) ·· 13

제1부　고고학 길라잡이 ··· 16
　제1장　문화유산을 바라보게 해 주는 학문: 고고학이란? ················ 17

제2부　한국의 세계문화유산 ·· 42
　제2장　한국적 허례허식의 기원?: 강화, 고창, 화순 지역의 고인돌 ······ 43
　제3장　세계적으로 희귀한 천년 왕국의 수도: 경주 역사 유적 지구 ······ 65
　제4장　미니멀리즘의 우아함과 세련됨: 백제 역사 유적 지구 ············ 85

제3부　북한과 중국의 세계문화유산 ·· 112
　제5장　천하를 가지는 자의 영욕: 중국의 진시황릉과 만리장성 ········ 113
　제6장　북방에 그들이 있었다: 고대 고구려 왕국의 수도와 묘지 ······ 141
　제7장　하늘 아래 가장 높은 곳: 티베트의 라싸와 포탈라 궁 ·········· 175

제4부　일본의 세계문화유산 ·· 196
　제8장　스펀지처럼 대륙 문화를 빨아들이다: 일본의 고도 나라奈良 ······ 197
　제9장　이중성이 제대로 발휘되는 공간: 효고헌 히메지姫路 성 ········· 221
　제10장　우리는 일본인이 아니다
　　　　　: 오키나와의 슈리首里 성과 구스쿠御城 유적 ······················ 249

에필로그 ·· 275

그림 목록 ·· 277

2판을 내며

2020년도에 1판이 나온 이후 5년의 세월이 흘렀다. 정권이 두 번 바뀌었고 온 세계가 마비되는 팬데믹 기간도 나름 슬기롭게 겪어 냈다. 그러나 이 책의 집필에 필요한 해외 답사는 이뤄질 수 없었고, 여러 가지 개인적인 계획을 수정하면서 '처신과 호구'라는 소극적 학술 행위에만 종사하던 부끄러움만 누적되어 왔다. 그럼에도 불구하고 이 책을 꾸준히 사랑해 준 독자들의 덕분으로 미흡하나마 이렇게 2판을 내 놓을 수 있게 되었다. 2판은 1판 2쇄 발간 이후 2년만에 이루어졌다. 독자들께서 지적해 주신 여러가지 오류와 시대착오적인 내용들은 2쇄에서 대부분 수정되었지만 2판은 그간 누적된 시사적 변화를 적극 반영하였다. 또한 보다 참신한 표지 디자인으로 바꿔서 그간의 단조롭게 보이던 첫인상을 개선해 보려고 하였다. 영어 속담에 'Don't judge a book by its cover'라는 말이 있지만 눈에 보이는 게 중요한 시대가 이미 도래했고, 보이는 게 우선 맘에 들어야 내용이 전달되는 미디어의 속성이 더욱 무겁게 다가왔다. 그 결과 2판은 이전 판본과 비교할 때 전혀 다른 책이 된 감이 없지 않다. 아무쪼록 이 책의 기본적인 취지는 변함없이 독자들에게 전달되었으면 하는 바램이다. 이 책을 만들어 내는데 진인진의 김태진, 김영진 대표님들과 배원일 팀

장님의 노고가 적지 않았다. 다시 한번 감사를 드린다. 마지막으로 이 책의 2판 출간 작업은 충남대학교 산학협력단의 지원을 통하여 발간되었음을 밝힌다(과제번호: 재직 II 2024-0920-01).

프롤로그

한·중·일의 세계문화유산을
경쾌하게 즐겨본다

이 책은 현재 충남대학교에서 교양 강좌로 가르치고 있는 "세계문화유산 탐방"이라는 과목의 교재이다. 또 교육부 산하 국가평생교육진흥원에서 일반인들을 위한 사이버 강좌로 운영 중인 K-무크kmooc.kr '유네스코 세계문화유산의 이해'의 교재도 겸하고 있다.

약 5년에 걸쳐 학교와 교육부의 사이버 강좌를 진행해 오면서 교재를 발간해 달라는 요청에 꾸준히 시달려 왔다. 처음에는 사이버 강좌인데 왜 교재가 필요하겠냐는 의문이 들었다. 하지만 모든 수강생은 사이버 지식의 편의성보다는 책이나 문서가 제공하는 지식처럼 만질 수 있고 소유할 수 있고, 또 자신만의 지식으로 감정이입 할 수 있는 오브제가 필요하다는 것을 알게 되었다.

사실 그동안 고고학을 가르치는 교육자보다는 고고학이라는 학문의 본질에 몰두하는 학자라는 직책에 더 신경을 써 왔었다. 그런데 그간 써 놓은 논문이나 책을 보면 학자라는 간판이 무색할 정도로 도저히 부끄러워 못 내놓을 수준이라는 자괴감이 앞선다. 그러한 자괴감에 대한 스스로 변명이자, 그간 상대적으로 소홀했던 교육자라는 책무를 다시금 생각하기 위해 이 책을 내놓게 되었다.

그래서 사이버 교육에 도움이 될 수 있는 교재용 책으로 시도해 봤다. 사실 사이버 강좌에서 잘못된 지식 전달이나 팩트 체크가 불완전한 경우를 많이 발견했다. 그러한 오류를 수정하고 또 수강생과 청취자들에게 독자로서의 입장 전환을 유도해 잘못된 지식을 정확하게 전달하는 작업을 의도했다. 그 과정에서 수업 시간에 다루지 못했던 이야기를 가볍게 담아 보기도 하였다.

그러다 보니 원래는 1권만으로 끝나려고 했던 작업이 4권이라는 방대한 분량으로 발전하게 되었다. 이건 전적으로 나의 무능함과 게으름의 소산이다. 독자 여러분들의 너그러운 이해를 바란다. 그러나 세계문화유산은 시간이 흐를수록 더욱 풍부해지고 다양해질 것이 분명하므로 앞으로 이 분야에서 독자들께 새로운 지식을 꾸준히 전달하겠다는 약속은 드리고자 한다.

내가 몸담은 충남대학교 고고학과에서는 다양한 분야의 고고학을 지도하고 또 연구하면서 뭔가 새로운 시각으로서의 고고학을 꾸준히 실험해 왔다. 그중 하나가 바로 대중들에게 더 친숙하게 다가설 수 있는 고고학 콘텐츠의 개발이다. 고고학 콘텐츠로서 가장 핵심적인 것이 바로 과거의 문화 콘텐츠이자 현재의 관광 콘텐츠이기도 한 문화유산을 들 수 있다. 한국뿐 아니라 전 세계적으로 문화유산에 관한 관심은 더 구체적으로 발전하고 있다. 인터넷의 발달과 개인 SNS, 또 유튜브와 같은 1인 미디어를 통해 지식은 다양한 방식으로 생산되고 소비되기도 한다.

하지만 이렇게 다양한 플랫폼으로 소비되는 콘텐츠는 그 자체만으로 신뢰할 수 있는 지식을 제공하지는 않는다. 지식은 다양한 미디어를 통해 전달될 수 있지만 아직은 책을 능가하는 콘텐츠 전달 매체가 없다고 개인적으로 생각한다. 이런 생각이 들게 된 이유는 학생과 일반인들을 대상으로 하는 강좌를 담당해 오면서 근거 없이 전파되는 지식 아닌 지식이 고정관념으로 바뀌어 올바른 지식을 받아들이는 데 장애로 자리 잡은 것을 느꼈기 때문이다. 강의실에서 교수나 선생이 전달하는 지식은 권위와 신뢰가 사라졌지만, 포털 사이트의 익명 댓글은 훨씬 더 큰 파급력을 가지게 되었다. 정보 및 지식의 온도 차가 발생하면서 일반 대중은 자신이 듣고 싶은 것만 가려서 듣고, 실제와 허상의 구분은 지극히 주관적인 것이 되어 버렸다. 소위 '포스트모더니즘'의 악화가 '리얼리즘'의 양화를 구축하는 시대가 되어 버린 것이다.

이 책은 적어도 그러한 현실에서 내가 시도해 왔던 잘못된 지식 파급에 대한 자성적 질책이자, 제대로 된 지식을 마음잡고 전달해야만 되겠다는 다짐의 표현이기도 하다. 그렇다고 해서 무겁고 엄숙하면서 무언가 지식의 전달에 대한 책임감을 혼자서 다 짊어진 시늉은 하고 싶지 않다. 이 책은 가벼우면서도 또 책의 어느 부분이든지 맘 내키는 대로 펼쳐 읽어도 무난하게 읽을 수 있도록 구성하였다.

이 책의 제목은 '유산, 문화, 그리고 세계'이다. 거꾸로 하면 '세계문화유산'이다. 나는 고고학에서 다루는 물질 자료, 즉 유물이나 유적과 같은 유산을 통해 과거인의 문화를 파악해 보고자 했다. 이 분야는 역사학과는 다른 방식의 과거에 대한 접근일 것이다. 그리고 이러한 접근이 이루어진다면 전 세계의 과거 문화는 상호 동질적이면서도 고유한 개성이 있다는 것을 궁극적으로 깨닫게 될 것이다. 즉 유산, 문화, 세계라는 제목은 점층적으로 독자들에게 지식과 공감대를 제공하는 궤도로 이해할 수 있다. 또한, 고고학이 실생활에 별로 도움이 안

되는 학문 분야라는 고정관념을 교정하기 위해, 고고학적 시각으로 나 자신이 느껴 온 대한민국 현실에 관한 이야기도 군데군데 집어넣었다. 물론 구덩이에 들어가서 땅이나 파야 할 고고학자라는 신분에서는 주제넘은 일이지만 말이다.

이 책의 정서는 '경쾌함'이다. 나는 지식이 꼭 학술적 장치를 갖춰야만 제대로 전달된다고 생각하지 않는다. 그간 내가 쓴 논문들을 다시 한번 보면 과연 이렇게 재미없고 별것도 없이 잘난 척하기 바쁜 글을 쓰려고 노력했나 싶은 생각이 든다. 진정으로 하고 싶은 얘기는 못하고 실증성과 객관성을 담보하기 위한 인용과 고증에 집착하다 보니 어느새 내용 자체는 없어지고 나 자신의 색깔은 드러내지도 못했다. 그래서 이 책에서는 '나'라는 주관적 주어를 구사하는 데 주저하지 않았다. 그리고 진지함과 엄숙함에 대한 대안으로서 내용은 시종일관 '경쾌함'을 유지하기 위해 노력했다.

'경쾌함'을 견지하기 위해 본문에서는 '비틀어 생각하기', '통속적인 유행어의 구사' 그리고 이해하기 쉬운 '일상적 현상에 대한 비유'를 다양하게 시도해 보았다. 이러한 기재가 결코 '경박함'과 '경솔함'으로 치닫지 않도록 나름 신경은 썼다. 하지만 나하고 전혀 다른 방식으로 생각하실 독자분들도 얼마든지 계실 수 있다. 또한, 가볍게 느껴 보고 흥겹게 글을 쓰면서 본의 아니게 말초적이고 자극적으로 되지 않았나 생각이 들기도 한다. 아무쪼록 독자분들의 엄격한 판단과 질정에 미리 감사를 드릴까 한다.

2018부터 2020년까지 충남대학교박물관 관장으로 있는 동안 일반 대중들과 다양한 강좌를 통해 대중이 과연 어떤 지식을 원하는지 파악할 수 있었다. 그리고 2019년 하반기에 일인 강좌로 시도한 '박물관 콘서트' 프로그램을 통해 이 책의 기본 취지를 잡을 수 있었다. 1권에서는 내가 생각하는 고고학이 과연 무엇인지 전달하고, 이것을 토대로 본격적으로 세계문화유산을 통해 알 수 있는 한국, 북한, 중국, 일본의 역사와 문화에 대하여 살펴보고자 한다. 물론 세계문화유산은 이 네 나라에만 있는 것이 아니다. 향후 발간될 2권부터 4권까지는 동아시아를 벗어나 우리에게 비교적 생소한 기타 아시아 지역 및 유럽, 아프리카, 북미와 남미 등을 순차적으로 방문할 예정이다.

이 책을 만드는데 많은 분의 도움이 함께 했다. 우선 다양한 세계문화유산에 대해 값진 조언을 주신 충남대학교 고고학과 박순발, 박양진, 우재병 세 분의 선임 교수님께 감사를 드린다. 특히 박양진 교수님은 고구려 문화유산 사진을 직접 제공해 주기도 했다. 같은 과에서 함께 가르치는 선생들인 주경미, 이판섭 박사께도 감사를 드린다. 두 분이 제공하신 값진 사진들은 이 책에서 다시금 독자에게 생생한 현장감을 제공하는 데 공헌하였다. 선생들뿐만 아니라 학생들에게도 염치없는 도움을 받았다. 충남대학교 고고학과 졸업생인 이주선 군의 오키나와 사진은 화재로 불타 없어져 버린 슈리 성 모습을 용케 이 책에 담아내게 해 주었다. 전곡선사박물관 학예사 김형준 선생, K-무크 강좌 및 대전·충남·세종과 거점국립대 사이버 강좌의 조교인 송채민, 이윤서, 구본영 등의 충남대학교 고고학과 학생들은 이 책의 초고를 읽고 교정 및 값진 조언을 남겨 주었다.

학교 외부에서도 많은 도움을 받았다. 경주시청의 이주업 학예사, 동아시아고고학연구소의 김영현 선생은 이 책에 실린 다양한 자료와 사진에 아낌없는 협찬을 베풀어 주셨다. 고려대학교 한국사학과의 송양섭 교수님은 초고를 읽고 유익한 평을 남겨 주셨다. 전곡선사박물관의 이한용 관장님께서는 이 책의 가치를 인정하시고 기꺼이 추천사를 써 주셨다. 마지막으로 이 책의 편집과 인쇄 및 출판을 담당해 준 도서출판 진인진의 배원일 선생과 김민경 선생께도 감사를 드린다. 여러 가지 행정적 절차로 곤란한 상황을 겪었지만 묵묵하게 나를 믿고 출판 업무를 진행해 주었다. 아무쪼록 이 책에서 발견되는 어떠한 오류나 잘못된 사항들은 전적으로 나의 몫이라고 말씀드린다.

2020년 2월 25일

於 麗澤齋

彩羽 유용욱

추천사

몇 년 전 대학 동기들과 유럽 여행을 다녀올 기회가 생겼다. 시간은 넉넉하지 않고 보고 싶은 곳은 많아 해박한 여행 상식의 대가 유용욱 교수에게 여행 코스를 의뢰한 적이 있었다. 유용욱 교수는 4페이지에 달하는 여행 계획서를 꼼꼼히 적어서 보내왔는데, 그 내용이 너무나도 재미있고 알차서 '이런 스타일의 여행안내서를 내면 참 좋겠구나'라고 생각한 적이 있었다.

그 유용욱 교수가 『유산, 문화, 그리고 세계』라는 책을 써서 나에게 추천사를 부탁했다. 유 교수의 여행 계획서 덕에 즐겁고 유익한 유럽 여행을 했던 기억을 되살리며, 보내온 원고를 한 장 한 장 읽어 보았다. '역시 유용욱이구먼'이라는 말이 저절로 나올 정도로 경쾌하면서도 유익한 내용이 유 교수 특유의 직설적이면서도 간결한 문체로 눈에 쏙쏙 들어왔다.

유용욱 교수는 충남대학교 고고학과 교수다. 내가 아는 한 그는 고고학을 가장 사랑하고 열심히 공부하는 학자다. 그는 고고학을 공부하면서 항상 새로움을 추구하고, 그만큼 기존의 것에 대한 성찰을 소중하게 여긴다. 그리고 이를 통해 고고학의 역할과 위상을 꾸준히 확장해 오고 있다. 고고학이 그저 땅 파서 나오는 그릇 조각이나 돌멩이들에만 탐닉하는 수준의 일차원적인 학문이 아니라는 점을 이 책의 프롤로그에서 아주 잘 밝히고 있다. 이 부분은 일반인들이 고고학에 대해 가지고 있는 선입견을 교정해 주고 고정된 시야를 넓혀줄 것으로 기대되는 대목이다.

유용욱 교수는 학생들을 가르치는 교육자다. 그는 내가 아는 한 제자 사랑이 가장 넘치는 유별난 대학교수다. 벌써 수년째 방학이면 학생들을 데리고 한 달도 넘는 세계문화유산 답사 여행을 다녀왔다. 유럽에서는 직접 렌터카를 몰며 학생들과 숙식을 같이하고, 마치 부모와 같이 학생들과 생사고락을 같이한다. 그야말로 직접 경험한 사람만 알 수 있는 고고학자의 답사 여행이다. 이 여정을 지켜보며, 요즘 세상에 학생들을 데리고 그 고생길을 나서는 교수도 신기하고 이 괴짜 교수의 고행길에 따라나서는 학생들의 열정도 대단하다는 생각을 했다. 이 고된 여정의 결과물들이 이번에 출간된 『유산, 문화, 그리고 세계』에 잘 녹아 들어 있다.

이 책은 두 마리 토끼 정도가 아니라 여러 마리의 토끼를 잡을 수 있는 책이다. 일단 재미가 가득하다. 유용욱 교수이기 때문에 가능한 촌철살인과 탄탄한 내공으로 무장된 지적 소산이 유 교수만의 유려한 문체로 전달된다. 세계문화유산이라는 다소 딱딱한 소재를 다루고 있음에도 불구하고 저자가 서문에서 분명하게 언급했듯이 경쾌한 리듬을 타고 있다. 우리나라와 중국 그리고 일본의 세계문화유산을 소개하기 위해 넓은 시각으로 펼쳐낸 통사는 마치 무협지를 읽는 것처럼 흥미진진하면서도 두툼한 교양서 수준을 넘어서는 알찬 지식도 전달해 준다. 또한, 세계문화유산이 갖는 역사적, 지역적 의미가 잘 정리되어 있어 새로운 시각으로 세계문화유산을 바라볼 수 있게 도와준다. 당연히 전공자는 물론 일반 독자 및 각종 시험을 준비하는 취준생들에게도 자신 있게 추천하는 이유다.

본 책이 1권으로 끝나지 않고 앞으로도 꾸준히 속편으로 등장한다는 것은 너무나도 반갑고 흥미진진한 일이다. 어린 시절 매주 수요일 저녁 6시의 만화영화를 기다리는 심정, 혹은 여름방학 특선 극장 관람을 기대하는 심정과 같다. 간만에 지적인 욕구를 자극하면서도 일반인들의 눈높이에 맞추는 작업을 게을리하지 않은 더 큰 성과를 이룬 책을 만나서 흐뭇하다. 이런 흐뭇함이 다른 독자들에게도 그대로 전달되었으면 하는 바람이다.

2020년 전곡선사박물관 관장
이한용 적음

제1부

고고학
길라잡이

1 한국, 북한, 중국, 일본 편

Heritage, Culture and World
유산, 문화, 그리고 세계
유네스코 세계문화유산 탐방
UNESCO World Heritage

제1장 문화유산을 바라보게 해 주는 학문
: 고고학이란?

1. 고고학의 은밀한 매력

고고학과 역사학의 관계

이 책을 읽는 대부분 독자들은 고고학이라는 단어를 한번쯤은 들어 봤을 것이다. 하지만 고고학이 과연 무엇인지 알고 있는 사람이 많지 않을 것이다. 보통 고고학하면 땅을 파고 유물을 발굴하는 일로만 알고 있다. 중요한 것은, 이렇게 널리 알려진 내용이 일반인들이 느끼기에는 이해 안되는 면이 없지 않다. 과연 땅을 왜 파고 거기서 유물을 왜 발견할까? 그건 바로 과거를 탐구하려는 목적 때문이다. 그리고 과거는 대부분 땅속에 묻혀있다.

땅속에 묻혀있는 과거를 대상으로 하는 이유는 우리가 미래를 대비하는데 필요한 지식을 오직 과거로부터 얻을 수 있기 때문이다. 과거를 이해하는데 알지도 못하는 미래를 가져올 수도 없다. 과거에 대한 이해는 우리가 현재와 미래를 대비하기 위해 유일하게 의지할 수 있는 지적 토대이다. 지극히 당연한 얘기 아닌가? 하지만 당연할수록 의외로 쉽게 다가오지 않는 게 모든 지식 체계의 함정이다. 고고학의 개념도 바로 그렇다.

고고학을 정의하는 데 있어 역사학과의 관계를 언급하지 않을 수 없다. 고고학과 역사학은 서로 긴밀한 관계를 유지하면서 상호보완적으로 연구를 이어나가고 있다. 고고학은 과거에 일어난 사건과 과거

그림1.1 고고학은 땅속에 묻힌 과거를 땅 밖으로 끄집어낸다. 그 작업을 발굴excavation이라고 한다. 하지만 발굴이 꼭 고고학 전부는 아니다. 사진은 박순발 충남대학교 교수(1, 전 한국고고학회 회장)의 소싯적 발굴 현장에서의 모습과 충남대학교 고고학과 학생들(2)이다.

인류가 어떻게 살아왔는가에 대하여 탐구하기 때문에 역사학과 흡사하다. 내가 몸담은 고고학과에 입학하기 위해 지원한 수험생들을 면접할 때던가, 복수전공이나 편입학을 위해 고고학과 문을 두드리는 학생들을 접하면 이구동성으로 '역사에 관심이 있어서'라는 근거를 제시한다. 하지만 고고학과 역사학은 공통점보다는 차이점이 더 많다고 자신 있게 말할 수 있다. 안타깝지만 역사에 관심이 있어서 고고학과에 진입하려는 학생들에게 나 자신은 냉면이나 돈가스 먹으려고 중국집 가는 걸 보는 심정을 느낀다…물론 냉면과 돈가스를 제공하는 중국집도 더러는 있다.

고고학은 무엇을 갖고 하나?: 기록과 물질

고고학과 역사학의 가장 큰 차이는 문자로 된 기록을 다루냐 그렇지 않느냐에 있다. 좀 더 구체적으로 구분하면, 역사학은 문자로 기록된 자료를 다뤄서 과거를 탐구하지만, 고고학은 문자로 기록된 자료는 물론이고 문자로 표현되지 않은 과거의 모든 물질 자료를 대상으로 한다. 예를 들어 건축물, 유물예술품 이외의 모든 물건이라고 일단 해 놓자, 그림, 서예품, 골동품 및 과거 인간의 손이 닿은 그 모든 것들이 탐구 대상에 포함된다. 역사학과 마찬가지로 과거를 이해하는 데 목적을 두기 때문에 역사학의 한 분야로 생각되기도 한다. 특히 한국의 학문 분야 구분에서는 고고학이 인류학과 함께 엄연히 역사학의 하부 분야로 지정이 되어있다. 물론 이런 구분은 지극히 편의적인 구분일 뿐 제대로 된 구분으로 볼 수는 없다.

'기록'과 '물질'이라는 두 가지 과거 전달 매체만으로 역사학과 고고학을 구별해 보자. 기록은 과거 인간사를 보다 자세하게 남기지만 기록자 자신의 주관과 사견私見이 반영되며 그 기록을 판독하는 사람의 소감과 가치관도 반영한다. 반면에 물질은 과거 인간사의 지극히 일부분만을 간직하지만, 기록자의 주관이 개입할 여지가 없다. 대신 물질에는 다양한 요인을 통한 사후 변형이 작용하고, 이 변형 과정에서 온전한 과거가 가려지거나 잘못 이해될 수 있다.

기록이건 물질이건 후대의 탐구자들은 이러한 주관과 변형을 극복하지 못하면 편견과 오류에 맴돌 수 있다. 그리고 자신이 바라보는 과거를 어떻게 해석하는가에 따라 다양한 견해가 발생할 수 있다. 이는 역시 다양한 토론과 논쟁을 끌어낸다. 이러한 토론과 논쟁이 바로 고고학을 역사학과는 다른 독립된 학문으로 존재하게 만드는 중요한 근거이기도 하다. 고고학만큼 토론과 논쟁이 활발한 학문도 없다. 왜냐하면 새로운 자료가 발견될 때마다 기존 견해는 영향을 받기 때문이다. 이건 마치 실험을 통해 새로운 견해가 꾸준히 등장하는 과학과도 같다. 그래서 고고학을 '과학'이라고 여기는 사람들도 있다이 부분은 나중에 좀 더 자세히 다루겠다.

고고학이 다루는 시간의 깊이: 문자 이전의 시기도 포함

역사학과 고고학의 또 다른 차이는 바로 관심 대상으로서 시간의 규모와 범위다. 역사학은 과거 인류가 직접 문자로 남긴 메시지를 주로 다룬다. 고고학은 문자보다는 별도로 존재하는 물질 자료를 다룬다. 고고학은 문자가 없던 아득히 먼 시기의 과거사까지도 탐구 대상에 포함한다. 이러한 시기는 원칙적으로 역사학에서 다룰 수 없다. 그런 의미에서 고고학이 역사학의 하위 분야라기보다는 오히려 역사학이 고고학 중에서도 하부 특수 분야라고 볼 수도 있다어……그래?.

고고학은 인류의 과거 전체를 다룬다. 인류의 과거 중 문자가 발명되고 활용되는 시기, 즉 역사시대만 다루고, 역사의 산물인 기록만을 대상으로 하는 좁은 의미의 과거 탐구가 역사학이다. 역사학은 연구 대상인 시간적 범위와 다루는 자료의 범위가 고고학보다는 훨씬 더 제한적이다. 그리고 자료의 세부에 집중하고 연구자들의 취향이나 신념에 따라 사실과 전혀 맞지 않는 다양한 해석도 가능하다. '유사역사학'이라 불리는 사이비 역사학이 최근 들어 대중들에게 어필하는 것도 바로 역사학의 이런 면모 때문이다. 이건 고고학을 전공하는 사람으로서 역사학에 대해 고고학의 우월함을 논하는 가치판단이 아니라, 역사학과 고고학의 차이점을 논하는 데서 나오는 자연스러운 사실 인식일 뿐이다.

과거를 생각한다, 그것이 도대체 뭔데 그래?

고고학考古學을 한문의 훈을 따라 문자 그대로 정의하면 옛것을 생각하는 학문이라 정의할 수 있다. '생각할 고考'자는 머리를 통해 생각한다는 것으로, 이는 논리와 이성을 근거로 객관적인 지식 확보를 도모하는 것이다. 혼자만의 생각이나 상상이 아닌, 타인과의 토론까지 거치면서 지식을 탐구하는 의미에서 상고想古나 염고念古 혹은 회고懷古와는 분명한 차이가 있다. 이는 학문으로서의 논리 체계와 철학적 기반까지도 포함하는 것이다.

영어로 고고학은 'archaeology'로 쓴다. 이 단어는 고대 그리스어에서 파생된 단어로서, 과거, 고대를 의미하는 'archaeos'와 이성을 통한 사유 행위를 의미하는 'logos'를 조합해 만든 단어이다. 이는 논리적인 사고와 이성의 판단 작용을 통해 옛것을 생각해야 한다는 의미라 할 수 있다. 발음으로 보나 어원으로 보나 한자어로 고고학, 영어로 아키올로지 모두 다 은근히 멋들어지고 요즘 유행어로 '간지(?)'가 넘쳐흐른다. 바로 이것 때문에 고고학과에 진학하는 학생들도 꽤 많다. 물론 이 글을 쓰는 나도 한때는 그런 학생이었다.

2. 선사고고학과 역사고고학

지금과 전혀 달랐던 인간의 모습을 탐구한다: 선사고고학

고고학은 그 목적과 방법이 뚜렷한 독립적 학문 분야이기 때문에 다양한 세부 분야로 나눌 수 있다. 그 나누는 방법은 여러 가지가 있지만, 앞에서 말했듯이 다루는 시간 범위에 따라 선사고고학과 역사고고학으로 나눌 수 있다. 역사歷史라는 단어는 '문자를 기반으로 한 기록'을 중심으로 연구하는 분야라고 지금까지 줄곧 얘기해 왔다.

그러나 인간의 과거를 볼 때 문자가 등장하는 시기는 지금으로부터 약 4~5000년 전에 불과하다. 또한 문자로 기록·언급되는 시기 중 가장 오래된 시기도 기껏해야 7~8000년 전 안팎이다. 그렇다면 그 이전 시기는 문자를 사용하지 않아서 자기 생각과 의사를 객관적인 방식으로 전달하고 후대에 남길 수 없었던 시기였을 것이다.

문자가 없었던 시기에도 인간은 어엿하게 존재해 왔다물론 지금과 전혀 다른 모습이기는 하지만……. 문자 이전의 인간은 지금과 전혀 다른 모습을 간직하는 기록이 없기 때문에 '도대체 어떻게 다른 모습으로 살고 있었을까?'라는 궁금증을 자아낸다. 그 궁금증을 풀기 위해서는 문자가 아닌 자료, 즉 물질자료인 유물artifact에 전적으로 의존할 수밖에 없다. 고고학은 문자 이전의 시기, 역사 이전의 시기인 선사시대조차도 물질자료를 통해서 연구할 수 있다. 이 분야가 바로 선사고고학 prehistoric archaeology이다.

선사고고학은 오직 고고학만이 다룰 수 있는 분야이며, 역사학history과 완전히 동떨어진 별개 학문으로 인식하기 위해 선사학prehistory이라는 용어로 부를 수도 있다. 그렇다면 선사고고학이 어떤 분야인지는 나름 쉽게 이해할 수 있다. 바로 문자 발생 이전에 역사 기록이 전혀 없던 시기의 문화를 순수하게 유물만으로 탐구하는 분야이다.

최근 들어 중고등학교 한국사 과목에 선사시대에 해당하는 구석기, 신석기, 청동기시대를 모두 삭제하고 곧바로 '고조선시대'라는 용어로 시작하는 개편이 이루어졌다. 이는 청동기시대를 고조선시대로 이름만 바꿔 부르면 그만큼 한반도 역사시대의 개시가 훨씬 더 앞당

겨 질 것이라는 자격지심의 표현에 불과하다. 그리고 앞서 말한대로 일부 학자들의 사적인 견해에 근거한 확대해석이라는 역사학의 본질적 문제점을 잘 드러내 주는 사례이다.물론 중고등학교 학생들에게 '고고학'이나 '선사학' 과목을 별도로 신설해서 가르치면 해결된다. 실제로 선진국은 대부분 그런 교육 과정을 갖추고 있다.

선사고고학과 인류학

우리나라는 고고학이 인문학 분야에서 독립적으로, 혹은 역사학과 함께 존재하지만, 미국을 포함한 신대륙에서는 고고학이 인류학anthropology의 하부 분야로 인식되고 있다. 나도 유학 시절에 고고학을 배웠던 학과는 엄밀히 말하면 고고학과가 아니라 인류학과였다. 그 이

그림1.2 선사고고학은 천지창조보다 훨씬 오래된 인류의 존재를 인정하면서 시작되었다. 여기에 가장 큰 영향을 미친 것이 지리상의 발견과 진화론이다. 진화론 발표 당시 다윈을 원숭이에 풍자한 캐리커처(1)와 캐나다 선사시대 유적 발굴에 참여한 어린이(2)

유는 콜럼버스의 신대륙 발견 이후 상황을 통해서 제시할 수 있다. 15세기 신대륙 발견 이후 유럽인들이 아메리카 대륙에 진출했을 때, 당시 살고 있던 토착인들은 문자가 없던 사회가 대부분이었다. 유럽인들 입장에서 볼 때 토착인들은 미개한 수준의 척박하고 초보적인 문화만 영위하고 있었다. 그들은 아마도 유럽인들의 아주 먼 옛날 조상의 생활사와 비슷한 수준과 모습을 간직하고 있었던 것으로 생각되었다.

따라서 과거를 연구하기 위해 기록이나 유물만큼 당시 실제 생존하던 토착인들을 직접 관찰하고 연구하는 작업이 필요하였다. 그 결과 이질적이고 생소한 문화를 보유한(물론 당시 유럽인의 관점에서 볼 때) 토착인의 생활상과 물질문화를 연구하는 인류학이 새로운 학문 분야로 자리 잡았다. 특히 문자 체계가 없던 북미 지역에서는 인류학 연구가 곧 과거 연구인 고고학을 포함하였다. 지금도 신대륙에서는 고고학이 인류학의 성격을 띠며, 아예 인류학의 하위 분야로 인식되고 있다. 학문적으로 미국의 영향을 깊게 받은 한국도 일부 대학에서는 인류학과에서 고고학을 다루기도 한다.

문명화, 제도, 계층화 및 국가를 다룬다: 역사고고학

선사고고학의 상대 개념인 역사고고학historical archaeology은 무엇일까? 단순하게 얘기하면 문자 발생 이후의 시기를 고고학적으로 탐구하는 분야이다. 문자는 일반적으로 문명civilization이 발생하는 과정에서 정확하고 효율적이고 신뢰할 수 있는 의사소통의 필요에 의해 만들어진다. 문명은 수많은 사람이 통일된 제도하에서 특정한 정치집단의 관리를 받으며 공동체 네트워크를 중심으로 이루게 된 집단 문화의 총체라고 정의할 수 있다.

그림1.3 역사고고학은 문자를 통해 기록이 있는 시대를 다룬다. 하지만 인간 사회에는 꼭 문자가 없어도 문명화가 이루어진 사례가 있다. 이집트 상형문자 해독의 신기원을 마련한 로제타스톤Rosetta Stone(1)과 문자가 없이도 충분히 문명화 단계에 도달한 사례를 보여주는 미국 미시시피 문화 단계의 카호키아Cahokia 마운드 유적(2)

앞서 말한 중고등학교 한국사 과목 교과서의 '고조선시대'라는 용어도 고조선을 엄연한 국가로 인정하고 문명화가 완성되었다는 것을 근거로 하며, 바야흐로 이 때부터 일찍이 한반도의 역사시대가 시작된다는 주장을 담고 있다. 역사가 오래되면 자신이 속한 나라의 유구함을 인정하고 그 유구한 역사를 향유하는 국민들이 자부심을 가질수는 있지만쉬운 말로 '국뽕'이라고 많이들 얘기한다 고조선이 과연 진정한 문명 국가인지는 아직 구체적으로 입증된 바 없다이걸 '실제 자료'를 통해 '증명'한다고 해서 '실증'이라고 한다. 왜냐하면 지금까지 밝혀진 고조선에 대한 정보는 다음과 같은 문명화 및 역사시대의 조건을 충족시킬 수 없기 때문이다.

생산력이 향상되면 부양 인구가 늘어나고, 주어진 입지 조건에서 인구가 증가하면 수없이 많은 문제가 발생한다. 예나 지금이나 사람 많은 곳은 문제도 많고 해결책도 많은 것이 지극히 당연하다. 사람 머릿수가 증가하면서 발생하는 오만 가지 문제를 해결하려면 다양한 제도institution들이 필요하다. 이상한 짓을 못하게 규제하는 법률, 신체뿐만 아니라 정신까지 복종하게 만드는 종교, 이러한 법률과 종교를 관장하는 지도자 및 그 지도자를 추종하고 권력을 행사하는 특권계급, 쉬운 아니 어려운 말로 관료bureaucrats라 불리는 집단들이 이러한 제도의 사례라 볼 수 있다.

이러한 제도가 등장하면 필연적으로 사회의 계층화가 진행된다. 사회계층화stratification는 생산력의 차이에 따른 빈부 격차를 통해 이루어진다. 가진 자들은 못 가진 자들의 밥줄을 쥐고 흔들면서 자신이 해야 할 일을 그들에게 강제로 대신시킬 수 있다. 이게 바로 계급 간 불평등이고, 생산력이 향상되면서 필연적으로 발생하는 생산 불균형과 잉여 생산의 편중에서 기인하는 자연적 혹은 인위적인 현상이다. 가장 인위적인 것은 가장 자연적이라는 패러독스가 여기서 등장하는 셈이다. 무슨 얘기인지 모르겠다고? 적어도 지금은 몰라도 된다.

아무튼 문명화는 이러한 복합적 상태가 진행되면서 발생하는 국가state와 밀접하게 관련 있다. 세계5대 문명이니 7대 문명이니 그런 것들은 대부분 초기 고대국가들 중에서 규모가 크고, 시기가 오래되고, 멋들어진 유물과 유적이 아직은 그나마 잘 남아있는 것들일 뿐이다. 따라서 지금은 흔적도 없이 사라진 문명과 고대국가가 또다시 발견될 가능성은 무궁무진하다. 가끔 매스컴을 장식하는 이런 대대적인 문명의 발견 및 발굴 때문에 고고학자가 아직은 밥을 굶지 않고 사는 듯하다. 쩝.

주관적인 역사학을 객관화시키는 역사고고학

선사고고학과 달리 역사고고학은 이렇게 문자 체계가 존재하는 시대 및 사회를 탐구하는 분야이다. 그렇다면 대부분 문명화를 이룩한 과거 집단을 대상으로 한다는 말인가? 그렇다! 그러면 역사 기록이 버젓이 있는데 뭐 하러 힘들게 유물까지 연구하나? 이에 대한 답변으로, '기록을 과연 우리가 어디까지 믿고 받아들일 수 있을까?'라는 질문을 할 수 있다. 기록은 쓰는 사람의 가치관과 쓰인 시대 및 사회를 반영한다. 그 반영 과정에서 쓰는 사람의 입장에 따라 사실이건 허구이건 첨삭과 윤색을 거칠 수 있다.

예를 들어 보자. 『삼국사기』는 그 치밀함과 고증의 정확함 때문에 우리나라에서 정사正史로 인정받고 고대사를 연구하는 데 있어 필독서로 자리 잡고 있다 물론 고고학자들은 잘 안 읽기는 하더라. 하지만 삼국사기는 12세기 중반 고려시대에 써졌다. 대표 저자인 김부식은 경주 지역을 출신 배경으로 하는 사대부이다. 삼국사기는 고려 중기 당시 불교와 지방 토호 세력의 이데올로기와는 전혀 다른 유교적 가치관으로 기술한 역사책이다. 고려시대 사대부의 이상주의적 세계관과 신라 중심의 서술이 반영된 삼국사기가 한국 고대사 연구에 미치는 영향은 그 업적이나 가치만큼 커다란 한계와 오류의 위험도 가지고 있다. 그 한계와 위험을 극복할 수 있게 해 주는 분야가 바로 역사고고학이다.

문명과 문자를 기반으로 형성된 국가 안에서도 역사 서술에 포함되지 않는 사람들이 존재하고 그들의 삶은 유물에 반영된다. 특히 소외되고 착취된 하류 계층에 대한 연구는 지배 계층에 의해 '주도되고 편찬된' 역사 서술에 포함되기는 쉽지 않다. 이렇게 역사상의 '듣보(?)들'이 역사에 참여하고 개입하는 매개체는 그들이 만들고 사용한 유물들밖에 없다.

이러한 들보들이 남긴 유물 연구를 통해 역사 서술에 등장하지 않는 다양한 사건과 인물들을 재구성할 수 있다. 이것이 바로 역사고고학이 이루어지는 방식이다. 그리고 역사고고학을 통해 더욱 객관적이고, 포괄적이고, 정확하고 제대로 된 역사를 이룩할 수 있다좋은 건 다 갖다 붙였네. 한마디로 역사학을 좀 더 민주화하는 학문 분야라고 볼 수 있다.

앞서 말한 고조선은 '8조법금'이라는 법전이 있고 '노예'가 존재한다는 『삼국유사』 등의 기록이 있지만 실제 영토는 어느 지역까지 해당하고 또 왕이 거주하던 중심지는 과연 지금의 중국 동북지방인지 아니면 한반도 북부인지도 불분명하다. 다만 당시 고조선의 영토가 확실한 지역의 유물상은 이전 시기인 청동기시대와 큰 차이가 없다. 따라서 고조선이 과연 문명국가이고, 역사시대에 해당하는 단계인지는 앞으로 발견될 자료를 기대하는 수밖에 없다그러니 근거도 없이 무턱대고 고조선이 아시아 전체를 점령하던 초강대국이라는 견해는 가려서 듣도록 하자.

3. 인문학으로서의 고고학과 과학으로서의 고고학

인간을 대상으로 해야 고고학이다.

고고학의 두 번째 구분은 인문학으로서의 고고학과 과학으로서의 고고학이다. 인문학으로서의 고고학archaeology as humanity은 고고학이 궁극적으로 다루는 대상은 인간이라는 의미이다. 인문학이란 무엇인가? 궤변처럼 들릴 수도 있지만, 인문학은 인간과 관련된 모든 것을 다루는 것이다. 인간의 본질, 즉 동물과는 다르게 도구와 언어를 사용하고 정교하고 논리적인 사고를 할 수 있는 인간의 특징을 탐구하는 것이 인문학이다. 그렇기 때문에 인문학에는 문학, 어학, 역사, 철학 등의 여러 분야가 포함된다. 동식물이 말하고 글 쓰고 그들의 과거를 기록하고 자신만의 시각으로 세계의 본질을 탐구하나? 인간만이 한다. 그리고 그러한 인간의 특성과 그 결과를 다루는 게 인문학이다.

고고학도 과거 인류의 흔적 및 그들이 남긴 문화를 탐구한다. 그리고 이를 통해 인간 그 자체를 보다 포괄적으로 이해하려고 도모한다. 고고학은 인간 및 인간이 남긴 산물을 탐구하는 것에 궁극적인 목적이 있기 때문에 인문학에 포함된다. 인문학은 이미 말한 대로 인간 사회가 문명화를 거치면서 비로소 만들어진 문화적 산물문학과 역사 및 예술 등을 주로 다루기 때문에 인문학으로서의 고고학은 선사보다는 역사고고학 분야에서 그 특징이 더 두드러진다고 볼 수 있다.

그렇다면 인문학으로서의 고고학이 인간 자체를 다루지 않은 적이 있었나? 나는 20세기 들어 현대고고학이 구체적으로 '인간 자체를 다룬 적은 별로 없지 않았나?'라는 생각을 가끔 하곤 한다. 인간의 손을 거친만들었건 사용했건 파괴했건 물질 자료를 다룬다는 기본 전제로 인하여 고고학은 물질 그 자체만 연구했을 뿐이다. 그리고 물질을 연구한 결과를 통해 궁극적으로 인간 자체에 대한 연구까지 적극적으로 도달하려는 노력은 별로 없었다 해도 과언이 아니다.

탈과정주의 고고학과 한국고고학

1980년대 이후 영국을 중심으로 소위 탈과정주의 고고학post-processual archaeology이라는 학파가 등장해서 현대 고고학의 중요한 사조로 등극하였다. 이 학파는 인간을 다시 고고학의 연구 대상으로 재등장시키는 데 주력한다. 인간의 본질을 고고학적으로 다루기 위해 다른 인문학 분야인 철학, 역사학의 시각 및 문예사조까지 적극적으로 활용해서 보다 입체적이고 다변적인 과거를 해석하고자 한다. 특히 결정론적이고 기계적인 결론 도출을 경계하고 과거인의 정신세계와 사유체계까지 탐구할 수 있다는 지적 낙관론, 여기에 결부되는 열린 담론과 다양한 견해 및 소수 의견에 귀 기울이는 학술적 태도는 현대의 포스트모던적 사고와 잘 부합하는 경향이다.

하지만 이러한 인문학으로서의 고고학에 대한 성찰과 고민은 한국 고고학계에서는 아직은 뚜렷한 결과가 등장하지 않고 있다. 한국의 고고학은 대중적이든 아니면 학술적이든 땅 파고 유물 캐내는 데 주력하는 실무 및 발굴 위주의 현장 고고학field archaeology이 득세하면서 고고학의 수단, 즉 방법론으로서의 접근에 치중하는 경향이 있다. 특히 탈과정주의 고고학은 흙먼지 마시면서 블루칼라적 일꾼으로 종사하는 현장 고고학자들에게 전혀 뜬금없는 소양으로 인식되는 각종 이데올로기와 철학·문학 사조 등을 종횡으로 구사하기 때문에 지적으로 진입 장벽이 높다는 선입견이 있다.

인문학적 혹은 탈과정고고학은 어디까지나 과거인이 만들어 놓은 여러가지 지나간 일들을 후세의 현대인이 탐구한다는 것을 전제로 한다. 따라서 과거인과 현대인들 사이에는 모종의 공통적인 가치관과 행동 방식이 있다고 믿는다. 그렇기 때문에 '확증적인 과거'보다는 앞으로 새로운 자료가 발견되면 얼마든지 바뀔 수 있다는 '열린 과거'를 추구한다. 이렇게 열려 있는 과거에 대한 견해는 외양적으로 불분명하고 무미건조한 결론으로 인식되게 마련이다. 또한 다양한 인문학적 지식들이앞서 말한 철학, 문학, 사회학, 심리학 및 복잡한 이데올로기 관련 지식들 견해를 수용해야만 열린 결론을 받아들일 수 있다. 따라서 한국 고고학계에서 이런 탈과정고고학 풍조는 '몰라도 되든가 아니면 말든가'라는 식으로 등한시되어 온 게 사실이다.

그 결과 발굴 작업 위주의, 좀 더 적나라하게 말하면 유물만 있고 인간은 없는 유물학artifactology이 한국 고고학을 대표하는 수준에만 머무르는 아쉬움을 남겼다. 물론 현장 고고학은 고고학의 중요한 절차이자 고고학이라는 학문을 역사학과 구분해 주는 핵심적 특징이라는 것은 분명하다. 그리고 인문학으로서의 고고학이 반드시 모든 고고학의 필수 요소인 것도 아니다. 하지만 절차와 특징으로서의 국면이 고고학의 근원적 목표를 도외시할 수 있는 근거가 될 수는 없을 것이다.

고고학자는 과학자이다, 글쎄?

고고학은 새로운 유물이 발견되면 기존 견해가 얼마든지 바뀔 수 있기 때문에 실험과 관찰에 근거한 과학들과 유사한 면모가 있다고 얘기한 적 있다모르면 19페이지부터 다시 한번 읽어 보자. 또한 앞서 말한 고조선의 사례와 같이, 결정적이고 어느 누구든지 납득할 수 있는 증거를 통해 '실증'을 해야만 타당한 결론을 내릴 수 있다. 이러한 특성에 근거해서 고고학이 과학이라는 주장이 가능하다. 그러나 나는 고고학이 물리학이나 생물학과 같은 수준의 과학인지에 대해서는 조금 의문이 든다.

과학으로서의 고고학은 '과학적인 고고학'과 밀접한 관련이 있다. 무슨 말장난이냐고 물을 수 있다. 과학적인 고고학scientific archaeology은 과학적 접근 방식을 갖고 고고학을 수행하는 방법과 태도 및 시각

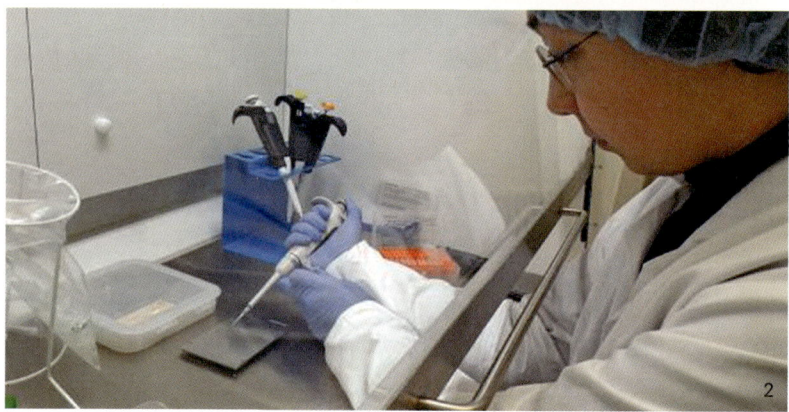

그림1.4 고고학은 야외에서 이루어지기도 하지만 실험실에서 의사 가운을 입고 마스크를 쓰고 진행되기도 한다. 전형적인 블루칼라와 화이트칼라의 직업군을 모두 경험할 수 있는 독특한 분야이다. 사진은 코로나 시국 당시 경기도 연천군 전곡리 구석기 유적의 지표조사를 하는 충남대학교 고고학과 학생들이고(1) 영국 케임브리지 대학 고고학과의 실험실 작업 모습이다(2)

을 의미한다. 과학은 자연계에 존재하는 모든 것, 바로 자연의 본질을 연구하는 분야라 정의할 수 있다 인간을 탐구하는 과학인 의학, 심리학, 사회학 등도 과학으로 존재할 수는 있다. 과학의 대표적 분야인 생물학, 지질학, 물리학, 화학 등은 인간 이외 모든 물적 대상의 본질을 연구하는 분야들이다. 다른 학문 분야에서 드러나지 않는 특징으로서, 고고학은 흥미롭게도 인문학과 과학이라는 두 가지 성격을 모두 가지고 있다.

왜 고고학이 인문학과 과학의 성격을 겸비할까? 그 이유는 고고학의 궁극적 정의인 '물질을 통해서 인간을 파악한다'라는 명제와 밀접한 관련이 있다. 인간을 파악하는 게 인문학의 분야라면 물질을 통한다는 것은 근본적으로 과학의 영역이기 때문이다. 따라서 인간을 파악하는 것이 '목적'이라면 물질을 통한다는 것은 '수단'이 될 수 있다.

그렇기 때문에 '인문학으로서의 고고학'이라는 말은 충분히 그 의미가 납득되지만 '과학으로서의 고고학archaeology as science'이라는 의미는 쉽게 성립하지 않는 게 당연하다. 오직 과학적인 고고학만이 가능할 뿐이다. 이 부분에 대해서는 고고학자들마다 각기 다른 생각이 가능하지만 적어도 이 글을 쓰는 나 자신은 다음과 같이 명확하게 정리해 볼까 한다. '고고학이라는 과학'은 그럴듯하게 들리지만 공허할 뿐이고, '과학 같은 고고학'은 맹목적이지만 타당하다고 생각된다.

고고학과 물질문화

고고학은 인간이 존재하는 시점 이후, 인간의 손을 거친 물건들을 연구 대상으로 다룬다. 따라서 고고학은 인류 발생 이후 인간의 사고와 행위, 그리고 이러한 것들이 반영된 물질문화material culture를 다루는 분야이다. 고고학은 과거 인류 그 자체뿐만 아니라 과거 인류의 생각과 행동을 반영하는 물적 대상, 즉 인간이 남긴 유물을 다룬다. 그래서 인간과는 별도로 존재하는 물질의 기본적 성격인 물성物性, 물질의 자연적인 성격 자체도 연구 대상에 포함된다. 그렇기 때문에 고고학을 하려면 다양한 자연과학적 지식을 가질 필요가 있다.

앞에서 언급한 물리학, 화학은 물질의 기본적 물성을 연구하는 데 중요하고, 생물학은 인간을 포함하여 과거에 인간과 함께 서식한 생물 및 그 환경에 대하여 탐구한다. 지질학 등은 유물이 발견되는 땅 자체 및 이러한 땅이 일으킨 유물의 변형을 연구하는 데 필수적이다. 또한 고고학에서 다루는 각종 자료의 계측치 및 그들의 양적 특성과 군집적 성격을 다루는 수학과 통계학도 현대 고고학에서는 빠질 수 없는 분야가 되었다.

현대 고고학에서는 다양한 과학 기술의 발달로 인하여 더욱 적은 비용으로 더 많은 분야와 범위를 조사할 수 있는 효율성efficacy이 대두하였다. 그 결과 고고학에서는 다른 인문학 분야와 달리 전문 자연과학자와 함께 연구하는 기회가 증가하고 있다. 고고학 관련 논문이나 보고서가 순수과학 잡지인 사이언스Science나 네이처Nature 등에 게재되는 일은 이제 더는 생소한 일이 아니다. 또한 일부 대학에서는 고고학과와는 별도로 고고과학archaeological science이라는 특정 응용과학 분야까지 전문적으로 교육하기도 한다.

고고학은 인간 이전을 다루지 않는다

비록 고고학이 과학적 성격을 가지기는 하지만 본질적으로 인간을 다루기 때문에 인류 발생 이전의 시점은 구체적으로 다루지 않는다. 지구상에 인간이 존재하기 시작한 것은 현재까지 자료로 봤을 때 약 400만 년 전에서 300만 년 전 사이로 추정한다. 이 최초의 인간도 간신히 짐승을 벗어난 수준의 두발 보행자에 불과하다.

이보다 이전 시대는 지질시대geologic time라고 하는데, 고고학은 지질시대를 다루지는 않는다. 정말 유식하고 저명한 인사들과 만나서

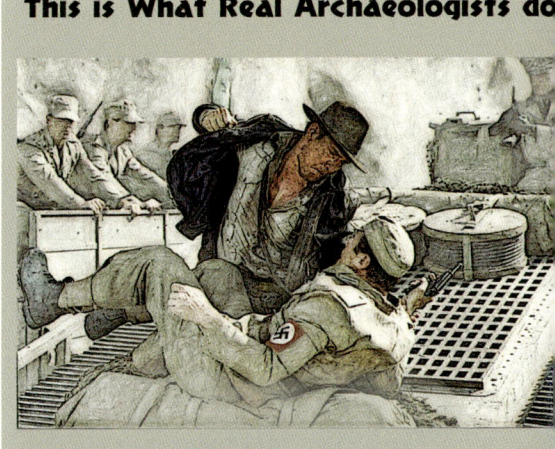

그림1.5 　고고학자가 절대 안 하는 것과 제일 잘하는 것을 모아 놓은 카툰. 고고학과 입학 면접에서 공룡을 탐구하겠다고 말하면 광탈(?)이다. 참고로 나는 고고학과 입학할 때 2지망으로 합격해서 면접 없이 들어왔다. 그렇다고 고고학자가 인디애나 존스처럼 무조건 나치들을 때려잡는 것도 아니다. 이 카툰들은 고고학자들에게 꿈과 희망과 돈벼락을 가져다주기 위해 시작한 공공 네트워크 사이트인 셔블범shovelbums.org; 번역하면 '삽질하는 각설이들'에 등장한다.

대화를 나누다 보면, 한국에서 발견되는 공룡 화석이 글로벌한 수준에서 무슨 의미가 있냐는 아주 거창한 질문을 하기도 한다. 이런 질문 하나 때문에 그 유식하고 저명한 인사들의 무식함을 쉽게 간파할 수가 있다그리고 그런 인사들이 저명인사로 날조되는 이 대한민국 사회를 개탄하게도 만든다.

혹시 스스로 유식하거나 저명하다고 생각하는 사람은 지금 이 책을 읽고 있는 사실에 대단히 고맙게 생각하고 다행스럽게 여기기를 바란다. 다시 한번 말하지만, 고고학에는 공룡, 그런 거 없다. 일단 헐벗은 원시인 여러 명이 나무때기 창과 짱돌 들고 집채만 한 공룡에게 우르르 달려들어 싸우는 사건은 아직 지구상에 보고된 사례가 없다는 점만 강조한다. 공룡은 인류 발생 이전 시기인 지질시대의 중생대에 서식하다가 여러가지 다양한 이유로 중생대 말엽에 전멸하였다. 인류 아니 인류와 비슷하다 볼 수 있는 영장류_{인간을 포함한 모든 종류의 원숭이들}가 등장하는 시점은 중생대 종료 한참 이후인 신생대이다. 혹시 공룡 화석으로 보이는 뼈다귀를 우연히 발견하면 고고학과에 전화질하지 말고 지질학과에 문의하거나 아니면 그냥 경찰서에 신고하는 게 여러 사람 피곤하지 않게 하는 방법이다. 왜냐하면 그 뼈가 발견된 곳은 고고학 유적이 아니라 범죄 현장일 가능성이 더 높고 우리나라 웬만한 곳에서는 중생대만큼 오래 된 지층이 지표면에 노출되는 경우가 드물기 때문에 그 뼈는 공룡 뼈가 아닐 가능성이 높기 때문이다_{허걱, 그럼 도대체 누구 뼈?}.

4. 고고학을 통해 문화유산을 받아들인다

문화유산과 자연유산

이 책에서 다루는 주요 대상은 고고학 자체보다는 고고학이 다루는 주요한 콘텐츠인 문화유산이다. 이러한 문화유산 중에서 전 세계 인류가 공통으로 가치를 인정하고 보전하기 위해 노력하는 유네스코 지정 세계문화유산이 구체적으로 언급될 예정이다.

문화유산은 자연유산과 상대되는 개념으로 이해할 수 있다. 문화culture라는 개념은 인간의 판단과 작용이 결부되어 인간이 의도한 바 대로 조정과 변형을 거친 형태이다. 이와 반대로 자연nature이라는 개

넘은 인간의 자발적이고 의도적인 개입이 결부되지 않은 상태라 볼 수 있다. 따라서 자연유산은 인류가 과거로부터 물려받은 산물 중 자연적인 상태로 변형되지 않고 존재하는 물적 대상이다. 반면 문화유산은 과거 인류가 문화적, 예술적 공법을 가미해 제작한 유물 중 현대인들이 길이 보전하고 후대에 물려줄 가치가 있는 인공 자원을 말한다. 이러한 문화유산의 대표적인 것들로는 문화재, 유적지, 사적지, 국보, 보물들과 같이 국가적으로 소중히 생각해야 하는 대상들도 있다.

자연유산의 예시로 제주도 한라산의 백록담을 들 수 있다. 한라산 백록담은 호수를 보유한 화산 지형 중에서 전 세계적으로 유례가 없는 드문 사례이다. 그래서 꾸준히 보전하고 관리할 필요 때문에 세계자연유산으로 지정되었다. 문화유산의 예시로는 한반도의 남북국시

그림1.6 제주도 한라산의 백록담(1)과 경주 토함산의 석굴암(2). 한국의 대표적인 유네스코 등재 자연유산과 문화유산의 사례이다.

대의통일신라와 발해 신라에 의해 조성된 석굴암石窟庵을 들 수 있다. 통일신라의 국제성과 예술적 기법의 정수를 보여주고 있으며, 당대 종교인 불교의 사상 및 그 한국적 토착화를 보여주는 독자성, 무엇보다 천년이 넘은 시간 동안 거의 완벽한 상태로 보전된 완결성으로 인하여 세계문화유산에 지정되었다. 화강석이라는 자연물을 사용하고 자연적으로 만들어진 굴을 다듬어서 축조했지만, 인간의 손길을 거쳐 자연 상태에서 더 가치 있는 수준으로 승화되었기 때문에 인류 전체의 보편적 가치를 표현하는 문화유산이라고 할 수 있다.

문화재와 골동품이란 무엇일까?

문화유산과 비슷한 개념 중 흔히 접할 수 있는 용어가 바로 '문화재文化財, cultural property'와 '골동품curio'이다. 문화재는 재산의 개념으로서, 돈으로 바꿀 수 있는 물적 가치가 있으며 그 가치는 구체적으로 측정 가능할 때 적용되는 개념이다. 문화재는 한국에서 문화유산이라는 단어가 보편화되기 전에 쓰였던 용어이다. 대한민국의 관련 공공기관은 과거 일제강점기 때 사용되던 용어를 반영해서 '문화재관리국,' '문화재청'이라는 명칭을 쓰다가 2024년 5월을 시작으로 '국가유산청國家遺産廳, Korean Heritage Service'으로 이름을 변경하였다. 그 산하에는 문화유산을 담당하는 국립문화유산연구원, 자연유산을 담당하는 자연유산국, 무형유산을 담당하는 '무형유산국'이 있다. 이 책에서 다루는 한국의 문화유산은 모두 국립문화유산연구원을 통해 지정 및 관리되고 있다. 문화재는 단순한 재산의 개념을 넘어서 보다 포괄적인 의미로 자리 잡고 있다. 즉, 대중에게 공통적인 미적 가치관을 일으킬 수 있는 과거의 산물로 자리 잡고 있으며, 이는 주로 동양권에서만 사용하는 개념에 해당한다.

골동품骨董品, 읽을 때는 '골똥품'은 문화재 중에서 희소가치가 있고 과거의 흔적을 뚜렷하게 간직하고 있는 물건으로 한정한다. 주로 상업적 거래의 목적으로 사용되는 용어라고 할 수 있다. 한국에서는 문화재가 공공재公共財의 의미가 강하기 때문에 재산이나 돈의 개념으로 생각하지는 않는다. 오히려 상당히 건전하면서도 바람직한 가치를 가진 단어로 인식되어 왔다. 하지만 골동품에서 '골동'이라는 단어의 원뜻은 '이미 한번 사용하고 남은 잡다한 가지가지'라는 뜻이기 때문에 문화유산이나 문화재와는 달리 다소 부정적이고, 또 투기나 뇌물 및 문화재 해외 밀반출 등과 같은 '암암리'라는 분위기를 연출해서 현재는 잘 쓰이지 않는다.

지금은 더 포괄적이고 품위 있는 단어인 문화유산이 이러한 의미들을 대체하고 있다. 따라서 이 책을 읽는 독자들도 입하고 귀에 '문화유산'이라는 단어가 익숙해질 필요가 있다. 이 책을 끝까지 읽다 보면 어느새 문화재라는 단어 보다는 문화유산이라는 단어가 자연스럽게 입에 익숙해질 것 같다.

고고학의 역할과 고고학자의 임무

고고학이 학문으로서 담당하는 주요 역할 중 하나는 문화유산을 발견하거나 발굴하는 것이다. 필요할 경우 문화유산들을 과거의 원상태로 복원하는 작업도 포함한다. 복원이 완료되면 이를 학술적으로 연구해 대중에게 널리 알리는 것이 고고학자의 의무이다. 이러한 역할과 의무는 학문으로서의 고고학 그 이상으로 정책적인 성격에 해당하기도 한다. 또한 중요한 역사적 가치가 있거나 훌륭한 미적 가치가 있는 문화유산을 국가 혹은 국제적으로 제정, 보존해 더 많은 대중이 문화적 공감을 향유하고 이를 그대로 후세에 전수하는데 방향과 동기부여를 제공하기도 한다.

그런 의미에서 고고학의 역할과 의무는 단순히 가치중립적인 학문의 성격을 넘어 현재 사회에 구체적으로 기여하는 가치지향적 성격도 분명하다. 해당 사회의 가치는 통치 체제와도 관련 있고 역사적 전통으로부터 자유롭지도 않다. 우리가 가치를 추구하고 그러한 가치를 인정하는 것이 바로 인간이 인간다울 수 있는 또 다른 특징이다. 인문학으로서의 고고학을 한다는 것은 바로 공공성公共性을 추구하고 견지해야 하는 당위성을 전제로 한다.

고고학이 흔히 일반인들에게 잘못 이해되는 성격은 바로 '무덤이나 파헤치고 고리짝(?) 시절의 물건이나 만지작거리면서 탁상공론이나 하는 공허한 학문'이라는 것이다. 하지만 앞에서 살펴본 바와 같이 고고학은 역사학이나 인류학과는 분명하게 구분되는 성격을 가지고 있으며 인문학과 과학을 동시에 표방하면서도 결코 그 목적과 수단을 혼동하지 않는다. 또한 현대 사회에 정책적인 측면으로 기여할 수도 있다.

이 책은 고고학의 이러한 성격을 근거로 인류 보편 가치가 구체적으로 투영된 세계문화유산의 다양함을 살펴보고자 한다. 그리고 그러한 세계문화유산이 가지는 역사적 배경을 음미해 보고자 한다. 이를 통해 우리의 현재 세계에 대해 더욱 진지하면서도 정치적으로 올바른 가치관을 새롭게 마련할 수 있다면 그게 바로 고고학이 사회에 기여하는 바일 것이다.

1 한국, 북한, 중국, 일본 편

Heritage, Culture and World
유산, 문화, 그리고 세계
유네스코 세계문화유산 탐방
UNESCO World Heritage

제2부

한국의 세계문화유산

1 한국, 북한, 중국, 일본 편

Heritage, Culture and World

유산, 문화, 그리고 세계
유네스코 세계문화유산 탐방
UNESCO World Heritage

제2장 한국적 허례허식의 기원?
: 강화, 고창, 화순 지역의 고인돌

1. '청동기시대'는 어떤 시대인가?

선사시대 그리고 청동기시대

고고학이 고고학으로서 고유한 역할을 든다면 그건 바로 문자 이전 선사시대에 대한 지식을 탐구하는 것이다. 나도 전공이 선사고고학이라 그런지 모르겠지만 왠지 고고학은 선사시대를 연구해야 고고학답고 고고학자답다는 자기암시가 있다. 물론 역사고고학도 역사학이 건네주지 못하는 더 자세한 지식을 전달해 줄 수 있다. 하지만 선사시대 하면 왠지 모르게 우주를 탐구하거나 바닷속 깊은 곳 혹은 땅속의 지각 기저부같이 전혀 가 본 적 없고 알 수도 없고 앞으로 가기도 불가능할 그런 미지의 공간을 탐구한다는 느낌이 든다. 그리고 우리와 전혀 다른 방식으로 살던 당시 사람에 대하여 고정관념을 벗어나서 탐구할 수 있다는 지적 유희가 있다.

　근거 없는 선사고고학 예찬으로 흘렀지만, 어쨌든 지금 얘기한 선사시대는 전 세계적으로 그 종료 시점이 각기 다르다. 문명화가 일찍 진행된 곳은 신석기시대부터 초기 문자를 구사하기도 했고, 조금 더 딘 곳은 철기시대가 되어서야 비로소 문명화의 시초가 싹 트기 시작한다물론 문자사용 단계로 결코 진입하지 못한 사회도 있기는 하다. 하지만 대부분 문명은 청동기시대를 거치면서 본격화된다. 중국의 황하 문명은 약 BC 1700년경에 청동기와 복골 및 귀갑을 특징으로 하며 발생하였다.

최근에는 간쑤성甘肅省에서 발견된 마자야오마지아야오, 馬家窯 문화에서 연대가 훨씬 올라가는BC 3000 청동기를 일찌감치 보유했다는 사실이 알려지기도 했다.

오리엔트 문명이라 불리는 이집트와 메소포타미아 문명도 기원전 4000년경에 발달한 농경과 청동기를 기반으로 형성되었다. 이후 이러한 청동기 제작 기술은 지중해 연안으로 널리 전파되면서 유럽의 내륙까지 파급되기도 한다. 인도의 인더스 문명은 기원전 2500년경에 시작되었는데, 여기서도 일부 청동기 제작 흔적이 나타난다. 참고로 우리 귀에 익숙한 '세계 4대 문명'이라는 용어는 중국의 개화사상가인 양계초량치차오, 梁啓超가 고안한 용어로서, 실제 동양권 이외에는 전혀 쓰지 않는 용어이다. 사실 '세계 ~대'라던가 '세계 최초'와 같이 기수·서수 숫자 놀이를 통한 가치의 양질 전환은 우리나라와 같은 동아시아에서 상당히 보편화된 허장성세일 뿐이다인터넷 댓글 놀이든가 근거 없이 나이 올려치기 등도 다 이런 정서를 반영한다.

농경, 잉여생산물, 그리고 계급

한국의 청동기시대는 농경이 시작된 이후 중국 동북 지역의 청동기가 유입되면서 시작된다. 당시 청동기는 원재료인 동광석을 구하기 쉽지 않았기 때문에 실제 청동기시대라 해도 청동 유물은 보편화되지 않고 희소성이 높다. 즉 아무나 만들고 사용할 수 있는 수준의 생필품이 아니라 지극히 한정된 특권자들이 당시 외래 기원한 청동기를 일부 소유한 것이다. 그렇기 때문에 한국에서 청동기시대에는 실제 청동기보다 석기, 그것도 구석기시대와는 달리 보다 정교하게 갈아서 만든 마제석기간석기, 磨製石器가 보편적으로 사용되었다. 지금도 청동기시대의 청동기는 가뭄에 콩 나는 듯한 수준으로 확인되고 있을 뿐이다. 그렇기 때문에 본격적으로 농사를 짓던 청동기시대에도 마구 사용하는 일상 용기인 농기구나 연장 등은 엄연히 마제석기로 만든 것들이 대부분이다.

하지만 이렇게 희소가치가 있는 청동기의 성격 때문에 바로 청동기시대 사회의 특성이 뚜렷해진다. 청동기시대는 농경이 본격적으로 이루어지고 빠른 속도로 파급되는 시기다. 농경은 자급자족 경제를 더욱 집약적으로 만들기는 하지만 동시에 자급자족 경제를 와해시키는 이중성이 있다. 식물자원을 인위적으로 재배하면 특정 집단이 소비할 수 있는 최대치 분량보다 더 많은 양이 항상 생산된다. 따라서 농사를 짓는 실제 경작 인원 전체가 소비하지 못하고 남는 잉여생산물이 필연적으로 발생한다.

이러한 잉여생산물이 무상으로 타인들에게 제공되면 아직 우리는 마제석기로 농사지으면서 문명화를 이룰 필요가 없었을 것이다. 하지만 전 세계 선사시대 농경인들은 이러한 잉여생산물을 더욱 현명하면서도 교활하게 자기 자신을 위해 재투자해 왔다. 바로 생산 능력이 없는 타인들에게 잉여생산물을 제공하고 그 대가로 자신들이 담당하던 노동을 그들이 대신하도록 강요한다. 잉여생산물을 갖고 타인의 밥줄을 움켜쥐면서 자신이 해야 할 일을 대신하게 만드는 작용. 가진 자와 가지지 못 한 자의 갈등이고 이게 바로 계급투쟁의 발생이다.

1966년에 셀지오 레오네가 감독한 스파게티 웨스턴 영화인 〈석양의 무법자*The Good, the Bad, and the Ugly*〉에서 마지막 부분에 이런 대사가 등장한다. "세상에는 두 부류의 사람이 있지, 총을 가진 자와 삽을 가진 자. 빨리 땅이나 파!" 이 대사는 바로 유산계급과 무산계급 간의 투쟁을 가장 통렬하게 드러내는 말일 것이다. 총을 가진 자는 타인의 명

그림2.1 1966년에 제작된 〈석양의 무법자〉국내 개봉명은 '석양에 돌아오다' 오리지널 이탈리아 버전 포스터. 영어로는 'The good, the bad, and the ugly'이지만 이탈리아로는 'Il buono, il brutto, il cattivo'이다. 이걸 직역하면 '착한 놈, 너절한 놈, 썩어 빠진 놈' 이란 뜻이다.

줄을 쥐락펴락하는 사람이고 삽을 가진 사람은 죽지 않으려면 열심히 노동해야만 한다. 이러한 계급 간의 갈등도 선사시대인 청동기시대부터 본격화되었을 것이다. 여기에는 수렵-채집 경제를 벗어나 보다 진화한 생계 경제 방식인 농경이 만들어 내는 잉여생산물이 큰 매개로 작동한다.

사회 계층화가 만들어 낸 비효율적 산물의 극치: 고인돌

청동기시대에 생산도구와 생산물을 독점하는 한정된 수효의 유산계급은 잉여생산물을 미끼로 해서 무산계급의 노동력을 다양한 방식으로 착취하고 투입한다. 또한 노동력 이외에 당시 구하기 엄청 힘들던 청동기나 옥, 그리고 고고학적으로 잘 남지는 않지만 진귀한 먹거리 예: 술이나 외래산 동식물 및 그 가공품를 독점적으로 소유한다. 더불어, 이전까지는 전혀 쓸데없고 비효율적인 짓에 해당하던 '무거운 돌 멀리서 질질 끌어와서 힘들게 세우는' 작업을 자신의 무덤 건설에 활용한다.

이런 짓은 자기가 하면 몹시 고달프고 짜증 나지만 남 시키면 그것보다 유쾌, 상쾌, 통쾌한 일도 없을 것이다. 사실 사람이 죽어 시체가 생기면 땅 파고 고이 묻으면 그만이다. 이런 단순매장법은 구석기시대부터 이루어져 왔다. 하지만 가진 게 넘쳐나고 주변에 자신이 못살게 굴어도 전혀 저항하지 못할 아래 것들이 넘쳐나면 이상한 데로 자신의 재력才力이 아니라 財力이다을 과시하고 타인의 노동력을 착취하면서 자신의 존재 가치를 드러내려고 한다왠지 예나 지금이나 사람들은 똑같다는 생각이 안 드는가?.

그래서 고안된 것이 바로 무겁디무거운 돌을 낑낑 끌고 높은 곳으로 이동해서 사람 시체 묻어 놓은 곳 위에다 갖다 놓거나 아니면 멀리서도 볼 수 있도록 아래에 또 다른 돌로 괴어 놓은 것들이다. 고인돌은 한문으로 지석묘支石墓라고 하는데 이건 '괴어 놓은' 돌무덤이라는 뜻이다. 괸돌, 아니 고인돌은 바로 이렇게 청동기시대 사람들이 축조한 무덤으로서, 바윗돌 밑에 사람의 시신을 묻고 큰 돌을 덮어 사람이 묻혔다는 표식을 한 일종의 선사시대 기념물이다.

한국에서 불평등의 기원

고인돌이 만들어지던 한국의 청동기시대는 금속기가 북방에서 유입되고 사회 계층의 분화가 시작되던 시기이다. 북한의 경우 청동기시대의 개시는 유물 상에서 드러나는 증거로 봤을 때 기원전 2000년경이며, 남한 전역에 청동기가 파급되는 시기는 기원전 400년경이다.

앞서 1부에서 언급했듯이 이 시기는 역사학계에서 '고조선시대'로 부르기도 한다. 이는 조선 전기에 편찬된 역사서인 『동국통감東國通鑑』에 단군신화의 고조선은 기원전 2333년에 건국했다는 기록을 근거로 한다. 나이가 좀 있는 독자들은 과거 대한민국에서 널리 쓰이던 '단기 ~년'이라는 용어를 기억한다. 이건 바로 동국통감에 나온 단군조선 건국 연대를 기준으로 한 우리나라만의 연대 계산법이다. 지금은 고고학 자료와 각종 문헌 자료를 종합할 때 기원전 5세기 경을 고조선의 연대로 보는 것은 큰 문제가 없을 것이다.

한국 고고학에서는 이를 청동기시대보다는 초기철기시대로 설정한다. 따라서 청동기가 유입되는 시기는 남한과 북한이 뚜렷하게 차이가 있지만 적어도 기원전 2000년 이후의 한국을 청동기시대로 간주하는 것은 큰 무리가 없을 것이다.

청동기시대의 가장 큰 특징은 농경 생활의 확산으로 인해 인구부양력이 향상된다는 것이다. 늘어난 인구부양력으로 인하여 지역 내 수용 집단의 규모는 늘어나고 그중에서 희소가치가 있는 청동기는 집단 내 세력자의 권위와 위세를 반영하는 귀중품으로 자리 잡는다. 따라서 고인돌을 만들 만큼 다수의 노동력을 끌어낼 수 있는 유산계급 혹은 권력자는 자신이 일반인들과 다르다는 것을 드러내는 '구별 짓기distinction'라는 자신만의 독특한 존재감 과시를 행사한다. 이를 위해 고인돌에 자신의 시신을 묻으며 동시에 자신만이 소유하던 당시의 사치품, 혹은 위세품威勢品, prestige item인 청동기나 아니면 잘 만들어진 의례용 석기와 토기를 함께 '껴묻기副葬'한다. 그런 의미에서 고인돌은 청동기시대 당시의 물질문화 및 사회 계층화를 고스란히 간직하고 있는 중요한 유적·유물의 종합 패키지인 셈이다.

청동기시대 한반도 북쪽에는 우리 역사상 최초의 국가인 고조선이 존재한다. 신화적 내용은 별도로 하더라도 이런 국가가 등장하고 지배층과 추종 세력이 있었다는 것은 그만큼 청동기시대가 본격적으로 계급에 기반한 계층화된 사회였다는 것을 말해주기도 한다. 한국 고고학계에서는 청동기시대의 개시와 고조선 사회의 성격 및 고조선의 중심지가 과연 한반도인지 아니면 요동중국 만주 요하(遼河)의 동부 일대 지역인지 활발한 논의가 진행되고 있다. 나는 적어도 그러한 논쟁을 여기서 중점적으로 다루지는 않겠다. 관심 있는 독자는 이 책 이외의 풍부한 자료를 온·오프라인에서 접할 수 있을 것이다물론 그중에도 가려서 들어야 할 것들이 많기는 하다.

청동기시대의 사회는 어느 순간에 급격하게 이루어진 것이 아니다. 늘어난 인구 부양을 위한 농경의 발생혹은 농경의 발생이 인구 증가를 이끌었을 수도 있다 및 이로 인한 잉여생산물의 확보, 그리고 잉여생산물의 편파적인 재분배로 인한 계급의 분화를 거친다. 계급이 발생하면 상위 계급의 허영심을 충족시켜 주는 청동기와 같은 희귀 재화의 독과점이 발생한다. 그 결과 삶의 온전한 영위를 담보로 한 노동력 착취 및 이로 인한 고인돌의 축조가 한반도 각 지역에서 다발적으로 이루어진다. 이러한 고인돌의 유행은 약 2000년 정도의 장기간동안 한반도 각지에서 다양한 지역 차이를 보이며 지속되었다.

2. 청동기시대의 대표적인 도구들과 유물

중국보다는 북방 초원의 특징을 보여주는 청동유물

청동기시대의 대표적인 물질문화는 역시 청동기이다. 특히 청동을 갖고 만든 물건들은 지금 기준에서 볼 때 무력을 과시하기 위한 무기라던가 아니면 제사나 의례를 담당할 때 사용되었던 방울鈴이나 종鐘이 대부분이다. 무기로는 단검과 창, 그리고 과戈라고 불리던 꺾창이 대표적이고 일부 청동 화살촉도 존재한다. 칼은 당시 아무나 가질 수 없었던 것으로, 칼의 손잡이도 청동기로 만들어졌으며 동물 문양이 새겨져 있기도 하다. 이 동물 문양은 시베리아나 북방 계통의 청동기와 일맥상통하기 때문에 한국의 청동기는 아마도 중국의 중원지역보다는 북방 시베리아 및 연해주 지역에서 건너온 것으로 생각할 수 있다.

칼은 사람이나 동물, 혹은 여러 가지 다양한 재료들을 베는 도구이자 권위를 상징하는 무기이다. 지금도 장군 계급으로 승진하는 군인에게 권위와 지휘의 상징으로 칼을 주는 것도 다 베고 자르는 본질적 용도 이외의 상징성 때문이다. 한국 청동기시대의 단검은 날 부분

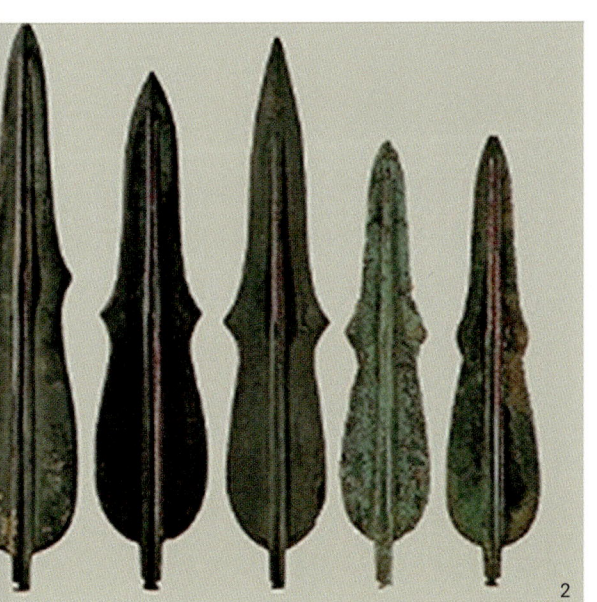 

그림2.2 한반도의 대표적 청동 단검들과 중국의 단검들. 초창기의 비파형동검(2)과 후대의 한국형동검인 세형동검(3)은 중국 중원지역의 청동단검(1)과 전혀 다른 모습을 보여주고 있다.

이 구부러져서 마치 비파처럼 생긴 비파형동검이 대표적이다. 이러한 초창기의 비파형동검은 후기의 더 날렵하고 직선 형태의 날을 가지는 세형동검으로 변천한다. 그리고 세형동검은 한국에서만 나타나기 때문에 한국형동검이라 부르기도 한다.

밋밋하고 개성 없는 무문토기와 마제석기

청동기와 더불어 청동기시대의 가장 대표적인 유물은 역시 토기이다. 사실 선사시대를 특징 지어주는 유물이 토기는 아니고 단지 가장 오랫동안 잔존할 수 있는 무기물로 만들어졌기 때문에 발굴을 통해 가장 많이 드러나기 때문이다. 실제로 당시 토기 이외에 가장 대표적인 유물은 아마도 석기나 청동기보다는 목기일 테지만 안타깝게도 별로 남아있는 경우가 없다.

 청동기시대의 토기는 이전 신석기시대 즐문토기빗살무늬토기, 櫛文土器와 다르게 문양이 거의 없다. 대신 지역별로 독특한 형태가 반복적으로 나타난다. 예를 들면 당시 고조선이 위치하던 평안북도 및 요동 지역에서는 표주박의 위·아래를 잘라 낸 형태에 손잡이를 붙인 토기가 널리 분포한다. 이러한 토기는 평안북도 미송리美松里에서 최초로 확인되었기 때문에 미송리식 토기로 불린다.

 남한의 청동기시대 전기에는 토기 아가리 부분에 구멍을 여러 개 뚫은 공열토기아가리구멍토기, 孔列土器와 아가리 부분을 이중으로 보완해서 두껍게 하고 바닥은 편평하게 만든 이중구연토기花盆型土器가 대표적이다. 이 두 가지 토기는 최초로 발견된 유적의 이름을 따서 각각 역삼동驛三洞식 토기와 가락동可樂洞식 토기로 불린다두 유적 모두 서울이 확장되면서 이루어진 강남 개발 계획의 산물이다.

그림2.3 한국 청동기시대의 대표적인 토기들. 고조선의 미송리식 토기(1), 역삼동식 공열토기(2), 가락동식 이중구연토기(3), 홍도라 불리기도 하는 적색마연토기(4), 외반구연의 송국리식 토기(5), 그리고 구연부를 말아 올려 점토대를 부착한 수석리식 토기(6)

    역삼동식과 가락동식으로 대표되는 남한의 두 갈래 청동기시대 토기 전통은 중기에 들어 아가리 부분이 바깥으로 향하는 항아리 모양의 외반구연토기로 바뀐다. 이 토기는 충남 부여 송국리 유적에서 독특한 형태의 주거지와 함께 최초로 확인되어 송국리松菊里식 토기로 불린다. 송국리식 토기 이후에는 중국 동북 지방의 영향을 받아서 아가리 부분에 점토로 테두리를 덧댄 점토대토기가 등장한다. 이 토기도 역시 최초 확인된 경기도 수석리현재 남양주시 유적의 이름을 따서 수석리水石里식 토기라 불린다. 수석리식 토기는 청동기시대의 늦은 단계 혹은 철기가 제작되기 시작하는 초기철기시대BC 400~AD 0의 대표적인 토기

제2장 한국적 허례허식의 기원?: 강화, 고창, 화순 지역의 고인돌 **53**

이다.

이런 토기들과 별도로 고인돌과 같은 매장 유적에서 주로 발견되는 토기가 있다. 적색마연토기붉은간토기, 紅陶라 불리는 이 토기는 청동기시대의 전 시기에 걸쳐 나타난다. 적색마연토기는 표면을 곱게 갈고磨硏 붉은 칠을 하였으며 토기의 두께가 상당히 얇다. 실제 생활에서 쓰기에는 그다지 적절하지 않아서 아마도 무덤에 부장하는 용도로 제작된 특수용 토기일 가능성이 높다.

토기와 더불어 흔한 유물은 마제석기이다. 청동기시대에 북방에서 청동기가 들어오지만 전술한 대로 이러한 청동기는 아무나 쓸 수 있는 물건이 아닌 사치품, 위세품의 성격이 강하다. 따라서 대부분 생활 도구는 이전부터 꾸준히 써 온 마제석기가 주류를 이룬다. 하지만 신

그림2.4 한국 청동기시대의 대표적인 마제석기들. 다양한 크기와 형태의 석촉들(1), 농기구로 사용되었던 괭이와 반월형석도들(2), 다양한 형태의 석추(돌망치), 혹은 석부(돌도끼)들(3).

석기시대의 마제석기에 비해 그 종류와 형태가 다양한데, 이것은 본격적으로 농경이 시작되면서 농지 개간을 위한 벌목이나 경작 및 수확 도구가 증가했기 때문이다. 대표적 사례는 유구석부有溝石斧와 같은 돌도끼류, 반월형석도半月形石刀와 같은 수확구가 있다. 또한 마제석기로도 위세품을 만드는 경우가 있다. 가장 대표적인 위세품은 마제석검이나 석촉을 들 수 있다. 이러한 위세품들은 청동기 및 적색마연토기와 마찬가지로 고인돌 등의 무덤에서 다수 발견된다.

3. 한반도의 고인돌 군집 지역

고인돌 혹은 지석묘라 불리는 무덤

한반도에는 전 세계적으로 가장 많은 고인돌이 분포하고 있다. 고인돌은 커다란 돌을 원래 위치에서 인위적으로 옮겨서 특정한 배치와 형태를 재정립한 문화유산이다. 이렇게 커다란 돌로 만든 인공건조물을 거석문화megalithic culture라고 한다. 거석문화는 한국을 포함해 이 책의 3권에서 등장할 영국 스톤헨지Stonehenge를 포함하여 유럽과 동남아시아 및 중국 동북 지역에서도 잘 나타나고 있다.

고인돌은 일부 신석기시대부터 만들어진 것도 있지만 대부분 청동기시대에 건립되었다. 한반도에서는 현재까지 약 3만여 점이 보고되어 있는데, 인천광역시의 강화도, 전북 고창 및 전남 화순 일대에 다량으로 밀집해서 분포한다. 이러한 고인돌 군집 지역은 당시의 사회상과 인구상을 알 수 있는 중요한 지표이다. 다수의 고인돌이 존재하는 것은 많은 사람이 개별적인 무덤을 가졌다는 것을 의미한다. 또

그림2.5 한국의 고인돌과 유럽의 거석문화. 인천광역시 강화도의 청동기시대 고인돌(1)과 유럽 프랑스 브르타뉴Bretagne 지역 카르낙Carnac의 거대 석열(2). 함께 등장하는 껄렁(?)하기 그지없게 생긴 사람들은 당시의 원시인이 아니라 우리 고고학과 학생들이다.

한 거대한 돌을 운반해서 고인돌을 축조한 것은 죽은 사람의 사후 영향력이 막대하다는 것을 알려준다. 무엇보다도 사람이 죽은 다음에 이렇게 다수의 고인돌을 거의 무분별한 수준으로 축조했다는 것은 당시에 고인돌을 사용한 매장 방식이 활발하게 유행했다는 것을 말해준다.

고인돌은 크게 세 가지 형태가 있다. 고인돌의 지붕이나 뚜껑에 해당하는 판돌을 개석뚜껑돌, 蓋石이라 하고 개석에 받쳐 놓는 받침돌을 지석굄돌, 支石이라 한다. 지석이 길고 번듯한 판석으로 다듬어져 있고 개석 아래 충분한 공간이 확보되면 탁자와 같은 모양이 되기 때문에 탁자식卓子式 고인돌이라 한다그림 2.5의 1. 이럴 경우 시신은 지석 네 개가 만드는 공간인 지상에 안치된다. 탁자식 고인돌은 주로 한반도 북방에서 발견되기 때문에 북방식 고인돌이라 부르기도 한다. 한편 탁자식과 달리 개석이 각지고 규모가 큰 반면, 밑의 지석은 높이가 낮고 불규칙한 형태로 받치고 있으면 마치 바둑판과 같은 형태가 되기 때문에 기반식碁盤式 고인돌이라고 한다그림 2.6의 1. 기반식 고인돌은 시신을 지석 아래의 땅속에 따로 매장하며, 주로 남부 지역에서 발견되기 때문에 남방식 고인돌로 불리기도 한다. 마지막으로 지석이 없이 그냥 커다랗고 넓적한 개석 하나만 있으면 개석식蓋石式 고인돌이라 부른다. 주변의 암석과는 전혀 다른 거대한 바윗돌이 뜬금없이 널브러져 있으면 이건 대부분 개석식 고인돌이다아니면 우주에서 날아온 운석일 수도 있다.

강화 지역의 고인돌

강화도에는 탁자 모양의 북방식 고인돌이 대표적이며 바둑판 모양의 남방식도 일부 섞여 있다. 강화도의 고인돌은 보통 단독으로 배치되고 시야가 넓게 확보되는 지역에 위치한다. 따라서 단순한 무덤 이상의 공동체 생활 장소로도 파악할 수 있다. 이러한 입지는 강화도라는 섬에서 드러나는 당시 사회의 폐쇄성과 함께 독자적으로 발생한 집단 내부의 계층성을 반영한다.

섬과 같이 자원이 무한대로 존재하지 않고 인구를 수용할 수 있는 규모가 제한된 생태계에서는 집단이 존속하기 위해서 제도적 장치가 마련되어야만 했을 것이다. 비교적 엄격한 계층화 및 초보적인 신분 제도는 당시 섬이라는 특수 환경에서 자원 분배 및 생활 규제의 역할을 담당했을 것으로 보인다. 이러한 사회 구조를 어느 정도 반영하는 물질 자료가 바로 고인돌이라고 생각해 볼 수 있다.

강화도의 고인돌은 섬 내부에 있기 때문에 보존 상태가 뛰어나서 거석문화의 연구 사례로 좋은 기회를 제공한다. 그리고 지석묘 내에서 부장품으로 마제석검, 곡옥 등의 유물들이 출토되기도 한다. 이는 고인돌에 매장된 피장자의 신분이 당시 기준으로 한정된 위세품을 가질 정도로 비교적 높은 권위를 가진 것으로 해석할 수 있다.

전북 고창의 고인돌

전북 고창의 고인돌군은 전라북도 고창군 죽림리와 도산리 일대의 넓은 지역에 분포하고 있다. 2000년도에 전남 화순 및 인천광역시 강화도와 함께 유네스코 세계문화유산에 등재되었다. 이 고인돌군은 거석문화 중 세계적으로 높은 밀집도와 다양성을 가지고 있다. 이곳에는 바둑판식 고인돌이 대부분이지만 탁자식 고인돌도 일부 발견된다.

이곳에는 한반도의 다른 지역에 비해 초대형 고인돌이 다수 존재

그림2.6 전라북도 고창의 고인돌(1)과 전라남도 화순의 고인돌(2) 일례. 화순의 고인돌은 주변에 채석장이 위치하며, 산록의 경사면을 통해 돌을 운반했다.

한다. 이 돌의 원산지는 고창에서 꽤 멀리 떨어진 곳이다. 이것은 아마 대규모 노동력을 동원할 수 있는 사회적 권력과 그것을 집행할 수 있는 권위자가 집단 내에 존재했을 가능성을 시사한다. 문제는, 왜 이렇게 많은 고인돌이 이 지역에 집중적으로 세워졌냐는 것이다. 아마도 권력을 가진 권위자의 존재와는 무관하게 청동기시대 고창 지역 사람들은 닥치고 무분별하게 고인돌을 만드는 게 일시적인 붐을 타지 않았나 생각할 수 있다. 당시 고창 지역 인구가 어느 정도인지 파악하기는 쉽지 않다. 그러나 적어도 이러한 대규모의 고인돌을 만들려면 상당히 많은 인구가 이 지역에 거주했을 가능성이 높다. 이렇게 높은 인구를 수용할 수 있다면 높은 생산력, 즉 풍부한 잉여생산물이 필수 요소였을 것이라고 쉽게 생각할 수 있다.

전남 화순의 고인돌

전남 화순은 영산강 지류인 지석강 주변의 들판을 배경으로 산기슭에 분포하고 있다. 이를 통해 당시 대부분의 사람이 쉽게 목격할 수 있는

제2장 한국적 허례허식의 기원?: 강화, 고창, 화순 지역의 고인돌 **59**

지역에 고인돌을 축조했다는 것을 알 수 있다. 이는 죽은 사람을 기념하고 우러러보기 위한 하나의 상징적 장치라 볼 수 있다. 따라서 우리가 현재 널리 받아들이고 있듯이, 죽은 사람을 기리고 기억하고 우러러보는 행위는 이미 청동기시대에 보편화되지 않았나 생각할 수 있다.

 화순의 고인돌군은 숲속에 위치하기 때문에 다른 지역에 비해 보존 상태가 우수하다. 특히 고인돌 축조 과정을 알 수 있는 채석장이 함께 발견되어 고인돌의 제작 공정을 파악할 수 있다. 그리고 채석장부터 고인돌 밀집 지역까지 일직선으로 하강하는 경관을 보여주고 있다. 공간 활용의 측면에서 볼 때, 이러한 배치는 고인돌의 뚜껑돌을 제작한 후 경사면을 이용해 매장지역으로 수월하게 운반한 것을 반영한다. 이는 주어진 지형을 최대한 이용하는 방법으로 고인돌을 축조했다는 것을 알려 준다. 이러한 방법은 4권에서 등장하는 남태평양 이스터섬의 라파 누이 유적에서도 마찬가지로 확인할 수 있다.

4. 너도 나도 고인돌: 한반도 청동기시대의 사회상

한반도의 고인돌은 산을 중심으로 정상이나 그 경사면에 주로 분포한다. 이를 자세히 살펴보면 고창은 성틀봉과 중봉, 화순은 조봉산과 만지산, 강화는 고려산을 중심으로 형성되어 있다. 고인돌 밀집 지역은 서해안이나 그 부근, 혹은 강이나 하천 등 물줄기를 중심으로 자리 잡고 있다. 예를 들면 고창은 고창천과 인천강, 화순은 인근의 지석강, 강화는 내가천과 금곡천 등의 물줄기를 중심으로 분포해 있다. 북한 지역에는 황해도 은율군의 예성강과 서해안 일대에 몰려있다.

한반도의 고인돌은 대부분 넓은 지역에 균일하게 분포하는 것이 아니라 한데 모여서 군집을 이룬 채 듬성듬성하면서 끼리끼리 모여 있는 모습이다. 따라서 같은 씨족끼리는 한데 모아서 고인돌 집단을 이루고, 상호 다른 씨족들 간에는 어느 정도 거리를 두고 고인돌 집단을 만든 것으로 추정할 수 있다.

흔히 청동기시대에 우리나라 사람들의 근본적인 문화적 전통과 기질이 만들어졌다고 얘기를 한다. 소위 '한국스러움'은 바로 청동기시대에서 그 원류를 찾을 수 있을 것이다. 동해안은 태백산맥과 소백산맥이 가로지르고 있기 때문에 상대적으로 한반도의 서쪽에 비해 고인돌의 수효가 많지 않다. 특히 험준한 지형에는 고인돌이 거의 존재하지 않는다. 고인돌의 밀집도와 분포상을 볼 때 청동기시대 사람들이 모여 살던 곳은 지금과 큰 차이가 없다는 것을 알 수 있다.

중국과 구분되고 북방민족의 원류를 갖고 있지만, 고인돌이나 한국식동검과 같은 물질문화를 자체적으로 만들면서 고유하게 토착화되어 가는 과정은 청동기시대부터 시작되었을 것이다. 고인돌과 그 안에 부장된 청동기 및 각종 위세품이 당시 지배층이나 권력 계층의 상징이라 한다면, 왜 이렇게 많은 고인돌이 유독 한국에서만 만들어졌겠느냐는 의문이 생긴다.

고인돌에 묻힌 사람들 모두를 당시의 권력자나 유력 계층이라고 간주한다면 우리나라 청동기시대 사람들은 모두 다 '잘 나거나 잘 나가는' 사람이었다는 말일까? 아마도 그건 아닐 것이다. 고인돌 밑에 묻힌 사람들이 모두 위세품을 소유하고 노동력을 징발할 수준의 유력 계층이라면 우리나라 청동기시대의 인구는 지금 대한민국 인구만큼 방대했을 것이다.

주거지나 여타 유적의 밀도를 본다면 적어도 청동기시대 사람들의 계층화 정도는 이후 철기시대나 역사시대처럼 정교하고 세분되지 않았을 것이다. 그런데도 고인돌을 쌓아 올리는 것은 왠지 모르게 당시 사람들 사이에서 아주 인기 있고 바람직한 행동이었던 것으로 보인다. 가진 거 없고 내세울 거 없지만 씨족의 웃어른이 죽은 다음에 거대한 돌덩어리를 옮겨서 묻은 자리를 눈에 띄게 만들어 놓고 스스로 뿌듯해하면서 정신승리(?) 하는 풍조는 어찌 보면 가진 자들보다는 못 가진 자들의 대리만족일 가능성이 높다. 그리고 그를 위해, 마치 계나 품앗이처럼 씨족 간에 노동력의 교환이 일상적이고 보편적으로 이루어졌을 것이다.

코미디언 고 이주일 선생이 유행시킨 "뭔가 보여드리겠습니다"라는 대사는 어찌보면 잘나고 가진 거 많은 사람들의 정서보다는 별 볼일없는 사람들의 한풀이적 넋두리이다. 비슷하게도 청동기시대 대다수 사람들은 살아 생전에는 별거 없었지만 죽어서나마 고인돌로 "뭔가 보여주마"라고 너도 나도 고인돌을 만든게 아닐까?

한국의 고유한 풍습인 묫자리를 잘 쓰고 비석을 크게 하고 족보를 소중히 하는 씨족 및 핏줄의 과도한 가치 부여 및 허례허식은 아마도 청동기시대부터 보편화되지 않았나 생각해 볼 수 있다. 당장 굶어 죽더라도 여러 사람 불러 무거운 돌 낑낑거리며 끌고 와서 죽은 사람 덮는데 쓰던 청동기시대의 허례허식은, 카드빚 져도 명품 주렁주렁 달고 외제 차 몰고 다니려고 하는 요즈음의 현실과 비교할 때 별 차이가 없다. 그리고 청동기시대 형성된 우리나라의 정서적, 문화적 전통이 반드시 미풍양속이나 값진 전통만은 아니라는 생각이 들게끔 한다. 가진 건 아무것도 없으면서 별것도 아닌 것에 공을 들여 남에게 보이는 모습에 열중하던 청동기시대 사람들의 일상과 지금 21세기 한국인들의 유행과 기질 및 특성을 연결해 보면 왠지 쓴웃음이 나오지 않을 수 없다.

제3장 세계적으로 희귀한 천년 왕국의 수도
: 경주 역사 유적 지구

1. 경주와 고대왕국으로서의 신라

한국 사람들이 가지는 경주의 이미지

우리나라 사람들의 인식에 가장 뚜렷하게 자리 잡고 있는 문화유산은 과연 무엇일까? 적어도 나와 비슷한 연령을 가졌거나 아니면 그 세대와 함께해 온 사람들에게 '경주'라는 이름은 단순한 유원지나 관광지 그 이상의 의미가 있다. 감수성이 가장 예민하던 고등학교 시절, 좀처럼 친구들과 함께 여행하는 게 쉽지 않던 시절에 풋풋하면서도 서투른 감성팔이의 분출 기회인 수학여행이 이루어진 장소이기 때문이다.

따라서 이러한 대한민국 중년남성들의 공통적 노스탤지어를 활용한 근사한 코미디 영화가 '신라의 달밤'이라는 제목으로 2001년에 만들어진 게 결코 우연이 아닐 것이다. 요즘의 MZ세대들, 특히 코로나 시국을 겪은 세대들은 이러한 대한민국의 보편적 추억을 만들 기회를 박탈당한 게 못내 안타까울 뿐이다지못미….

역대 우리나라 과거 왕국의 수도는 오랜 세월이 흘러도 여전히 중요한 교통 요지이자 문화적 맹주 역할을 담당한다. 우리나라 역사상 가장 오랜 시간 동안 수도로 자리 잡았던 곳은 바로 경주이다. 경주 지역은 고신라 및 통일신라의 도읍지로, 1000년에 가까운 긴 시간 동안 수도의 역할을 했다. 또한 고구려, 백제와 달리 신라는 처음부터 끝까지 수도를 이전하지 않고 그대로 유지했기 때문에 신라 문화의

그림3.1 '신라의 달밤'이라는 용어는 전통 가요의 곡명을 떠나 21세기까지도 영화나 각종 미디어에 등장할 정도로 한국인들에게 친숙하면서도 의미 있는 개념이다. 지금이야 수학여행은 외국으로 많이 나가지만 내가 수학여행 가던 당시는 경주만 해도 감지덕지했고 마치 외국 나간 것 같은 이질감을 가져다주었다. 남자들은 주로 여기서 '술'과 '고스톱'이라는 대한민국 성인 사회의 기본 초식을 (비)공식적으로 처음 접하게 된다.

정수가 한 곳에 다 모여 있다. 992년이라는 역사상에 드러나는 신라의 존속 기간 동안 경주는 경상도 및 소백산맥 이남의 최대 인구 밀집지이면서 물류 거래 중심지였다. 또한 통일신라가 멸망한 뒤에 고려와 조선을 거치는 동안에도 고대 한국의 역사적, 문화적 중심지였다. 고려 시대에는 수도인 개경松都, 서경평양과 함께 동경東京이라고 지금의 광역시와 비슷한 중요 거점 도시로 자리 잡았다. 삼국유사에 나온 기록을 근거로 한다면 당시 약 18만 호가 서라벌 땅에 거주하고 있었다. 고대 역사 서술의 과장 섞인 표현을 고려하더라도 대략 90~100만의 인구가 거주하였다는 것을 알 수 있다.

고대왕국 이전의 국國이라는 집단

경주는 처음에 사로국斯盧國이라는 '국國'의 개념으로써, 완벽한 왕은 아니지만, 지역 내에서 일정한 영향력을 행사하던 우두머리가 지배하던 영토였다. 고대사회에서 이런 '국'이란 개념은 상당히 중요하다. 실제 왕이 제대로 통치하고 그 권위와 권력을 세습하게 되는 것은 국이 어느 정도 기틀을 다진 후에 가능하다. 왕이 제대로 된 나라를 만들고 자신의 권력을 독점적으로 세습하게 되는 단계를 '고대왕국' 이라고 부른다. 이러한 고대왕국이 만들어지려면 무엇보다도 안정된 생산력과 자신의 권력을 지탱할 수 있는 무력, 그리고 생산물을 독점하고 함부로 무력을 행사해도 반발이나 저항을 하지 못하도록 해 주는 이데올로기인 종교가 필요하다. 그 외에 일부 집권층이 당시 자신들만 몰래 간직하고 보유하던 지식 체계를 공유하고 기록하고 전달할 수 있는 문자 체계도 있어야 한다. 뭔가 많이 듣던 얘기 아닌가? 그렇다! 고대왕국의 성립은 바로 '문명 혹은 문명화civilization'와 일치한다고 봐도 무방하다.

그렇다면 고대왕국 이전의 신라 및 신라 지역은 어떠했을까? 왕국이라고 하긴 애매하지만, 세력 있는 지역 유지 여러 명이 경상도 일대 특정 지역을 소규모로 지배하면서 자치적으로 씨족 중심의 터전을 유지하고 있었다. 그중에 경주 지역에 있던 국이 바로 사로국이다. 사로국 주변에는 우리가 익히 들어 온 조문국召文國, 의성 지역, 압독국押督國, 경산 지역, 기저국己柢國, 안동 등이 있었다. 이러한 상황을 듣기 좋은 중국식 말로 군웅할거群雄割據라 미화할 수 있다. 하지만 당시 국이라는 개념은 지금 우리가 쓰는 국가라는 용어의 기준에는 턱없이 미약하다. 그냥 지역 내 돈 좀 있고 힘 좀 쓰는 '깡패' 수준의 지역 유지가 알아서 다스리던 곳이라 보면 된다. 그리고 이러한 지역 자치 단체를 당시 중국 역사서에서는 '國'이라고 표기했다.

고조선이 중국 한나라에 멸망한 이후, 흩어진 유민들을 중심으로 한반도 전역에 이런 국이라는 작은 '지역깡패집단거주지'가 수십, 혹은 수백 개가 생겨났다. 한국 역사학계에서는 이런 국이라는 개념을 상서롭지 못한 '깡패'라는 단어로 표현하지 않고 부족국가, 성읍국가, 도시국가 및 군장사회chiefdom라는 그럴듯한 용어로 구사하던 시절도 있었다. 하지만 당시 발달한 철기를 갖고 다양한 무기를 만들어 떼거리로 몰려다니면서 선량하게 생산활동에 종사하던 씨족 기반의 농민들을 징발하고, 허구한 날 옆에 있던 또 다른 세력들과 쌈박질만 일삼으면서 땅이나 빼앗고 사람들이나 복속시키는 게 깡패가 아니면 과연 무엇일까?

사로국의 발전과 신라의 건국

어쨌든 고대왕국 이전의 신라는 동일한 정치 공동체가 아니라 위에서

그림3.2 경주의 신라 왕경 복원도. 천년 동안 수도로 활용되어 오던 도시인만큼 동아시아에서 손꼽히는 대규모의 고대 도시임을 잘 알 수 있다. 지금의 경주와 비교해도 면적을 제외하면 훨씬 더 높은 건물 밀집도를 가진다는 것을 알 수 있다.

얘기한 여러 깡패, 아니 여러 국으로 나뉘어 2~3세기 대까지 분포하고 있었다. 이들 중 경주를 기반한 '사로국'은 기원전 57년에 생겨나는데 삼국사기에 따르면, 이 시기를 신라 건국 시기로 볼 수 있다. 사로국은 주변의 다양한 국들을 연쇄적으로 복속하면서 누가 깡패 집단 아니라고 할까 봐 고대왕국으로서의 신라로 성장한다.

당시 사로국의 우두머리도 지속적으로 바뀌었는데, 원래는 박朴 씨, 석昔 씨, 김金 씨가 알아서 자기네들끼리 해 먹고, 상황에 따라 거서간, 차차웅, 이사금 등과 같이 각각 왕초, 무당, 임금 등으로 불릴 수 있는 다양한 호칭을 구사하고는 했다. 그러다가 바야흐로 17대 우두머리인 내물奈勿 대에 와서 마립간麻立干이라는 제대로 된 호칭을 쓰고 고대왕국의 기틀을 마련한다. 6세기 대인 지증왕에 들어서면 중국식 칭호인 왕王을 쓰면서 고대왕국 즉, 문명화를 일단락 짓게 된다.

신라가 성장하는 과정에서 그 중심지는 바로 지금의 경주 지역이었다. 고신라 및 통일신라 당시에 경주 및 인근 지역은 '서라벌'이나 '금성金城' 혹은 '계림鷄林'으로 불리어 왔다. 당시는 지금과 달리 지역의 명확한 경계가 없었고 또 자신의 부모가 어느 동네 출신이냐에 따라 자신의 소속도 결정되는 경우가 보통이었다. 지금은 아예 없어진 원적原籍이라는 개념이 바로 그 잔재이기도 하다.

지리상의 경주와 신라인의 관념상에 자리 잡고 있는 경주는 그 개념이 완벽하게 같지는 않다. 로마 출신이 아님에도 제국의 영토 안에 있던 시민들 대부분이 도시로서의 로마를 자신의 정서적 소속처로 생각했던 것과 마찬가지로, 당시 신라 사람들은 어찌어찌하든 간에 서라벌 혹은 경주를 자신의 소속으로 생각했을 것이다. 교통, 통신이 발달하지 않은 전근대사회에서 신라=경주라고 생각해도 큰 무리는 없을 것이다. 그렇기 때문에 경주를 살펴보는 것은 곧 신라를 이해하는 작업이기도 하다.

신라 이후의 경주와 명칭의 변경

고려 건국 후에 서라벌은 지금 널리 알려진 경주AD 935라는 호칭으로 바뀐다. 그리고 전술한 대로 동쪽에 있는 또 하나의 서울이라는 뜻의 동경AD 987, 이후 행정구역명의 개편에 따라 계림부AD 1308로 다시 이름이 바뀌게 된다. 조선 건국 후에는 1413년에 경주부로 이름이 개칭되고, 일제강점기인 1931년에 일본식 행정구역명이 들어오며 면에서 읍으로 승격했다. 그 후 한국전쟁이 끝나고 다시 행정구역을 개편하며 1955년에는 경주시로 승격되었고 인근의 월성군과 안강읍을 통합한 시로 확장되어 지금의 경주시가 되었다.

사실 고려와 조선대에도 경주는 신라의 고도라는 것 이외에 영남지역의 대표적인 대읍大邑으로 존재해 왔다. 한국전쟁 후 대구, 부산광역시의 성장 및 최근 울산광역시의 설치로 인하여 지금의 규모는 과거만 못한 게 사실이다. 따라서 지금 우리가 경주하면 떠올리는 이미지는 천년 고도古都 및 대한민국 문화유산의 보고寶庫 등이 대부분이다. 또한 이렇게 엄청난 수준의 문화유산을 소유하고 있기 때문에 산업화와 근대화의 혜택을 다른 영남지역 도시들에 비해 받지 못했고, KTX 고속철도도 이러한 사정으로 인하여 경주시 외곽을 거치는 노선으로 변경되었다.

2. 세계문화유산으로서의 경주 지역

상상할 수 있는 모든 문화유산이 다 몰려있다

앞에서 얘기했듯이 신라는 7세기 이후에 들어서야 본격적인 고대왕국으로 성장하였다. 이 시기는 고구려와 백제에 비해 적어도 250~300년 가량 늦은 시점이고, 또한 한반도 최고로 비옥한 지역인 서해안 지역과 소백산맥으로 격리되어 있기 때문에 신라의 국력 향상은 태생적인 혜택과는 거리가 있었다.

하지만 고대왕국 성립 이후 당시 최대 세력인 고구려의 침략으로부터 거의 영향을 받지 않았으며, 백제와의 나제동맹, 일본 왜국과의 교류 및 중국으로부터의 문물 수입으로 인하여 빠른 시기에 국력을 약진시킬 수 있었다.

이렇게 급격한 국력 신장의 물질적인 흔적이 잘 나타나는 곳이 바로 경주이다. 신라의 수도인 경주 지역은 7세기부터 10세기 대의 유적이 대규모로 밀집되어 있다. 2000년에 세계문화유산으로 등재된 경주는 조각, 탑, 사지, 궁궐지, 왕릉, 산성을 비롯해 고대국가에서 볼 수 있는 거의 모든 것을 볼 수 있는 장소이다.

여기서 중요한 점으로, 고신라 및 통일신라기의 불교 유적과 생활 유적이 집중적으로 배치되어 있기 때문에 세계적으로 유례가 없는 문화유산 고밀집지역이라 할 수 있다. 물론 경주가 고려 및 조선 시대에도 대표적인 지방 도시로 성장을 해 오면서 다양한 개발과 변형을 거쳐 왔고, 몽골의 침입과 임진왜란 당시 많은 유산이 파괴되었던 것을 고려하고도 말이다. 천 년이라는 세월 동안 고대왕국의 유구한 흥망성쇠를 한곳에서 관찰할 수 있는 곳은 전 세계 역사상 그 사례가 거의 없다.

다섯 개의 문화유산 지구들

경주는 크게 다섯 개의 지구로 나눌 수 있다. 다양한 불교 조각품이 몰려 있는 남산南山지구, 도성都城이자 왕궁王宮이 위치했던 달 모양의 월성月城이 있는 월성지구가 있다. 그다음 커다란 왕의 무덤인 능陵이 밀집된 대릉원大陵苑지구, 신라가 불교를 받아들이고 본격적인 고대왕국의 국교로 인정하면서 건립한 당시 신라 최대의 절인 황룡사皇龍寺지구, 월성 외부에 본격적으로 내성과 내성 주변의 민호들을 보호하기 위한 방어 목적으로 건설된 외성外城인 산성山城지구로 구분할 수 있다.

현재 남산지구에는 37개, 월성지구에는 5개, 대릉원지구에는 7개, 황룡사지구에는 2개, 산성지구에는 1개 등 5개 지구 내에 총 52개의 지정문화재가 세계유산지역에 포함되어 있다. 이 다섯 개의 지구가 하나로 묶여서 경주 역사 문화 지구라는 이름으로 세계문화유산에 등재되어 있다. 경주에 위치하지만, 경주 역사 문화 지구라는 이름이 아니라 세계문화유산에 별도로 등재된 불국사와 석굴암은 여기에 포함되지 않는다는 점을 알아 두자.

각 지구의 위치를 보면, 경주 남산은 경주의 동남쪽에 있고 대릉원은 경주의 중심지에 있다. 월성은 경주를 서쪽에서 동쪽으로 횡단하면서 흐르는 형산강을 남쪽으로 바라보며 위치한다. 원래는 초승달 모양으로 축조되었으나 현재는 일부만 잔존해 있다. 경주의 동쪽에는 동해가 있으며 포항으로 올라가는 7번 해안 국도를 따라 옆으로 황룡사지와 분황사지芬皇寺址 등이 모여있는 불교 유적들이 있다. 세계문화유산에는 포함되어 있지 않지만, 신라의 통일 염원을 담아서 축조한 감은사지感恩寺址도 이 곳에 위치한다. 한편 경주 외곽을 방어하기 위한 산성지구는 현재 경주시 바깥에 위치한다.

남산南山지구

남산지구는 경주 남산에 곳곳이 흩어져 있는 불교 유적들을 통틀어서 말한다. 경주 다섯 개의 유적 지구 중 가장 많은 문화유산을 포함하고 있다. 남산의 불적佛跡들은 통일 이후의 시기, 즉 왕권이 강화되고 전쟁이 끝나면서 민생이 안정된 시기에 본격적으로 불교가 융성하면서 집중적으로 축조됐다.

남산지구에는 신라의 기원 및 멸망과 관련된 신화를 반영하는 중요 유적이 둘이나 있다. 바로 나정蘿井과 포석정鮑石亭이다. 나정은 신라의 시조인 박혁거세 탄생 신화의 무대이고 포석정은 도랑에 술을 채우고 술잔을 띄워 돌리면서 임금과 신하가 연회를 즐기던 장소이다. 포석정은 견훤의 침입을 받아 경애왕이 살해당했다고 전해지는

그림3.3 고신라와 통일신라기 불상 형태를 보여주는 배리 석불 입상(1)과 남산 칠불암 석불(2). 문화유산을 보호하는 작업은 중요하지만 지금 방문하면 저런 사진이 나오지 않는다. 그 이유는 바로 사람들이 자꾸 손대고 바람과 비에 훼손되어 큼지막하게 누각樓閣을 세워 놓았기 때문이다.

유적으로서, 남산 아래 북쪽 기슭에 있다.

남산의 다양한 불적들 중에도 가장 유명한 것을 꼽자면 배리拜里 석불 입상과 칠불암七佛庵을 들 수 있다. 배리 석불 입상은 중국 북주北周 및 수나라 대의 양식을 보여주는 입상으로, 통일 이전 7세기경에 중국에서 고구려를 통해 유입된 불교미술의 양식을 보여준다. 칠불암은 암벽에 새긴 삼존불三尊佛과 그 앞에 위치한 사방불四方佛을 말하는 것으로, 사방불은 네 면을 가진 사각 기둥 형태의 바위 각 면에 다양한 불상을 새긴 것이다. 칠불암의 삼존불은 항마촉지인降魔觸地印이라는 수인手印을 취하고 있다. 이는 고신라 후대부터 주로 등장하고 통일신라시대에 크게 성하였다. 석굴암의 본존불도 이 수인을 취하고 있다.

월성지구

월성지구는 현재 경주 시내 중심부에 해당하는 지역으로, 천년 고도의 성 내부에 사는 사람들의 생활 유적 및 왕궁 시설이 집중적으로 밀집해 있다. 성城은 우리가 흔히 아는 건물로서의 성castle이 아니라 외곽에 담벼락wall을 두른 도시라는 개념으로 받아들일 수 있다. 보통 도시의 내부 건물과 도로를 도都라고 하고 그 외곽을 성城이라고 한다. 그리고 이 둘을 합쳐서 도성都城이라고 하며, 왕국의 수도가 위치하는 지역을 의미한다.

우리가 흔히 서울의 사대문 안이라 부르는 곳도 바로 이러한 도성 내부와 같이 가장 번잡하고 인구 이동이 많은 곳을 얘기한다. 영어로 도심을 다운타운downtown이라고 하는데, 도심은 보통 산이나 성과 같이 지대가 높은 곳이 아니라 물이 항시 흐르고 있는 낮은 지대가 대부

그림3.4 경주의 도성 지역에 해당하는 월성혹은 반월성 지구의 항공사진. 어느 누가 설계했는지 모르지만 이름 그대로 반달 형태의 평면 형태를 보여준다.

분이기 때문이기도 하다. 신라의 월성은 바로 수도인 서라벌 내에 위치하던 왕궁을 포함한 신라의 생활 중심지이다. 왕궁은 아직 완벽하게 복원되지는 않았지만, 국립경주문화유산연구소를 통해 현재도 발굴과 복원 사업이 활발히 이루어지고 있다.

전술한 대로 신라는 초기에 박, 석, 김 등의 다양한 성씨가 우두머리 노릇을 하다가 후에 김씨 왕조가 왕위를 독점한다. 경주 김씨 왕조의 선조인 김알지가 태어난 곳이 바로 계림이다. 김알지는 태어날 때 닭 울음소리와 함께 금빛 상자에서 발견되었기 때문에 그가 발견된 곳은 닭의 숲이라는 뜻인 '계림鷄林'이라 부른다. 또한 금으로 된 상자函에서 발견되어 그의 성도 금을 상징하는 김金이 되었다.

월성 지구에는 과거에 안압지雁鴨池로 알려져 있던 임해전지臨海殿

址 혹은 월지月池가 있다. 임해전지는 왕궁 옆에 있던 연못으로서, 통일신라 당시 서라벌의 귀족들이 노닐던 연못이다. 연못은 해외 사신들의 접대장이자 연회장으로 사용되었다. 임해전지의 서쪽에는 왕의 별궁이자 태자의 거소인 동궁이 있다.

고등학교 수학여행의 대표 방문지인 첨성대는 보통 별을 관측하던 천문대라고 알려졌지만 이것에 대해서는 아직 확실한 견해가 없다. 형태로 볼 때 천문대보다는 신호용 봉수대로 활용되었을 가능성도 있다. 축조 양식도 당시 우리나라에 존재하지 않던 방식이기 때문에 뭔가 특별한 용도로 외래에서 기원한 건축이 아닌가 생각된다. 만약 첨성대가 봉수대로 활용되었다면 왜 고도가 높은 산성에 존재하지 않고 하필 지대가 낮은 서라벌의 다운타운 지역에 세워졌는지 의문이다.

대릉원지구

통일 이전 고신라 기에 왕족의 무덤은 엄청나게 큰 규모의 적석목곽분積石木槨墳, 돌무지덧널무덤으로 축조됐다. 이는 목곽이라는 나무로 만든 덧널을 짜서 왕의 시신을 안치한 후에 그 곽 주변을 다시 돌로 완전히 밀봉한 형태로서, 침입과 도굴을 방지하기 위한 구조였다. 돌무지를 쌓고 나면 그 위에 다시 흙을 덮어 거대한 언덕陵의 형태로 만들었다. 이는 일반인들에게 커다란 구조물로 인식되도록 경관을 연출하는 작업이다. 현재 경주 시내에서 볼 수 있는 무덤들은 대부분 적석목곽분들이다.

대릉원은 커다란大 왕의 무덤陵이 있는 뜰苑을 의미한다. 조선시대에는 대릉원에 있는 고분들을 사람이 만든造 산山이라는 의미로 조산이라고 불렀지만, 조선 후기 제향祭享을 위해 신라 왕족의 집단 무덤

그림3.5 대릉원 지구의 황남대총에서 출토된 부장품들. 독특한 '出' 자 모양의 관식冠飾을 보여주는 금관(1), 부장자의 귀걸이에 해당하는 이식耳飾(2), 서역에서 수입한 유리잔(3). 이외에 다양한 유물들이 발견되는데, 노욕老慾이라는 말이 딱 들어맞듯이 무덤에 묻힌 사람은 죽어서도 자신이 쓰던 물품에 집착하면서 함께 매장하는 풍습이 있었나 보다.

으로 비정하기 전까지는 왕릉이라는 것을 알지 못했다.

대릉원지구는 경주 시내 중앙부에 있다. 보통 왕릉은 도성의 바깥에 위치하는 것이 원칙이지만 신라는 시내 중앙부에 다수의 적석목관분을 축조했다. 황남리, 노동리, 노서리 고분군과 같이 군집한 무덤군으로 나뉘는데, 이는 고신라 시기의 도성 근처에 왕족과 귀족의 무덤을 모아서 한꺼번에 조성하던 전통을 반영한다. 그러나 고분의 주인인 피장자의 신분은 대부분 뚜렷하게 밝혀지지 않았다.

대릉원의 가장 대표적인 무덤은 황남대총皇南大塚이다. 황남대총은 둥그런 무덤 두 개를 겹쳐서 표주박 형태로 만든 표형쌍분瓢形雙墳으로, 대릉원에서 가장 큰 무덤이다. 한국 고고학 초창기에 국립중앙박물관이 발굴 조사를 하였고, 부장품 대부분은 현재 국립경주박물관에 보관, 전시되고 있다.

황남대총 발굴 시 나온 왕의 부장품으로는 화려한 금관, 허리띠, 귀걸이 등과 같은 여러 가지 다양한 장식품이 대부분이다. 이를 통해 고신라 대에는 왕의 시신을 매장할 때 왕이 사용하던 다양한 토기, 식기, 사치품 등을 함께 부장하였고 심지어는 순장까지 한 것을 알 수 있다. 또한, 무덤 내에서 출토된 유리잔보물 제624호의 유리 성분을 산지 추정한 결과 신라에서 자체 제작한 것이 아니라 실크로드를 통해 페르시아 지역에서 전래한 것으로 확인되었다.

천마총은 무덤 내에서 천마의 그림이 그려진 기마 장식품이 발견돼 붙여진 이름이다. 따라서 이를 통해 그 당시 신라의 미술 양식을 알 수 있다. 전술한 대로 대릉원의 적석목곽분들은 대부분 매장자의 신분이 드러나지 않고 전傳 미추왕릉도 기록상으로 볼 때 미추왕의 무덤이라 추정되지만 확실한 무덤 주인은 밝혀지지 않았다. 하지만 대부분 무덤에서 화려한 금제품과 외래기원한 유리 및 각종 사치품이 부장된 것으로 볼 때 당시 왕족들이 강력한 왕권을 기반으로 상당히 호사스러운 생활을 해 왔다는 것을 알 수 있다. 참고로 미추왕은 미추 이사금으로서, 경주 김알지의 6대손이고, 김씨 가문에서 최초로 신라 왕에 오른 인물이다.

황룡사지구와 산성지구

황룡사지구는 경주 동쪽 일대의 불교 유적 지구이다. 황룡사는 고려 때 몽골의 침입으로 인해 완전히 불에 타서 사라졌다. 삼국시대 진흥왕 대에 세워지기는 했지만 고려 때 불교가 크게 흥한 사실을 통해 볼 때, 당시 동경으로 불리며 영남 일대의 가장 큰 도시로 존재하던 경주가 고려 때도 불교의 중심 도시로 꾸준히 성장했음을 알 수 있다. 현재 진행되고 있는 발굴 지역의 규모로 볼 때 엄청나게 거대한 사찰로 확인된다. 전체 면적은 약 40만 m^2, 한가운데의 9층 목탑은 높이가 약 80m에 달한다.

분황사 모전석탑은 중국의 벽돌탑인 전탑塼塔을 모模방해서 돌로 만들었기 때문에 모전석탑이라 불린다. 전탑은 주로 중국 당나라 대에 유행하는데, 돌을 직접 깎아서 마치 벽돌 쌓듯이 쌓은 모습에서 삼국시대 신라 불교 건축의 독창성이 나타난다. 원래는 9층 석탑이었으나 몽골의 침입과 임진왜란 때 파괴되어 현재는 3층까지만 남아있다.

경주 역사 문화 지구의 가장 외곽에 남아 있는 산성지구에는 명활산성明活山城이 있다. 명활산성은 경주 지역의 방어를 위해 구축한 도성 바깥의 외성으로서, 경주 동쪽 명활산 일대에 널리 분포하고 있다. 현재는 뚜렷한 성의 윤곽이 드러나지는 않으나 당시 성을 쌓은 흔적

그림3.6 신라의 불교 융성기에 건축된 대표적인 불교 건축들. 황룡사(1)는 당대 최대의 사찰이자 고려시대까지도 그 영향력이 유지되던 국찰國刹이다. 분황사의 모전석탑(2)은 신라 특유의 창조적이고 고유한 불교 건축 양식을 보여준다.

이 일부 남아있다. 이 성은 수도를 방어하기 위한 1차 방어선임을 알 수 있다.

3. 천년왕국의 천년 수도, 그 이름 경주: 경주 역사 유적 지구의 의미

경주 역사 유적 지구는 천년 고도라는 것에서 그 역사적 중요성을 새삼 인식할 수 있다. 전 세계 역사를 훑어볼 때 천년이 넘는 기간 동안 한 곳에서 왕국 혹은 제국을 영위해 온 경우는 그다지 많지 않다. 로마의 경우는 1500년 정도 제국이 지속되었지만 어디까지나 동로마제국 기간까지 포함한 기간이고, 그 과정에서 수도도 여러 곳을 전전하였다.

경주 역사 유적 지구의 의미는, 신라라는 나라를 이해하는데 필요한 다양한 물질 자료의 중요한 보고라는 것이다. 고고학과 역사학의 차이에서 언급했지만 지금 우리가 접할 수 있는 삼국시대 혹은 신라 자체의 역사 서술 자료는 없다. 고려시대부터 편찬되기 시작한 삼국사기와 삼국유사 등이 그나마 살필 수 있는 문헌 자료일 뿐이다. 그렇기 때문에 한반도 고대국가 단계인 삼국시대를 본격적으로 다루기 위해서는 문화유산에 근거한 고고학적 접근이 사료에 근거한 접근보다 공시성synchronicity, 연구 대상의 시대와 동일한 시점에 존재하던 자료의 성격과 객관성을 보장해 준다.

신라는 당시 실크로드의 동쪽 종착역이면서 일본 및 중국의 당나라와 활발한 교역을 해 왔다. 이러한 교역의 허브 역할은 신라 이전에 한반도에 존재하던 고조선이나 가야가 적극적으로 개발하고 유지해 온 주요한 생계 수단이자 생존 노하우였다. 그렇기 때문에 한반도 최초의 통일 국가인 신라가 이러한 지정학적 위치를 최대한 활용하고, 국제적인 중간상인 역할을 지속해서 담당해 온 것은 결코 놀라운 일이 아니다. 당시 일본과 중국의 물질문화 교역상을 이해하는 데 있어 경주 역사 유적 지구의 다양한 문화유산은 그만큼 고대 교역 및 교통로를 연구하는 데 있어 학술 가치가 높다는 것을 알 수 있다.

또한 신라는 동아시아를 하나로 연결해 주던 주요한 이데올로기인 불교를 적극적으로 수용하고 국가 통치 이념으로 정립하였다. 불교 국가의 위상으로서 당시 동방 세계의 보편적 가치관을 간직하고 있으며, 삼국 통일의 염원을 기원하는 국시를 적극적으로 불교에 반영해 왔다. 어찌 보면 한국의 고유한 불교인 호국불교의 성격도 아마 신라의 국교인 불교에서 유래했을 것이다. 이러한 신라의 불교관과 그들이 표현한 불교 미술 등이 경주 남산과 황룡사 등지에 다양하게 나타나고 있다는 점은 다른 왕국의 수도에서 좀처럼 보기 힘든 면모이다.

경주는 우리가 생각하는 것 이상으로 복합적이고 수수께끼 같은 고대인의 생활사를 단일한 지역에 고스란히 담고 있다. 월성 내 왕이 군림하던 공간부터 왕궁 바깥 일반 백성들의 생활공간까지 신라인들의 모든 면모를 신분 차와 관계없이 확인할 수 있다. 초창기 별 볼 일 없던 영남지역의 소규모 맹주가 세운 일개 국이 주변국들을 통합하며 고대왕국으로 발전하였고, 이후 군사, 종교, 외교 등의 제도적 술책을 구사하면서 한반도를 통일해 천년왕국으로 등극한다. 하지만 달도 차면 기울듯이 그 후 꾸준히 국운이 쇠락하며 역사의 뒤안길로 사라지는 흥망성쇠 과정이 모두 경주라는 곳에 잔재를 남겨 놨다. 아시아 동쪽 끝, 한반도 남동쪽의 소백산맥 너머에서 이러한 역정이 어떻게 진행되었는지 파악하기에는 경주보다 좋은 사례가 없을 것이다.

나는 경주를 갈 때마다 고등학교 당시의 추억과 한국 고고학의 초창기 발굴 작업, 그리고 우리나라 고대 문화의 기틀을 마련한 천년 왕국의 흔적이 가져다주는 다양한 정서적 감흥을 함께 느낀다. 이러한 감흥은 꼭 나 혼자만의 것은 아닐 것이다. 우리나라 사람이 우리나라 사람답게 보이도록 해주는 정서적 특징, 그것을 한가지 개념으로 설명하기는 쉽지 않다. 하지만 적어도 한반도 역사상 가장 오래된 역사를 가진 고도이자, 이러한 고도의 문화적, 역사적 정서를 현대에도 꾸준히 공유하고 있다는 점에서 경주 역사 문화 지구의 가치는 앞으로도 지속될 것이 분명하다.

제4장 미니멀리즘의 우아함과 세련됨
: 백제 역사 유적 지구

1. 백제라는 나라는?

기원 전후의 삼한과 진국辰國

청동기시대 계층화 과정을 거치다가 북방에서 발달한 기술인 철기가 유입되면 이제 본격적으로 국가라고 부를 수 있는 정치체가 한반도의 군데군데에서 차별적으로 등장한다. 한반도의 고대왕국 중 고구려에 이어 두 번째로 성립된 백제BC 18~AD 660는 지금의 서울강남 지역 및 그 외곽을 기점으로 하는 한성혹은 위례성, 漢城에서 탄생했다. 삼국사기의 건국 신화에 따르면 백제는 고구려에서 그 혈통을 찾을 수 있다. 고구려 시조인 고주몽동명성왕, 高朱蒙의 아내 중 한 사람인 소서노召西奴의 두 아들 비류沸流와 온조溫祚는 지금의 중국 땅인 압록강 너머의 졸본卒本을 떠나제6장 참조 남쪽으로 이동해 자리를 잡는다BC 18.

당시 고구려는 한반도에 본격적으로 진출하기 이전이었다. 비류와 온조, 혹은 누군가가 백제를 건국하던 당시 한반도 서부는 역사서에 마한馬韓이라 불리던 다양한 국의 연합체가 분포하고 있었다. 참고로 고구려의 왕가 성씨가 고 씨고 신라는 내물 마립간 이후 김 씨가 왕위를 세습하지만, 백제의 왕가 성씨는 시종일관 '부여扶餘' 씨이다.

이전 경주 장에서 살펴봤듯이 '국'이라는 개념은 특정 지역에서 생산력과 무력을 기반으로깡패처럼. 자체 권력을 장악하고 있던 우두머리의 세력권이라 보면 된다. 이러한 국의 이름과 개념은 엿장수가 엿가락 자르는 기준처럼 범위나 수용 인구도 제멋대로인 경우가 많기 때문에 후대의 역사가들이 그냥 하나의 집합체로 뭉뚱그려 부르던 것에 불과하다.

삼한이라 불리던 마한, 진한, 변한은 〈후한서後漢書〉의 기록에 등장하며, 이러한 삼한도 좀 더 이전에 쓰인 〈삼국지三國志〉 나관중이 인기몰이로 스토리텔링한 소설인 '삼국지연의'가 아니라 서진 대 진수가 쓴 정사 삼국지를 말한다에서는 진국辰國이라고 다시 또 한 번 뭉뚱그려서 표현된다. 진국은 다른 말로 개국蓋國이라고도 불리었다. 개국이라는 이름이 '뚜껑 나라' 혹은 '덮은 나라'라는 뜻인데, 제2장에서 살펴본 대로 한반도에 고인돌의 뚜껑돌이 하도 많아서 그런 이름이 붙은 것인지는 알 수 없다.

어쨌든 백제가 건국되었다고 믿어지는 시기인 BC/AD 전환기는 중국 역사에 서술된 대로 확실하게 구분되는 거대 강역 국가들이 독립적으로 존재하던 시기는 아니었다. 고조선 멸망 이후 중국 한나라 조정이 직접 진출해서 점령지로 세운 한사군漢四郡은 한반도 북부에 있었다. 그리고 고조선 멸망 후 뿔뿔이 흩어진 유민들이 자신의 호구지책인 중계무역과 농산물 재배를 기반으로 한반도 남쪽까지 진출하면서 세운 수백 곳의 작은 소국들이 난립하던 시기였다. 이 시기를 고고학에서는 '원삼국原三國시대AD 0~300'라고 한다. 삼국시대 직전 한반도 북부 및 만주 지역은 고구려와 같은 고대왕국이 이미 존재하였지만, 나머지 부분은 다양한 국들이 역사에 기록되기 힘든 수준으로 복잡하게 흥망성쇠 하던 상황이었다. 고고학계와 달리 역사학계에서는 원삼국시대를 삼한시대, 부족국가시대 등으로도 부른다.

미국 서부시대와도 같은 한반도의 원삼국시대

중앙집권국가가 등장하기 이전인 한국의 원삼국시대는 마치 미국의 서부개척시대처럼 자기가 맘에 드는 곳에 깃발 꽂고 농사짓고 가축 기르면서 살던 시기였을 것이다. 하지만 땅이란 게 요강처럼 깔고 앉아 볼일 본다고 자기 것이 되는 건 아니기 때문에 역시 서부시대처럼 자신과 뜻을 같이하는 사람들끼리 뭉쳐서 그들만의 자구책을 마련하면서 외부의 침입을 대비하고, 동시에 외부에 뭔가 자신들이 가지지 못한 특별한 것이 있다면 가차 없이 침략해서 뺏어 오던 시기였다. 그렇기 때문에 잦은 알력과 무력 다툼이 일상이었다.

이때 중국은 이미 전국시대가 끝나고 진나라와 한나라가 건국되지만 한반도는 역사로 기록할 겨를도 없이 치고받고 싸우던 또 다른 전국시대였다. 전쟁이란 '문화'를 포기하고 '기술' 혁신을 우선시하는 잠정적 단계이다. 원삼국시대 여러 소국은 당시 세계 최고 선진국인 중국의 한나라가 세운 낙랑군을 통해 선진 문물을 경쟁적으로 도입하고 기술 혁신을 통한 자력갱생의 비책을 마련했다. 서부시대가 총과 말의 시대였던 것처럼 원삼국시대도 본격적으로 철제 무기가 다량으로 만들어지고 북방에서 기원한 기마술 및 마갑馬甲과 같은 마구馬具가 도입된다. 일부 국에서는 중국의 화폐경제 체제도 도입했을 것이며, 중국의 문자와 기록술을 받아들여 정보와 교류의 노하우를 터득했다.

중국의 혼란기: 오호십육국 시대

원삼국시대가 끝나고 본격적으로 삼국 체제가 한반도에 들어서는 과정에서 중국은 커다란 혼란을 겪는다. 4세기 전반에 중국의 서진西晋은 팔왕의 난AD 291~307과 영가의 난AD 307~312을 차례로 거치고 오호

그림4.1 기원 전후 경 한반도 및 만주 일대에 자리 잡고 있던 정치체들의 분포 상황. 이 중 평안도 일대의 낙랑군과 대방군은 중국 한나라가 설치한 한사군의 잔존 세력이고 남쪽의 진한과 변한 중 대표적 국國인 사로국, 구야국이 나중에 각각 신라와 가야로 발전한다. 북방의 고구려는 차후 낙랑군, 대방군, 옥저와 동예 및 부여를 토벌하여 거대 왕국으로 발전하고 백제는 마한 지역을 병합하면서 동예의 일부 세력을 복속시킨다. 소백산맥 이남의 진한과 변한은 세월이 한참 지나야 고대왕국으로 발전할 수 있었다.

십육국五胡十六國 시기로 접어든다. 여기서 오호五胡는 다섯 집단의 이민족혹은 중국 한족 입장에서는 '오랑캐'을 말하는데, 흉노匈奴, 선비鮮卑, 갈羯, 강羌, 저氐 족을 말한다. 십육국은 이들 다섯 족속과 한나라의 후예인 한족들이 세운 국가들을 합쳐서 도합 16개, 혹은 그 이상의 국가들을 칭한다.

이러한 중국의 혼란기는 4세기대 전체에 걸쳐 꾸준히 지속된다. 그 결과 황하 이남에는 기존 서진의 유민이 남하하여 317년에 동진東晉을 건국한다. 397년에는 선비족 일파인 탁발 씨拓跋氏가 황하 이북을 통일하고 북위北魏를 세우면서 바야흐로 대륙의 남과 북이 따로 노는 남북조시대로 들어선다AD 387~581. 중국이 혼란기에 빠져 오호십육국과 남북조시대를 거치는 동안 백제는 지금의 한강 이남 땅에 터전을 잡고 중국 대륙의 위기를 기회로 삼아 본격적인 국력 신장 및 영토 확장을 이룬다. 그리고 근초고왕 대를 기점으로 삼국 중 한반도 내에서 가장 큰 독자적인 세력을 확보한다.

백제의 성장 및 마한의 복속 문제

일이 잘 풀리려면 안될 일도 되게 마련이라고, 중국의 한나라가 멸망하고 서진이 두 차례의 왕실 내의 난을 거치는 동안 고구려의 미천왕은 311년에 요동의 서안평을 점령해서, 중국 본토와 한족의 한반도 내 점거지인 낙랑·대방군의 연결고리를 끊어 버린다. 그리고 3년 후에는 아예 낙랑과 대방을 쓸어 버리고 고구려 영토로 만들어 버렸다. 고조선 이래 무려 400여 년이나 한반도에 자리 잡던 한족들의 본거지를 제거해 버린 것이다.

하지만 고구려는 당시 남진보다는 북진에 치중했고 평양성으로 천도를 하기 이전이었기 때문에 본격적으로 백제와 대치하는 남쪽 전선을 형성할 여유가 없었다. 이러한 틈을 타서 백제는 거의 '빈집털이' 수준으로 4세기에 비옥한 예성강 일대와 동쪽의 예족濊族 땅인 지금의 춘천과 화천 땅까지 진출하였다. 이 과정에서 남쪽으로는 다양한 방식으로 마한의 여러 국을 점령해 나갔다.

일반적으로 학계는 백제의 근초고왕이 지금의 전라남도까지 포함하는 마한의 소국들을 대부분 복속했다고 믿는다. 하지만 최근 전라남도 해안 지역에서 발견되는 고고학적 양상을 보면 백제의 영향보다 오래전부터 고유하게 지속되어 온 토착 세력의 성격이 더 강하게 드러난다. 그리고 백제의 해당 지역 실제 점령 사실 및 군주제에 의한 강력한 중앙집권의 영향력은 뚜렷하지 않다. 이는 삼국사기를 포함한 초창기 백제에 대한 역사 서술이 불완전하기 때문에 마한 점령 과정은 오직 고고학 자료에 근거한 추정만 가능하기 때문일 것이다.

후대의 역사가 중 일부는 마한이 역사서에 구체적으로 표현되지 못한 또 다른 고대왕국이었을 것이라는 가능성을 배제하지 않는다. 그렇기 때문에 마한의 변방 지역이자 백제 중심지에서 가장 멀리 떨어진 전라남도 일부와 서해안 지역은 백제가 멸망하기까지 백제의 영토로 완벽하게 복속되지 못했을 가능성도 얼마든지 있다. 결국 우리 입에 상투어로 굳어진 '삼국시대'라는 용어는 엄밀한 의미에서 정통성을 인정받지 못한 마한실제 이름이 마한인지는 며느리도 모르지만과 또 다른 연맹체인 가야를 배제한 불완전한 역사 용어일 수도 있다. 하지만 이러한 상투어를 전면 파기할 정도로 확실한 고고학, 역사학적 증거가 등장하지 않는 이상 아직 한반도의 고대왕국은 고구려, 백제, 그리고 신라로 한정할 수밖에 없다.

근초고왕의 영토 확장과 한반도 북부 진출

근초고왕 대인 369년은 백제가 점령국으로서의 성격을 가장 뚜렷하게 발휘하던 해이다. 삼국사기 기록에 의하면 근초고왕은 마한의 가장 큰 세력인 목지국目支國을 점령하였다. 일본서기 기록에 의하면, 일본 왜국야마토국, 大和國과 연합하여 가야 연맹의 여러 세력인 안라安羅, 탁순卓淳, 가라加羅, 비자벌比子伐국 등을 평정하고 신라를 격파하였다고 전한다.

그러나 이러한 역사 기록을 액면 그대로 믿기에는 고고학 자료상 한계가 있기는 하다. 역사 기록과 고고학 유물상의 공통적인 것만을 근거로 한다면, 적어도 4세기대에 백제는 한반도 남부 전역 및 일본에 걸친 동아시아 말단의 여러 국國 사이에서 맹주 역할을 담당했다는 것을 알 수 있다.

같은 해 근초고왕은 북쪽에서 고구려 고국원왕의 침략을 받는다. 이전에는 고구려가 북벌에 신경 쓰는 사이 백제가 야금야금 고구려의 남쪽 경계인 예성강 일대까지 진출했었지만, 이제는 상황이 역전된다. 백제가 마한과 신라 및 왜를 견제하는 남벌에 신경 쓰는 사이 고구려는 백제의 북쪽 경계를 건드리기 시작한다.

근초고왕은 2년에 걸친 전쟁 끝에 패수浿水, 지금의 대동강 일대까지 진출해 평양성을 포위하고 고국원왕을 전사시켰다. 이는 고구려 군주가 전쟁에서 사망한 유일한 사건이기도 하며, 차후 삼국 항쟁에서 고구려와 백제는 결코 같은 하늘 아래 공존할 수 없는 철천지원수 관계로 정립된 일이기도 하다. 하지만 이 북벌을 끝으로 백제는 지속해서 국력이 쇠락한다. 과연 이것을 고국원왕의 저주로 봐야 할까? 역사적 사실로는 설명할 수 없는 부분이기도 하다.

고구려의 남하와 신라의 '양다리걸치기'

근초고왕 이후 백제는 지속해서 영토가 축소되고 신라 접경 지역에는 지방 토호의 투항도 자주 발생한다. 이러는 사이 고구려에서는 광개토왕과 장수왕의 '투톱 에이스' 군주가 등장해서 백제 하나만 붙잡고 '멍석말이'를 지속해서 행사한다. 당시 신라는 소백산맥을 자연 경계로 이용하고 고구려에 조공과 볼모를 제공하면서 조용히 숨죽이고 있었다.

고구려는 건국 이후 줄곧 압록강 이북 만주 땅에서 놀다가 장수왕 대에는 427년에 수도를 평양성 안학궁安鶴宮으로 천도한다. 그리고 알토란 같은 백제의 비옥한 한강 유역남한강 유역 및 충주 지역 포함을 점령하면서 고구려 상비군 주둔지를 군데군데 구축한다.

백제는 이러한 고구려의 남하 정책에 대비하여 자신 있던 외교와 말주변을 활용해, 평소 거들떠보지도 않던 신라와는 나제동맹羅濟同盟, AD 433을 맺고, 중국 북조의 북위北魏에는 굴욕적인 국서國書, 왕의 친필 서신를 보내 고구려를 혼 좀 내 달라고 간청하기도 하는 목불인견目不忍見을 연출한다. 사실 북위는 장수왕에게 강康이라는 시호를 내릴 정도로 끈끈한 고구려의 동맹이었기 때문에 백제 입장에서는 혼자서 제대로 설레발을 친 셈이다.

당시 신라는 고구려와 왜국에 볼모로 왕자들을 보낼 정도로 별 볼일 없던 나라였지만 한 때 한반도 남부의 맹주였던 백제가 동맹을 요청하자 즉각 '갑을관계'를 맺으며 백제 앞에서 큰소리치는 갑질을 행사하기 시작한다. 그러나 충주 고구려비에 나온 바에 의하면, 신라는 449년까지 오히려 고구려와 형제 관계를 유지하고 있었다워매, 모라고잉?. 따라서 신라 입장에서는 밑져야 본전인 삼국 외교에서 백제 · 고구려에 양다리를 걸친 이중 첩자 역할을 하며 두 나라의 견원지간犬猿之間을 적극적으로 활용하며 백제와 오월동주吳越同舟하게 된다어려운 문자 좀 그만 써라.

나제동맹과 백제의 웅진 천도

이러한 백제와 고구려와의 대치 과정에서 나제동맹을 체결했던 백제 비유왕은 내란으로 455년에 살해당한다고구려가 암살했다는 설도 있다. 후왕인 개로왕이 정권을 장악하지 못한 상황에서 장수왕이 백제의 한성을 1차 공격했지만, 나제동맹에 의해 신라 눌지 마립간이 군대를 파견해서 고구려 군사는 1차 퇴각한다.

19년 후인 475년, 장수왕은 백제의 한성을 재차 침략하고 개로왕을 살해함으로써 근초고왕에게 당한 선대 고국원왕의 복수에 성공한다. 그러자 뒤늦게 신라의 자비 마립간이 '원손은 거들 뿐'이라며 백제의 후대 문주왕에게 윈손을 내밀어 결국 백제는 지금의 공주 땅인 웅진熊津으로 천도를 한다.

웅진은 약 63년 동안 백제의 수도로 자리 잡게 되었다. 문주왕부터 성왕 때까지 5대의 왕이 즉위하였고, 이 시기에 백제는 본격적으로 외교 및 대외관계를 통한 문물 수입과 동맹관계 형성에 주력한다. 하지만 대외관계와는 별도로 국내의 상황은 한성 시기보다 훨씬 열악했다. 예를 들면, 웅진 천도를 실행시킨 문주왕은 당시 좌평佐平, 백제의 최고 관직이던 해구解仇의 반란군들에게 처형되었다. 만약 해구가 반란에 성공하고 왕권을 찬탈했다면 프랑스혁명보다 1300년이나 빠른 자군정변刺君政變이 되었을 것이다어려운 문자 쓰지 말라 그랬지?.

문주왕 사후 13세 어린이였던 삼근왕이 즉위했지만 3년 만에 사망하고, 이후 동생동성왕이 사촌 형무령왕보다 먼저 왕위에 오르는 기이한 '왕따먹기' 싸움도 진행되었다. 동성왕 대에는 신라와 본격적으로 결혼 동맹을 맺고 나제동맹을 더욱 굳건히 하였다.

신라의 성장과 백제 무령왕의 개혁 시도

이 시기에 신라는 고구려에 슬슬 열이 받기 시작했다. 한강 남쪽까지 내려와서 백제를 몰아낸 건 그렇다 치더라도 소백산맥을 넘어 턱 밑까지 고구려가 진출한 건 이빨 빠진 백제와 맺은 나제동맹만으로 해결될 문제는 아니었다. 더군다나 신라는 더 이상 삼국의 말단 자리를 차지하기에는 자신의 넘쳐나는 힘을 주체하지 못하던 실정이었다.

따라서 펀치에 몰린 백제를 도와주면 여러모로 명분도 쌓게 되고, 백제가 독점하던 서해안을 통해 중국 남조와의 교류 시장에도 자연스럽게 밥숟갈을 얹어 놓을 수 있었다. 그렇기 때문에 기존의 고구려에 보이던 '굽신 제스처'를 벗어나 백제와의 동맹에서 점차 주도권을 가져오는 독자적이고 강단 있는 외교 전략을 취한다.

이 당시 백제는 문주왕, 삼근왕에 이어 동성왕도 이름 모를 사연에 의해 암살당하고 무령왕이 즉위하였다. 무령왕은 안타깝기 그지없는 백제의 웅진기에서 그나마 신분도 확실하고 업적도 탁월한 명군名君이다. 일단 6세기 초반까지 국경을 넘나들던 고구려와 말갈족을 정벌해서 북쪽 전선을 안정화했다. 웅진 천도 후 대가야에 야금야금 빼앗기던 지금의 전라도 동부 일대에 진출해서 동쪽으로 낙동강 서안 부근까지 진출하고 남해안까지 뚫린 섬진강 유통로를 확보한다. 그리고 서해 건너 중국 남조의 양梁나라와 동맹 관계를 맺고 영동대장군寧東大將軍이라는 호칭을 수여 받기도 한다.

그림4.2   백제의 대표적인 문화유산인 금동대향로(1)와 무령왕릉(2)

성왕의 사비 천도와 고구려의 한강 유역 포기

무령왕의 아들인 성왕은 부왕父王의 뜻을 받들어 양나라와의 국교를 더욱 강화하지만, 이때부터 노골적으로 달려드는 고구려의 공격을 감수하기 위해 538년에 지금의 부여인 사비泗沘로 천도를 감행한다. 하지만 불교에 심취하는 수준을 넘어 자신을 불교의 메시아에 해당하는 미륵이라 칭하며 거의 신권에 가까운 왕권을 무리하게 강화하는 패착을 두기도 하였다.

이 책의 끝부분까지 일관되게 등장하는 역사의 법칙 아닌 법칙이라면, 바로 어떤 한 왕국이나 제국이 망조가 들기 시작할 때는 위, 아래 막론하고 종교가 사회를 잠식해 간다는 것이다. 성왕 때부터 본격적으로 시작된 백제의 불교 융흥 정책은 그 취지와는 별개로 전혀 호국적이지 않았으며 오히려 민생에 큰 부담을 야기했다. 그러나 이로 인하여 신라와 일본의 아스카 문화에 영향을 준 백제 고유의 불교 예술이 발달한 점은 나름 긍정적인 일이기는 하다.

성왕 때부터는 별문제 없이 유지되던 나제동맹이 삐걱거리기 시작한다. 고구려가 551년에 돌궐의 침입을 받으면서 남쪽의 군사가 북쪽으로 이동하자 나제 연합군은 이틈을 타서 한강 유역을 탈환하는 데 성공한다. 신라는 한강 상류, 백제는 하류를 차지하지만, 후에 백제는 한강 유역을 영원히 포기하게 된다. 역사학계 일부에서 이건 소위 신라의 백제 '뒤통수 치기'라는 배신행위 때문이라고 평하기도 한다. 하지만 당시의 국운이나 국세로 볼 때 백제는 이미 한강 유역의 일부라도 점령하고 고구려 및 신라와 균형을 맞출 역량을 상실한 지 오래된 상태였다. 결국 나제동맹의 한강 유역 점령은 신라라는 호랑이를 키워 준 형국이 될 수밖에 없었다.

백제의 쇠락과 멸망

걷잡을 수 없이 성장한 신라와의 동맹을 포기할 수 없었던 성왕은 553년에 딸을 진흥왕에게 주면서 결혼 동맹을 맺었지만, 뒤로는 왜국 및 대가야와 동맹을 맺고 신라 몰래 병력과 물자를 일본으로부터 조달받으면서 이런 걸 호박씨 깐다고 표현한다 신라와의 한판 대결을 준비한다. 하지만 성급하게 신라를 치기 위해 전쟁 준비도 제대로 하지 못한 상태에서 무작정 달려들어 관산성管山城 지금의 충청북도 옥천 일대 전투에서 대패하고 자신도 전사한다AD 554. 이제 백제는 고구려에 이어 신라까지도 같은 하늘 아래 공존할 수 없는 원수로 만들어 버린 셈이다.

당시 백제와 함께 동맹했다가 신라에게 패배한 대가야 잔존 세력들 및 일본의 왜국은 이제 신라 눈치를 보면서 솥 걸어 놓고 물 끓여야 할 지경에 처한다. 엎친 데 덮친 격으로 백제가 공들여 동맹으로 맺어 놓은 중국 남조의 양나라는 군사 쿠데타에 의해 진陳, 南陳 혹은 陳陳으로 왕조가 바뀌고AD 557 내전 상태로 돌입한다. 사비로 천도한 이후 그나마 백제가 믿고 쓰던 다양하고 화려한 외교 술책도 자의 반 타의 반 포기해야만 했다. 이제 백제는 '차·포 떼고' 고구려와 신라를 상대해야만 하는 지경에 처하고 만다.

성왕 이후 지속적으로 국세가 하락한 백제는 결국 660년에 나당 연합군에게 멸망한다. 백제는 사비에 도읍을 마련한 후 기존의 한성 시대와는 상당히 다른 성격의 문화를 보유하기 시작한다. 우선 전시체제에 돌입하고, 인구의 이동과 교류 및 융합이 중앙정부가 통제하기 힘든 수준으로 치닫는다. 북쪽의 고구려와 본격적인 전선을 형성하며 고구려의 물질문화도 접하게 된다. 비록 국세는 추락하고 국운은 위태로웠지만 이 당시 백제는 전라도 지역 일대까지 지배권을 유지해 나갔으며, 한성시대나 웅진시대와는 또 다른 백제적 특성을 유지하면서 삼국 항쟁을 지탱해 나갔다.

백제 멸망 후 다수의 유민이 중국이나 일본으로 이주하였고 후에 후백제라는 국호가 통일신라 말기에 정식 등장한 것에게서 알 수 있듯이 백제라는 이름 두 글자는 지금이나 당시나 대부분의 사람에게 어엿한 한반도의 고대 왕국으로 강력한 임팩트를 주며 자리 잡고 있었다는 것을 알 수 있다. 특히 일본 아스카 문화의 형성에 막대한 영향을 미쳤는데, 이 부분에 대해서는 8장에서 살펴보도록 하자.

2. 백제 역사 지구의 세계문화유산

백제 지역의 문화유산은 2015년에 대한민국의 12번째 유네스코 세계유산으로 등재됐다. 비교적 최근에 등재된 유산이면서 동시에 충청도 및 전라북도 일대를 포함하는, 우리나라에서 가장 넓은 지역에 분포하는 유산이기도 하다. 공주, 부여, 익산의 세 행정구역을 포괄하는데, 공주 지역은 공산성웅진성과 송산리 고분군무령왕릉을 들 수 있다. 부여 지역에는 대규모 생활 유적인 관북리 유적, 부소산성, 능산리 고분군, 정림사지, 부여 나성 등이 포함된다. 익산 지역에는 왕궁리 유적과 미륵사지가 해당한다.

공주 지역의 문화유산

공주의 가장 대표적인 문화유산은 공산성을 들 수 있다. 공산성은 수도인 웅진을 감싸는 내성內城으로, 금강을 굽이 보는 방어진지와 왕궁터로 추정되는 건물지가 남아있다. 공산성은 조선시대 때도 방어용 성으로 활용되었기 때문에 지금 남아있는 건물들은 그때 증축 혹은 개축한 상태이다. 특히 금강을 아우르는 뛰어난 경관으로 인하여 대중에게 사랑받는 친숙한 문화유산이기도 하다.

　대통사지大通寺址는 신라와 마찬가지로 백제가 왕실에서 적극 불교를 장려한 증거로 볼 수 있다. 웅진성은 상대적으로 수도 점거 기간이 짧기 때문에 당시의 절이 지금 공주 땅에 있었는지 의문이 있었다. 그러나 대통사가 발굴되면서 수도 공주의 왕실이 관리하던 절로 추정되고 있다. 현재의 대통사지는 공주시 봉황산에 위치하며 웅진 시기의 마지막 왕인 백제 성왕 때 지어졌고 통일신라 때까지 존속한 것으로 보인다.

송산리 고분군은 일부가 일제강점기에 유실되었고 현재는 총 7개의 고분이 남아 있다. 1~5호분은 전형적인 백제식 석실분이며, 6호분은 무령왕릉과 흡사하게 벽돌을 쌓아 만든 전축분塼築墳이다. 6호분 벽에는 고구려 벽화와 유사한 신화 속 동물인 동 청룡, 서 백호, 남 주작, 북 현무의 사신도가 그려져 있는 것으로 보아 고구려 전통이 백제에 강하게 남아있던 것으로 볼 수 있다.

7호분은 무령왕릉이다. 원래 일제강점기에 따로 7호분이 있었지만 유실되었고 지금은 무령왕릉이 이를 대신한다. 대부분의 백제 왕릉은 옆에 출입구가 있고 추가장이 가능한 횡혈식 석실분이기 때문에 후대, 특히 일제 강점기 때 도굴되거나 조사 중 훼손이 된 사례가 많다. 하지만 무령왕릉은 아들인 백제 성왕 대에 매장된 당시 그대로 발견됐기 때문에 백제의 왕릉 매장 방식, 대외관계 및 물질문화에 대한 엄청난 정보를 전달해 준다.

무령왕릉은 묘주의 신분을 명확히 드러내는 묘지석墓誌石이 존재해서 백제에서 유일하게 피장자의 신분이 밝혀진 고분이다. 당시 장례 관습은 땅을 관장하는 신인 지신地神에게 무언가를 바치는 풍속이 있었다. 묘지석에는 중국 양나라의 왕이 하사한 호칭인 영동대장군으로 불리던 무령왕이 죽어서 땅에 묻힐 때 지신에게 재물을 바치고 토지를 구매한다는 매지권買地券의 내용이 적혀있고, 중국 화폐인 오수전五銖錢을 함께 매납하였다.

무령왕릉은 왕과 왕비의 합장묘로서, 둘 중 한쪽이 먼저 사망한 후에 다른 한 사람이 사망할 경우 추가로 시신을 안치하는 형태이다. 축조 방식 및 발견 유물로 볼 때 중국 남조인 양나라의 전통이 강하게

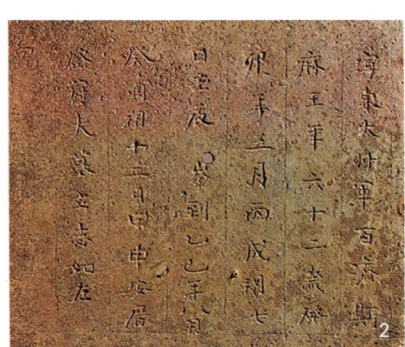

그림 4.3 무령왕릉의 입구와 출토품들. 무령왕릉의 전경(1), 무령왕릉에서 출토된 묘지석(2), 석수石獸(3), 왕비의 왕관 장식(4)과 왕의 관식 부착 모습(5)

드러나는 것을 알 수 있다. 이는 앞에서 살펴본 백제의 대외관계 상황과도 시대적, 공간적으로 일치한다. 고분을 쌓는 데 사용된 벽돌博들은 양나라 현지 기술자를 초빙해 백제에서 제작한 것으로 추정된다. 고분 내에 등잔을 놓을 수 있는 벽장龕의 흔적이 남아있는데, 이는 매장할 때 작업용 등불을 피운 것으로 볼 수 있다. 그리고 석수石獸라는 신화 속 동물로 출입구를 막아 무덤을 지키는 수호신의 역할을 하도록 했다.

부여 지역의 문화유산

부여는 백제의 3번째 수도이기 때문에 이전 한성, 웅진과 마찬가지로 수도를 감싸는 성인 부소산성이 있다. 부소산성은 사비 지역을 보호하는 도성으로, 백마강을 굽이 보고 있는 방어진지와 군창터 및 군사적 목적의 건물터가 발견되었다. 부여로 천도를 했다는 것은 백제의 국운이 이미 어느 정도 기울었다는 것을 뜻하기 때문에 대부분 시설은 방어를 위해 구축되었다 볼 수 있다. 참고로 백마강은 따로 존재하지 않고 금강 본류의 한 부분에 해당하는데, 금강중에서도 심하게 굽이치는 곳을 부여 지역에서는 백마강이라 부른다.

관북리유적은 부여에 존재하는 백제의 일반 백성들이 살던 생활유적이다. 이 유적은 사비성의 왕궁터에 해당하는 유적으로써, 대규모 취락과 다양한 생활 유물들이 발견되었다. 관북리유적은 많이 훼손된 상태이기 때문에 당시의 생활상이 고스란히 드러나지는 않는다. 과거 종이가 본격적으로 보급되기 이전에 대나무를 얇게 쪼개서 글씨를 쓰던 죽간竹簡이 많이 발견되었으며 특별히 대나무로 만들어진 자 竹尺, bamboo scale도 출토돼 그 당시 중국에서 쓰던 축척이나 도량형이

그림4.4 현재 부여읍과 백마강의 모습(1), 정림사지와 정림사지 석탑(2), 부여 관북리 유적(3), 관북리에서 출토된 죽간(4)과 자(5)

그림4.5 부여지역의 백제 문화유산들. 능산리 고분군(1), 능산리 1호분의 출입구(2), 1호분 석실 내부의 사신도(3)

그림4.6 부여에서 발견된 백제의 금동대향로. 금동대향로의 보전 완료 후 상태(1), 향로 상부의 복원 후 모습(2), 석조 사리감(3)

제4장 미니멀리즘의 우아함과 세련됨: 백제 역사 유적 지구 **103**

백제에서 그대로 사용됐다는 것을 알 수 있다.

능산리 고분군은 한성 시기부터 사용하던 토속 양식인 횡혈식 석실분이다. 이 고분군은 일제강점기부터 백제의 왕릉이라고 추정되어 왔다. 1호분에서는 사신도로 추정되는 백제 유일의 벽화가 그려져 있다. 하지만 옆으로 진입로를 판 횡혈식 석실분이기 때문에 일찍이 도굴되어 소수의 유물만 발견되었다. 따라서 능산리 고분군에 구체적으로 어떠한 부장품이 있었는지는 파악하기 어려운 상태이다.

무덤 서쪽의 절터인 능사陵寺에서는 금동대향로국보 287호, 그림 4.6의 1과 2와 석조사리감국보 288호, 그림 4.6의 3이 발견되어 불교에 천착하던 왕실의 무덤 지역임을 확인할 수 있다. 이러한 귀중품은 왕이나 귀족이 아니면 쉽게 사용할 수 없는 물품이기 때문에 왕실 무덤이라는 것을 짐작게 한다.

익산 일대의 문화유산

익산은 백제의 역사에서 중요한 지역이다. 역사적으로 익산이 백제의 수도라고 입증되지는 않았으나 그 가능성이 큰 이유는 익산이 가지고 있는 특수성 때문이다. 백제의 사비 천도 이후 신라 및 고구려의 압박이 지속되는 동안 백제는 외세로부터 멀리 떨어진 익산 지역을 새로운 중심지로 삼았을 가능성이 크다. 익산으로 천도를 했거나 혹은 천도를 구체적으로 도모했을 것으로 믿어지는 왕은 서동요의 주인공으로 널리 알려진 선화공주의 남편 무왕이다.

무왕은 왕이 되기 전 왕실의 세력 다툼을 피해 익산 지역의 금마에서 서동薯童, 굳이 현대어로 한다면 '토종감자팔이총각'으로 행세하며 선화공주와 결혼하고 왕이 되었다는 설이 있다. 또한 근초고왕이 마한 지역을 전부 복속했다고는 하지만 백제의 영향력이 강력하게 파급되지는

그림4.7 익산 왕궁리와 미륵사지 일대에서 발견된 백제 유물들. 익산의 왕궁리 5층 석탑(1), 석탑에서 발견된 순금 사리장엄구와 사리 보관용 유리병(2), 익산 미륵사지 당간지주와 복원된 석탑(3), 익산 지역에서 발견된 백제 토기들(4)

제4장 미니멀리즘의 우아함과 세련됨: 백제 역사 유적 지구

못했기 때문에 상대적으로 토착적 성격이 강한 전라도 지역 일대의 지배권을 강화하기 위한 신도시 건설로 볼 수도 있다.

익산 지역에서 왕궁과 비슷한 규모의 흔적이 드러나는 것도 상당히 흥미롭다. 왕궁리 유적과 그 안에 왕궁리 5층 석탑이 있는데, '왕궁'이라는 이름의 기원은 별도로 하더라도 왕실이 존재하지 않으면 쉽게 건립할 수 없는 대규모의 불교 유적이 있다는 점이 특이하다. 익산은 아마 사비와 병존하던 또 다른 수도이거나 아니면 유사시 수도의 역할을 담당했을 가능성이 높다. 이러한 왕궁리 유적은 마한의 수도, 백제의 4번째 수도설 등 의견이 분분하다.

백제 시기부터 통일신라기까지 꾸준히 증축된 흔적이 있는 것으로 볼 때 백제 멸망 후 전라도 지역에서 불교 관련 시설로서 충분한 가치를 지녔다고 볼 수 있다. 그 외에 또 다른 해석으로는, 고구려의 멸망 후 옛 고구려 부흥 운동을 했던 안승安勝이 세웠던 보덕국報德國의 실체라는 설과 후백제의 창시자인 견훤이 도읍을 정한 곳이라는 추측도 제기되고 있다.

왕궁리 유적에서 2km 떨어진 곳에는 5층 석탑국보 289호, 그림 4.7의 1이 존재한다. 이 석탑의 해체 및 보수 과정에서 금제 사리장엄구국보 123호, 그림 4.7의 2가 발견됐다. 장엄구는 사리 보관용 유리병과 금제상자로 구성되어 있는데, 유리병은 아마도 중국에서 만들어진 것으로 보인다. 상당히 희소한 귀중품이기 때문에 이러한 귀중품이 탑 속에 안치됐다는 것은 왕실 정도 되는 권위와 품격이 함께 하지 않고는 불가능하다. 따라서 적어도 익산 지역이 또 다른 왕궁에 비견될 정도로 상당히 중요한 백제 말기의 중심지라는 설은 충분히 가능하다.

왕궁리에서 발견된 다양한 백제 토기는 기존의 백제 토기와 다른 토착 양식이 반영되어 있다. 이는 사비 시대부터 적극적으로 수용된 고구려 토기의 양식을 반영한다. 따라서 이 당시 고구려와 백제의 상호교류가 이루어졌든가, 아니면 고구려계 유민을 통한 물질문화의 유입과 교류가 백제 기층 사회에서 활발하게 이루어진 것으로 보인다. 그리고 이는 본격화된 전시 체제를 통한 통제 불능 수준의 인구 이동을 반영하는 것이기도 하다.

익산의 미륵사는 신라의 침입을 막기 위해 지어진 호국 사찰로써, 백제 멸망기까지 나라를 대표하는 중요한 국사國寺의 역할을 했다. 백제의 사찰 중 가장 큰 규모로, 이후 고려와 조선까지도 잔존했다는 기록이 있지만, 현재는 사지로서 흔적만 남아 있다. 미륵사지에 있는 석탑은 독특하게 목탑의 외양을 갖춘 석탑이다. 일제강점기 당시 일본인 관학자들이 콘크리트를 사용, 함부로 보수를 해서 최근까지도 흉측한 모습을 갖고 있었다. 2000년대부터 문화재청에서 관리를 시작하며 최신 기술에 근거한 복원을 진행했다. 그러나 석탑은 복원 상태가 백제의 느낌이 제대로 드러나지 않아 아쉬운 복원이라는 평이 있다. 2023년에는 미륵사지에 국립익산박물관이 설립되어 백제 지구에 위치한 세번째 국립박물관 분소로 자리잡았다.

3. 북방의 유전자가 남방의 풍요로움을 받아들이다
: 백제 세계문화유산의 의미

삼국의 항쟁 과정을 백제의 관점으로 살펴보았고, 이와 더불어 백제 문화의 성격을 다양한 유물 및 사적으로 짚어 보았다. 여기서 우리가 백제적 특성이란 과연 무엇일까 생각해 볼 필요가 있다. 백제는 원래 부여계 출신인 북방 계통의 족속이다. 하지만 고구려와 달리 무武를 숭상하기보다는 비옥한 한강과 금강 및 한반도 서남부 지역에서 농경을 기반으로 성장한다. 한마디로 약탈 경제보다는 풍요롭고 여유 있는 생계 체제를 유지하면서 '오손도손'이라는 수식어가 가장 잘 어울리는 분위기가 사회 전반에 만연해 있었다. 이러한 점은 소백산맥과 태백산맥으로 둘러싸인 척박한 땅에서 뒤늦게 성장한 신라와 또 다른 점이기도 하다.

사비에 도읍을 마련한 백제 후대는 이렇게 여유 있고 순조로운 분위기와는 거리가 먼 사회로 변환된다. 또한 한성 도읍 당시 침류왕이 공인한 불교가 웅진과 사비를 거치면서 왕실을 중심으로 백제 각지에 파급되었다. 내외적으로 불안한 시국에서 안정과 번영을 도모하면서 안심입명安心立命에 몰두하는 불교 교리는 큰 인기를 끌며 사비와 익산 지역에 왕이 직접 시주한 호국 사찰들이 자리 잡았다. 예를 들면 성왕이 전사한 후 아들인 위덕왕은 부왕의 명복을 빌기 위하여 부여군 능산리에 능사陵寺, 능산리 사지를 짓기도 하였는데, 여기서 나온 것이 전술한 국보 제287호인 백제금동대향로이다. 또한 목탑자리에서는 향로를 보관한 일종의 안치소인 백제창왕명석조사리감百濟昌王銘石造舍利龕, 국보 288호이 함께 발견되었다. 백제금동대향로는 우리나라 유물 중에서도 타의 추종을 불허할 정도의 세련미와 동시에 지나치게 화려하지 않은 절제미도 보여준다. 중국의 박산로博山爐와 흡사하기 때문에 백제 고유의 유물이 아닌 중국 유물이라는 설도 있지만, 백제가 오랜 기간 중국 남조와 교류했다는 것을 고려한다면 중국의 전형적 형식미를 백제적 특성으로 스스로 재해석한 유물이라 볼 수 있다.

이렇듯이 백제 문화에서 가장 큰 요소, 즉 백제적 특성을 자리 잡아 주는 성격은 바로 불교의 유입 및 중국 남조의 선진 문물이라 볼 수 있다. 북쪽의 고구려가 강성해지면서 백제가 취할 수 있는 가장 합리적인 전략은 기술 혁신이었기 때문에 다양한 선진문물을 받아들여 빠르게 토착화에 성공한다. 그리고 이는 중국을 포함한 외래 세력과 연합하며 자신의 세력을 보존하고자 하는 외교정책의 적극적인 물적 표현이라 볼 수 있다.

백제 미술을 평가하는 수식어로 '우아하고 세련됐으며 소박한 양식'이라는 표현이 대표적이다. 이는 중국 남조의 세련된 미술과 당시 남조에서 유행하던 청담사상淸淡思想을 반영하는 것을 일컫는다. 하지만 이러한 찬사 위주의 특색과는 별도로 다소 무미건조하고 화려함과는 동떨어진 '밋밋함'이라고 평가절하되기도 하는 것이 바로 백제적 특성이기도 하다.

이렇게 양극단의 평가를 한마디로 요약한다면 바로 '미니멀리즘minimalism'에 가까운 분위기가 아닐까? 우리는 아늑함, 단아함, 청아함이라는 단어를 자주 쓰지만, 그 단어의 뜻을 일목요연하게 서술하지는 못한다. 또한 깨끗함과 깔끔함의 미묘한 차이도 잘 깨닫지 못한다. 바로 그렇게 언어로 묘사하기는 쉽지 않지만 뭔가 사람에게 소박하면서도 편안한 느낌을 주는 깔끔한 분위기. 바로 백제의 물질 문화에서 찾아볼 수 있을 것이다.

예를 들면, 백제 무령왕릉에서 발견된 금제 왕관 장식그림4.3을 신라 황남대총에서 나온 금관그림3.5과 비교하면 너무 화려하지도 않고 호사스럽지도 않다. 그렇다고 왕의 권위, 제작자의 식견과 솜씨를 무시할 정도로 조악하지도 않다. 어딘지 모르게 단정하면서도 소박함이 묻어나고 있다. 이러한 것이 바로 외래문화를 자신만의 것으로 독창적으로 빚어낸 백제만의 또 다른 가치 부여라 볼 수 있을 것이다.

백제 문화는 한성, 공주, 부여 및 익산 등의 도읍지에서 각기 다른 지방색이 드러난다. 한성기에는 아직은 모든 것이 '백제스럽다'기 보다는 북방스럽고 미美와는 거리가 먼 투박함이 드러난다. 웅진기는 본격적으로 남조 양나라의 영향이 묻어나기 시작한다. 사비기는 다시 고구려의 영향을 받고, 자체적으로 불교적인 색채와 남조의 청담사상까지 수용한 모티프가 등장한다.

백제 후기에는 무왕을 중심으로 익산 지역에 미륵사를 창건하기도 하였다. 익산은 역사상 백제의 공식적 수도로 기록되지는 않았지만 아마도 실추한 국운과 추락한 왕권을 권토중래捲土重來하기 위해 새롭게 익산으로 천도를 계획하거나 아니면 중요한 도시 거점으로 삼았을 가능성이 크다. 그만큼 백제는 필요에 따라 수도를 옮기고 국가적 위상을 새롭게 정립하는 데 주저하지 않았다.

그렇다면 가장 오랜 기간 동안 백제의 수도였던 한성은 왜 백제 역사 유적 지구로 세계문화유산에 지정되지 않았을까? 그 이유는 하나로 볼 수는 없지만, 우선 한성은 현재 우리나라의 수도인 서울에 위치해 상당히 많은 개발이 이루어졌고 또 그 이전에 조선왕조 500년 동안의 수도였다. 이는 세계문화유산 등재 조건 중 '원형을 그대로 간직하고 있어야 한다'라는 조건을 충족시키지 못하는 가장 큰 원인이기도 하다.

또한 지금 서울은 조선 왕조 관련 세계문화유산이 이미 풍부하게 존재하기 때문에 따로 백제 역사 유적 지구로서의 성격을 명확하게 하기에는 그 정체성의 혼란이 있다. 더군다나 한강 이북 구의동과 구리 일대에 다수 분포하는 고구려의 유적들도 등재를 희망하기 때문에 지역 안배 차원에서 서울은 아직 백제문화권으로 설정되지 않은 것이 당연하지 않을까 생각된다. 서울 및 인근 경기 남부 지역도 머지않아 백제 역사 유적 지구로 등재될 날을 기대해 본다.

제3부

북한과 중국의 세계문화유산

1 한국, 북한, 중국, 일본 편

Heritage, Culture and World

유산, 문화, 그리고 세계
유네스코 세계문화유산 탐방
UNESCO World Heritage

제5장 천하를 가지는 자의 영욕
: 중국의 진시황릉과 만리장성

1. 전국시대의 통일과 진시황

통일에 대한 욕망과 염원

통일이라는 말은 시대에 따라 각기 다른 가치를 가진다. 통일은 영어로 'unification'이라고 한다. 사실 이 단어는 통일統一보다는 통합統合을 의미한다. '一'과 '合'이라는 단어는 절대로 같지 않다. 통일이 무력에 의한 강제적인 복속의 성격이 강하다면 통합은 타협과 이해 및 양보 과정을 거쳐서 함께 한다는 의미다. 현대에서 통일보다는 통합의 의미가 더 강조되는 경우도 바로 이 때문이다.

우리나라에서 통일이라는 단어는 예나 지금이나 정치적·민족적인 의미를 포함해 왔다. 이러한 상황은 우리나라뿐만 아니라 대부분의 현대 국가에서도 마찬가지다. 19세기 말에 독일과 이탈리아가 그랬고 20세기 말에는 동독과 서독이 그랬다. 같은 언어를 쓰고 같은 역사를 공유하고 외모도 비슷하고 또한 문화도 대동소이하면 '합쳐서' 단일한 국가로 만들려는 게 인간의 본성이다. 이러한 통일 상태를 유지하기 위한 절차가 정치와 행정이다. 제2부에서 살펴 봤듯이 한국의 고대사에서 본격적인 통일은 신라가 주축이 된 삼국통일이 처음이다. 그렇다면 우리보다 훨씬 더 넓고 인구도 많고 역사도 오래된 중국은 어땠을까?

중국에서 통일이라는 용어가 최초로 적용될 수 있는 사건은 진秦

나라의 통일이다. 이 통일은 진시황에 의해 이루어졌다. 이 과정에서 중국 특유의 천하관 및 황제皇帝, emperor라는 개념이 등장했다. 춘추春秋는 공자가 저술한 『춘추』에서 온 말이고, 전국戰國은 유향劉向이라는 한나라 대 역사가가 쓴 『전국책戰國策』이라는 책략과 비법을 모아 놓은 책 이름에서 왔다. 그리고 이 둘을 합쳐 천하통일 이전의 혼란하고 다양한 나라가 할거割據하던 시기를 춘추전국시대BC 770- 221라고 부른다.

주나라의 봉건제도

진나라가 통일하기 이전에 중국에는 주周나라가 있었다. 이 주나라는 원래 수도가 현재 서안西安 서남쪽의 호경鎬京이었지만, 서북쪽 오랑캐인 견융犬戎족의 침입을 받아 왕도가 함락되고 동쪽인 낙읍洛邑, 지금의 낙양으로 천도한다. 이렇게 서쪽에서 동쪽으로 옮기는 동천 사업을 하면서 주나라의 왕실 세력은 급격히 약해진다.

주나라가 잘 나갈 때는 넓디넓은 중국 대륙을 통치하는 방법으로 봉건제도封建制度를 채택했다. 이건 주군主君과 봉신封臣이라는 주종 관계를 기반으로, 왕이 믿을 만한 신하에게 특정 지역을 적절하게 통치할 수 있는 자치권을 부여하되 신하는 대대로 왕에게 무한한 충성을 맹세하는 것이다. 봉건제도는 주나라 왕실을 주군으로 모시고 각국에서 군신 관계를 맺은 군주가 따로 독자적인 자치권을 행사하는 것이다. 따라서 자치권은 있지만 자기 자신의 정치적인 뿌리는 주나라에 있다는 상명하복의 체제를 유지한다는 증거로 공물을 바치고 주나라 왕실이 병력을 차출할 때 반드시 군사를 이끌고 와야만 한다.

이러한 봉건제도가 기반을 두고 있는 규칙은 바로 종법宗法으로서, 주 왕실은 대종이 되고 각 제후국은 소종이 되어 중국 전체가 확장된 의미로서의 가족으로 질서가 부여된다. 주나라 종법 제도의 세계관에서 국가는 가문과 별개의 독립된 실체가 아니라 종법 질서가 확장된 형태로 존재한다. 물론, 이건 어디까지나 대종인 주나라가 나름 세력이 막강하고 소종인 각 지역의 제후가 순진하게 주나라 왕실을 집안의 큰 어르신으로 인정할 때만 가능하다.

춘추전국시대BC 770-221의 사회 분위기

만약 집안의 가장 큰 어르신 뻘 되는 양반이 밖에서 두들겨 맞고 들어와서 복수도 못 하고 동쪽으로 이사 간다면 피 한 방울 안 섞인 각국의 제후들은 이제부터 '종법? 그거 뭐 먹는 건가요?' 하면서 주나라를 무시하고 형식적으로만 웃어른으로 인정한다. 그리고 자신의 세력을 무한대로 양성하기 시작한다. 쉽게 말하면 중국이 지금까지 씨족에 근거를 둔 뼈대 있는 집안이었다면, 이제부터는 집안 분위기가 점차 을씨년스러워지고 콩가루 볶는 냄새가 나기 시작하는 거다.

이렇게 집안 어르신의 권위가 사라지면 중앙의 대종과는 별도의 독자적인 세력이 꾸준히 등장한다. 단적인 예로, 각 지역의 제후들은 주나라 왕실 이외는 함부로 왕王이라는 호칭을 쓸 수 없었기 때문에 왕 대신 '공公'이라는 직함을 써 왔다. 하지만 어느 순간부터 '왕'이라는 용어를 함부로 사용하기 시작하는데, 이 행위를 칭왕稱王이라 한다. 초楚나라의 무왕武王이 최초로 칭왕을 시작하며 전국시대 들어서는 너도 나도 왕이 되어 버렸다. 그러면서 주나라의 주변 국가들은 각각 자기 자신의 세력을 독자적으로 키우며 작은 제후국들을 복속해서 무분별하게 영토를 확장해 나간다. 본격적인 한족 중심의 중국화는 통일 제국인 진나라 이후 한나라 대에 형성되지만, 한족화가 진행되는 과

도기이자 맹아기萌芽期적 성격은 춘추전국시대의 영토 확장과 소국의 복속 과정에서부터 드러나기 시작한다.

춘추전국시대는 힘의 논리가 지배하고 다양한 책략과 권모술수가 난무하던 시기다. 자국의 이익과 자신의 생존을 위해서는 물불을 안 가리고 갱생하고 경쟁하였기 때문에 사회는 뒤숭숭하고 가족주의나 인도주의와 같은 도덕 및 윤리는 땅에 떨어져 있던 시기였다. 따라서 병서나 외교서 같은 실무적인 출세 지향적 비법들이 대거 등장했다. 잘 알려진 『손자병법』과 상앙商鞅의 『상군서』와 같은 강력한 부국강병 매뉴얼이 등장한 시기가 바로 이때다사는 게 고달파지면 처세술이나 자기계발서가 인기를 끌게 마련인가 보다. 그리고 이에 대한 반대급부로서 유가 및 도가와 같이 덕치와 왕도를 강조하거나 인간성 회복을 부르짖는 사상도 역시 이 시기에 등장하였다.

춘추오패와 전국칠웅

춘추전국시대 중 앞 시기의 춘추시대는 그나마 주나라의 체면이 유지되던 시기로서 주 왕실을 대신해 패자霸者라 불리는 제후국의 우두머리가 질서를 유지해 오던 시기다. 패자는 제후들을 추려 회맹會盟을 거쳐서 맹주盟主가 되는 대표국을 말한다. 우리가 한반도의 삼국시대 때 다루었던 국國=깡패 집단이라는 논리를 확대하면, 패자는 바로 이러한 깡패 집단의 전국구 랭킹 1위가 되는 셈이다고대왕국 이전의 소국들이 깡패 집단과 비슷하다는 논리는 이 책에서 시종일관 유지될 것 같다.

패자는 권위가 떨어진 주 왕실에 매년 조공을 바치고 천자를 대신하여 제후들을 감독, 통제하는 역할을 해 왔다. 마치 학교 담임선생에게 체벌 금지 조항이 생기며 교권이 추락하자, 학급의 반장이 학생들에게 대리 권력을 행사하는 것과 비슷하다교육용 체벌이 학교 폭력으로 발

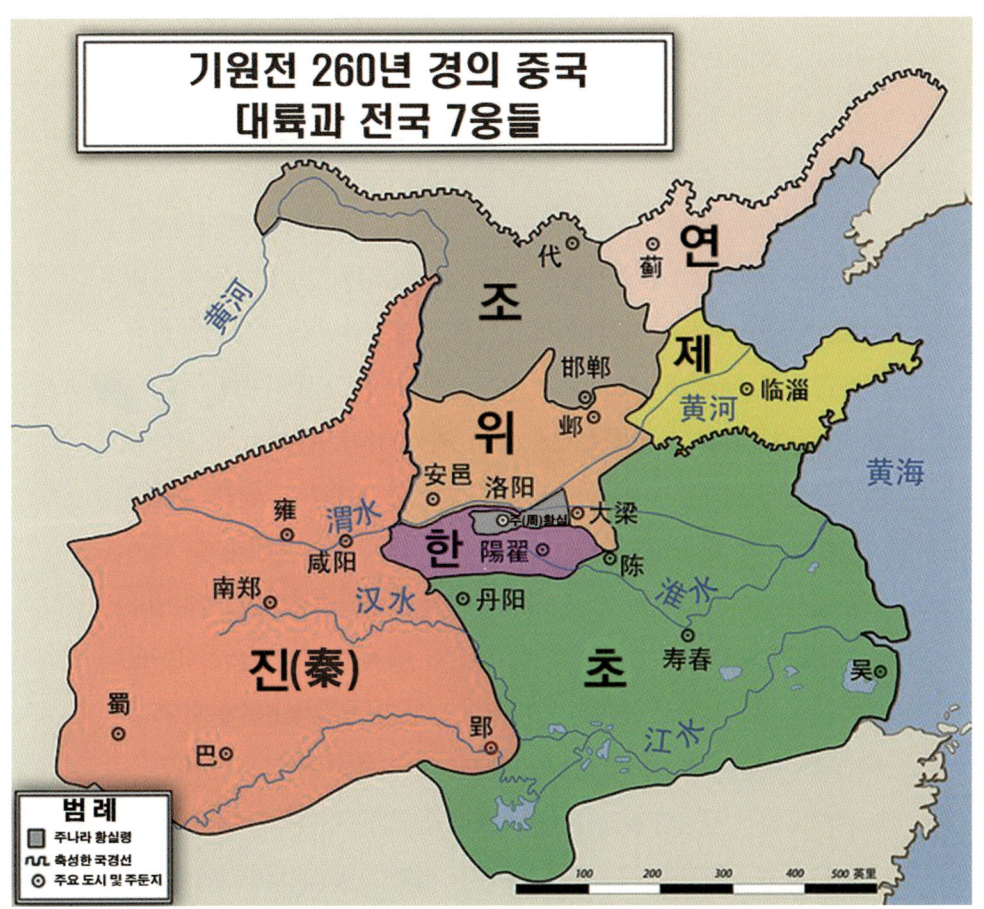

그림5.1 전국시대 전국 7웅의 위치와 주요 도시들 BC 260. 서쪽의 진나라를 기준으로 동쪽의 나머지 6개 국은 세로로 늘어선 형태이다. 그래서 합종연횡合從連橫이란 단어는 가로로 진나라와 화친해서 살아남고, 세로로는 함께 뭉쳐서 진나라에 대항하는 지리적 의미를 포함한다. 여기서 숨은그림찾기! 봉건제도의 대종 인 주나라는 도대체 어디 숨어있을까?

전?. 이러한 패국은 시기순으로 크게 다섯 나라가 맡아 왔기 때문에 이를 춘추오패春秋五覇라고 불렀다. 춘추오패 및 그 군주들은 순서대로 각각 제齊나라의 제환공齊桓公, 진晉나라의 진문공晉文公, 초楚나라의 초장왕楚莊王, 오吳나라 왕 합려闔閭, 월越나라 왕 구천勾踐이 해당한다. 이러한 오패들이 누구인지는 역사가들의 관점에 따라 다양한 견해가 존재기도 한다.

전국시대BC 453~221는 춘추오패 중 하나인 진晉나라가 위魏, 조趙, 한韓의 삼국으로 갈라지는 것을 시점으로 한다. 이 시기는 문자 그대로 각국이 서로 간에 격렬하게 전투하면서 살아남던가 아니면 분리되던가 하는 약육강식의 시대이다. 존왕양이尊王攘夷, 왕을 섬기고 이민족을 배척함와 계절존망繼絶存亡, 힘 있는 나라가 약소국을 보호하고 국통을 존속해 줌이라는 춘추시대의 대의명분은 이제 본격적으로 와해하고 '네가 죽어야 내가 산다'라는 처절함만 남게 된다.

전국시대에는 다양한 국가 중에도 크게 7개가 대표적인 세력이다. 우선 우리나라에서 가장 가깝고, 고조선을 침략한 진개秦開의 고향인 연燕나라. 지금 산동성 일대를 차지하고 이전의 춘추시대부터 중국 동부의 맹주를 자처해 온 제齊나라. 춘추시대의 진晉나라가 집안싸움으로 갈라지면서 생겨난 조趙, 위魏, 한韓나라, 그리고 지금의 중국 남부 일대를 모두 차지하고 춘추시대 최초로 칭왕을 한 초楚나라가 있다. 이러한 6개의 국가는 나중에 서쪽 끝에 있는 진秦나라에 모두 병합된다. 이렇게 7개의 나라를 후대 역사가들은 전국칠웅戰國七雄이라고 부른다.

진나라의 성장과 진시황

전국시대는 천하통일에 성공하는 진秦나라가 본격적으로 등극하기 시작하는 때이기도 하다. 진은 중국 서쪽의 강력한 군사 국가로, 상앙의 부국강병책을 통해 급격하게 국력을 신장하고 차츰차츰 중원까지 세력을 확장한다. 다른 6개국은 이러한 진나라를 두려워할 수밖에 없었는데, 진국을 제외한 6개국이 세로로 연합하는 합종책合從策이나, 반대로 진나라와 가로로 개별 화친하면서 생존하는 연횡책連橫策을 쓰며 끝까지 대항한다. 당시 진국의 왕이었던 영정嬴政, 진시황의 본명은 다양한 외교적 책략과 교란술 및 과감한 군사술을 쓰며 합종연횡책을 분쇄하여 짧은 시기에 통일을 이룬다BC 221, 통일이 제일 쉬웠어요!. 진이 전국시대를 통일하게 된 배경은 바로 상앙의 강력한 법가사상에 기반을 둔 부국강병책과 중앙집권제가 효율적으로 구사되었기 때문이다.

진시황은 기원전 259년에 정政이라는 본명으로 태어나 13살에 즉위하였다BC 247. 사마천이 쓴 사기에 의하면 진시황은 출생설이 상당히 불분명한데, 진나라 부왕의 아들이 아니라 왕위계승순위에서 가장 아래쪽에 해당하는 방계 쪽 황태자인 영자초嬴子楚의 아들이다. 그것도 제대로 된 아들이 아니라 영자초를 후원하던 여불위呂不韋라는 사람의 핏줄이라는 소문이 있다. 이 때문에 진시황이 왕위에 등극하면서 자기 생부·생모와 관련된 각종 루머를 알고 있는 사람들을 모두 제거하는 잔인한 면모를 보이기도 하였다.

하지만 이러한 불분명한 출생설에도 불구하고 전국시대를 통일해서 중국 최초의 황제가 되었다BC 221. 중국 최초의 황제라 해서 '시황始皇'이라는 호칭을 썼으며, 과거 전설에 나오는 '삼황오제'보다 더 뛰어난 사람이기 때문에 '황'과 '제'를 합쳐 '황제'라는 용어를 만들었다.

또한 자기 자신을 칭할 때 스스로 황제 전용 인칭 대명사인 '짐朕'을 고안해 내기도 했다.

최초의 천하통일과 그 한계

중국이라는 나라는 통일을 이룬다 해도 통일 상태를 안정적으로 유지하기는 쉽지 않다. 전국시대 들어서 비로소 본격적인 철기가 제작되었기 때문에 기술의 미발달로 인한 지역 차가 뚜렷하게 존재하였다. 그리고 드넓은 대륙을 통치할 수 있는 엄격한 율령제 및 조세제가 원활하게 파급될 수도 없었다.

이런 상황에서 시대를 앞서간 천하통일은 역사적인 부담으로 작용하였다. 그리고 대륙을 급격하게 통일하는 과정에서 그만큼 무리하는 자충수를 둘 수밖에 없었다. 적국 왕의 항복을 받아 내고 적국의 수도에 깃발을 꽂기는 했지만, 그 나라 민심을 살리려면 덕과 인내심이 필요했고 시간이 필수적이었다.

무력에 의한 강제 통일은 필연적으로 반발이 생길 수밖에 없었다. 그리고 이러한 반발을 제압하기 위해 또 다른 폭력적인 강압책이 동원되어야만 했다. 진나라는 무분별한 폭정과 통제 정치만 강조한 정복 왕조로서의 한계를 가질 수밖에 없었다. 진시황은 자신의 독단적인 행정에 말발로만 맞서는 지식인들을 탄압하기 위해 책을 모두 불사르고 서생들을 생매장했다焚書坑儒. 그리고 만리장성과 아방궁 같은 중앙집권식 국가 주도의 대규모 건설 사업을 감행하였고 자신의 수명을 연장하기 위해 불로초와 같은 존재하지도 않은 신약神藥을 찾는데 몰두하였다.

결국 진시황은 암살에 대한 불안감과 과도한 국정에 시달리다가 끝내 49세라는 비교적 정정한 나이에 사망하고 말았다BC 210. 진나라는 그가 죽은 지 불과 4년 후, 통일 이후 15년 만에 멸망할 수밖에 없었다BC 206.

2. 시황릉과 병마용갱, 그리고 진용

진시황릉의 위치와 규모

이렇게 짧지만 굵게 살며 천하통일 대업을 이룬 진시황의 무덤은 항공사진이 없어도 너무나 쉽게 발견할 수 있다. 진시황릉은 진나라의 수도인 함양咸陽, 현재 중국 시안의 서북쪽 땅에 해당하는 산시성陝西成 임동현臨潼縣의 여산驪山이라는 산의 남쪽 기슭에 위치한다. 묘역의 폭은 485m, 길이는 515m, 그리고 높이는 76m에 달하는 거대한 규모이다. 그러므로 진시황릉은 아직 제대로 조사가 이루어지지 않은 엄청난 규모의 왕릉이다. 이집트 기자Giza 지구의 가장 큰 피라미드인 쿠푸Khufu 왕의 피라미드가 약 230×230m 정도의 너비이니 진시황릉의 평면 규모는 이보다 약 4배 이상이 더 큰 셈이다.

엄청나게 큰 규모의 왕릉이기 때문에 그만큼 진시황릉 주변에는 그것을 수호하는 튼튼한 이중의 담벼락이 확인되고 있다. 또한 능원 내부에는 수많은 순장묘와 묘역 관리용 건물터가 발견된다. 하지만 이 진시황릉의 봉분 자체는 아직 본격적으로 발굴이 되지 않았고 앞으로도 구체적인 발굴 계획이 잡혀있지 않다. 그 이유는 중국의 문화혁명 당시 현지의 고고학자들이 대부분 반동분자로 몰려 발굴에 투입될 수 없었고, 또한 중국 역사상 다른 저명인사들의 추정 묘소가 홍위

그림5.2 진시황이 묻혀있는 진시황릉(1)과 황릉 주변에서 발견된 제1호 병마용갱(2). 저우언라이의 교시 이후 진시황릉은 구체적으로 발굴된 적이 없어 과연 진시황의 진짜 무덤인지, 그리고 그간 도굴되거나 변형을 거쳤는지 알 방법은 없다. 참고로 진시황릉은 저 멀리 보이는 언덕같이 생긴 산이다. 신라 고분을 과거 조산造山, '만들어진 산'이라는 뜻이라고 했다면 저 정도 규모는 도대체 뭐로 이름을 지어야 할까? 진시황 상상도(3)를 보면 후대에 그려지긴 했지만 당시 40대의 팔팔한 중년의 모습이 제대로 표현되어 있다.

병에 의해 파괴된 사례가 있기 때문에 당시 총리인 저우언라이周恩來가 진시황릉만은 '당분간' 정식 발굴을 유보하라고 지시했기 때문이다.

진시황릉에 대한 『진시황본기』의 기록

사마천이 쓴 『사기史記』에 『진시황본기秦始皇本紀』라는 기록이 있다. '紀'라는 글은 인물 중심으로 역사를 서술하는 기전체紀傳體 사서에서 특별히 왕과 군주에 대해 쓴 장르를 한정해서 말한다. 진시황본기에는 진시황 자신과 그 주변의 관련 인물, 관련 사건, 다양한 행적에 대해 쓰여있다. 하지만 사마천이 한나라 사람이기 때문에 기록 시점은 진시황 당대가 아니며, 또한 진시황의 폭군으로서의 성격을 의도적으로 부각했기 때문에 서술의 톤은 네거티브에 더 가까운 셈이다. 오히려 진시황을 암살하려던 동양 최초의 히트맨 자객인 형가荊軻라는 사람이 더 인기 있고, 『자객열전』에서 아주 상세하고 정당한 암살 시도로 묘사되고 있다.

아무튼 진시황본기에 기록된 바에 의하면, 진시황은 즉위 초부터 자신의 무덤을 착공하여 이집트 파라오를 흉내 내는 듯 통일 이후에는 무려 70만 명의 인부가 동원되었다. 진시황은 자신의 육체가 늙지 않도록 당시에 독성이 검증되지 않았던 귀중품인 수은을 꾸준히 섭취했는데, 실제로 자신의 무덤에 아예 수은으로 만든 연못을 만들기도 할 정도였다. 지금도 진시황릉의 수은 농도가 인근 지역보다 훨씬 높아서 농사짓기가 불가능하다 한다. 또한 생전에 거주하던 궁전과 동일한 규모의 지하 궁전을 무덤에 건설하고, 도굴 방지용 방어 장치를 무덤 내부 곳곳에 설치하였다. 그리고 당연한 사실이지만, 무덤 건설에 투입된 인력들은 모조리 살해하여 자신의 무덤에 대한 위치와 구조에 대한 비밀을 유지하였다사람 목숨 참 저렴하던 시기였다.

병마용갱과 진용秦俑

저우언라이의 지시 이후 구체적으로 진시황릉을 감히 발굴하려는 계획은 구체적으로 실행되지 않고 있다. 진시황릉 주변에서 실제 발굴된 지역은 황릉이 아닌 '병마용갱' 지역이고, 일반인들에게도 이곳 병마용갱만 공개되고 있다. 1974년 중국 섬서성에 살던 양즈파楊志發라는 중년 남성은 가뭄이 들자 스스로 우물을 마련하기 위해 자신의 다섯 동생과 함께 지하 약 15m 정도 구덩이를 파 내려갔다. 그리고 거기서 진용秦俑의 머리 부분과 청동으로 만든 창끝을 발견하게 되었다.

그는 즉시 중국의 문물국文物局, 중국의 국립문화유산관리소에 보고하였다. 그리고 이를 통해 세기의 발견이라 할 수 있는 진시황릉의 병마용갱이 본격적으로 조사될 수 있었다. 양즈파는 보상금으로 당시 1년치 봉급에 해당하는 300위안을 받았지만 대신 문화유산 발굴과 관광지 개발을 위해 자신의 농토를 국가에 강제수용 당하고 인근의 땅을 불하받는다. 양즈파의 발견 이후 인근 지역은 꾸준히 발굴 작업이 진행되어 현재 병마용갱으로 이름 지어진 중국의 가장 대표적인 관광지가 되었다. 그리고 1986년에는 세계문화유산에 등재된다.

병마용갱兵馬俑坑은 직역하면 '군인과 말 모양의 토제 마네킹이 묻힌 구덩이'라는 뜻이다. 구체적으로, 진시황릉 동쪽으로 약 1.5km에 위치하는 거대한 터널형坑 저장고를 의미한다. 현재까지 3개의 갱이 발굴되었고 그중 가장 큰 규모인 1호갱은 길이 약 230m, 너비는 약 60m에 달한다. 이 갱 내부에는 병용과 마용들이 있는데, 이 용俑은 동물 모양이나 사람 모양으로 만든 일종의 마네킹이라 할 수 있다. 실제

그림5.3 진시황 병마용갱 및 진시황릉에서 발견된 각종 유물. 테라코타로 만든 전차(1), 청동으로 만든 오리상(2), 청동으로 만든 중국 전국시대의 양날검(3). 오랜 시간 동안 도굴이나 누군가에 의해 자연 수습된 유물도 있을 것이라는 가정을 하면, 양적·질적으로 엄청난 수준의 유물이 매장되어 있을 것으로 쉽게 추정할 수 있다.

로 요즘의 마네킹처럼 다양한 표정과 포즈를 취한 진나라의 병사 및 군마들로, 모두 흙으로 정교하게 빚어서 만들었다.

사실 구체적으로 발굴이 종료되기 전까지 과연 얼마나 많은 사람이 어떤 재료들을 가지고 얼마나 오랜 시간 동안 제작했는지는 아직 알 수 없다. 다만 기원전의 시기에 이러한 규모의 유물들을 만들었다는 점과 모두 다 현대의 예술품 수준에 필적하는 뛰어난 형식미를 보여주기 때문에 세계 7대 미스터리 중 하나로 알려져 있기도 하다. 물론 이런 '~대 불가사의'니 '~대 미스터리'는 다 호사가들의 입에서 만들어지고 전달되는 것이기 때문에 크게 의미가 있지는 않지만 말이다.

진시황은 요즘 기준에 한창 때인 50살도 안되서 사망했다. 만약 그가 10년만 더 살았다면? 진시황본기에 따르면 진시황 사후 2세 황제인 호해胡亥는 자신의 불안한 집권을 강화하기 위해 진시황릉에 자신의 위치를 위협하는 일족들을 모두 순장하고 순식간에 진시황의 장례를 치렀다고 한다. 그리고 호해 집권 4년 만에 진나라는 없어졌다. 무려 35년 가까이 만들어 오던 진시황릉은 2~3년 만에 무덤 뚜껑 닫아 버렸다. 그리고 그 이듬해부터는 이제 그 무덤의 피장자에게 원한을 가진 수많은 사람, 그리고 원한은 없지만, 그가 누린 부귀영화의 잔존물에 탐욕을 가진 사람들의 노략질에 노출될 수밖에 없었다.

진용의 형식과 외관

병마용갱에 있는 토제 마네킹들은 외관상 모두 남성이고 또 군인들이다. 부국강병에 근거한 '전 인민의 무장화'인지는 모르지만, 이러한 진나라의 군인들은 보병, 기병, 궁병과 전차병의 4개 병종으로 구성되어 있다. 이를 통해 그 당시 진나라의 통일 이전과 통일 이후 운영되고 있었던 강력한 군사 체제에 대해서 잘 알 수 있다. 그리고 놀랍게도 최초의 제작 당시에 이러한 진용秦俑들은 모두 아름답게 채색되어 있던 상태였다. 시간이 흐르고 외부에 갑자기 노출되면서 칠한 채색이 순식간에 훼손되어 현재 무채색 상태로 변질하였다. 이러한 이유로, 병마용갱의 발굴은 더욱 더 보존 친화적인 발굴 방법이 도입되기까지 잠시 유보되기도 하였다.

현재까지 발견된 병사와 말의 진용 개수는 약 1만여 점에 달한다. 이 1만여 점의 작품들이 모두 각기 다른 표정과 자세를 갖춘 독립적인 예술품이기도 하다. 또한 강력한 군사 대국인 진나라의 전시 편제 및 당대의 무기, 그리고 병진술兵陣術, 전투 시 병력의 배치 방법에 대한 정보

그림5.4 다양한 진용들의 형태와 표정 및 디테일들. 어느 누가 제작했는지는 모르지만, 상당히 뛰어난 솜씨이며, 이 모든 것들을 각기 다르게 표현했다는 사실이 당시 사회의 기술 수준을 고려한다면 가히 경이로운 수준이다. 이러한 작업이 가능하게 하는 절대 권력이 어떤 수준인지 짐작할 수 있다.

를 제공해 주기 때문에 매우 귀중한 고고학 자료라 할 수 있다. 특히 병용의 경우 머리와 몸체를 마치 레고 미니픽Lego minifig, 레고 블록의 사람 모양 피겨처럼 따로 제작해서 부착한 경우가 많다. 아마도 만들다가 실패할 경우 전체 몸통을 처음부터 다시 만들어야 하는 번거로움을 없애기 위한 기술적 선택이라 볼 수 있다.

병마용갱에 표현된 다양한 병사들의 조각품 및 각종 청동제 무기류, 그리고 기타 매장 유물은 그 제작 기법과 뛰어난 예술적 가치를 넘어 우리에게 의미심장한 메시지를 전해준다. 그것은 진시황이 살아 생전에 자신이 불로장생하기를 간절히 원했고, 설사 죽더라도 자신이 영위하던 삶을 그대로 유지하기 위해 실제 세상과 거의 흡사한 인물과 동물과 사물들을 모두 한곳에 나열한 것으로 볼 수 있다.

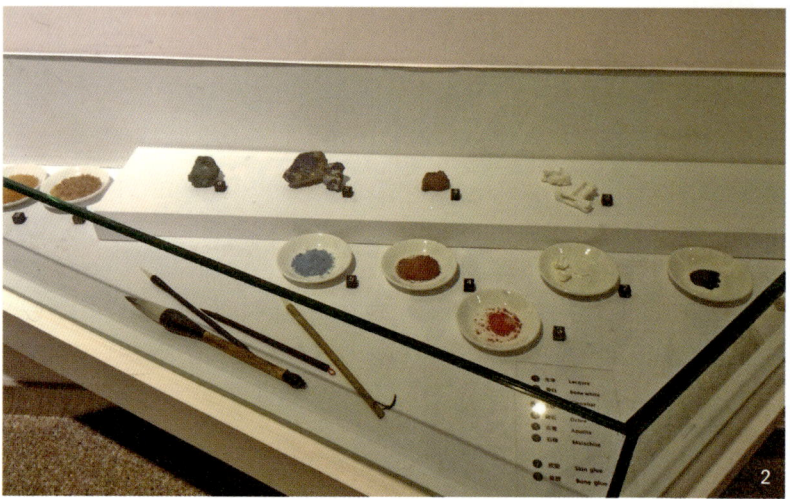

그림5.5 원래의 채색 상태로 복원된 진용(1)과 그 채색에 사용된 천연 안료들(2). '컬러ful'해서 훨씬 더 '뷰티ful'하고, 더욱 '원더ful'하게 느껴지는 진용의 위용이다개 ful 뜯어 먹는 소리.

3. 중원, 변방 그리고 만리장성

중국인들의 천하관

우리가 중국을 보면 상당히 만감이 교차한다. 일본과는 또 다른 느낌이다. 일찍이 우리나라는 고조선 시기부터 중국의 침략, 간섭, 분쟁_안 _{좋은 건 다 갖다 붙여도 된다}을 거치면서 나름 질서를 유지해 왔고 또 독립국으로서의 위치를 지금까지도 유지하고 있다.

물론 이러한 배경에는 중국을 우리보다 큰 나라, 즉 대국大國으로 엄연히 인정하면서 소국小國의 위치를 감수해 오는 과정이 결부되어 있다. 이건 결코 부끄러운 일도 아니고 또 개탄할 일도 아니다. 이런 걸 한탄한다고 우리나라의 규모가 커지는 것도 아니고 영토가 확장되는 것도 아니고 인구가 늘어나는 것도 아니다. 오히려 중국적 천하관인 중화사상의 바로 바깥에서 꾸준히 존속하고 절대 동화되지 않은 것도 우리가 자랑스러워할 그런 역사적 생존지책이다. 경제적으로 예속된 적도 없고 오히려 일본의 16세기 침입과 20세기 침입 때 우리의 우방으로 끌어들여 대신 싸우도록 하기도 했다. 물론 7세기와 20세기 동족상잔의 비극 때도 끌어들여 당시 새롭게 등장하기 시작한 또 다른 우방과 싸우게 한 역사적 패착도 있기도 하다_{뭔 말인지는 스스로 알아서 판단하기를 바란다}.

우리나라를 왕국으로 본다면 중국은 다양한 왕국을 통솔하는 더 큰 규모인 제국帝國이다. 그렇기 때문에 우리나라의 수장은 대내외적으로 왕王의 호칭을 써 왔고 중국은 진시황 이래 황제皇帝로 존재해 왔다. 왕이라는 호칭은 그만큼 중요하고, 그것을 총망라하는 직함이 바로 황제로서 천하를 다스리는 사람으로 인식되고 있다.

중국의 천하관은 바로 이러한 황제가 다스리는 곳을 반영한다. 황제는 하늘이 내린 아들인 천자天子로 인식되고 불리어 왔다. 중국에서 신은 공간적인 개념인 하늘과 동일하다. 따라서 천자는 바로 신의 아들인 셈이다. 그리고 제정일치祭政一致가 보편적이던 고대사회에서 신과 동일한 개념인 하늘에 제사를 올릴 수 있는 사람이 바로 현실에서 천하의 지배자가 되는 것이다.

흔히 중국을 얘기할 때 중국인들이 사는 터전은 바로 천하, 즉 하늘 아래 전체를 말한다. 중국인들에게 세상은 곧 중국인들이 거주하는 곳이다. 전 세계 어디를 가도 중국인을 만날 수 있는 것은 근대화 이후에도 유지된 이런 고유한 천하관을 반영하는 것이기도 하다.

중원의 위치와 그 개념

이러한 천하에서 중국인들이 역사적으로 중요시하는 거점core place은 바로 중원中原 지역이다. 중원은 중국인들에게 세상의 중심지이자 만물이 원심적으로 퍼져 나가고 구심적으로 몰려드는 천하의 심장과 같은 곳이다. 이러한 중원은 역사적으로나 지리적으로 비교적 느슨하지만 분명하게 정의되고 있다. 바로 중국 고대 문명이 성장하고 형성된 황하의 중류 부위이다.

황하는 중국 칭하이성青海省 쿤룬崑崙산맥에서 발원하여 중국 서부를 ∩자 모양으로 흐르다가 진시황릉이 있는 시안 일대에서 황하의 대표적 지류인 위수渭水, 낙수洛水, 분하汾河 등과 합류한 후 본격적으로 동쪽의 서해로 흐른다. 중원 지역은 이렇게 다양한 황하의 지류가 합류하는 지역을 중심으로 하며, 지금의 산시성, 허난성 일대를 포함한다. 그리고 이 지역에서 대표적으로 성장한 고대 도시는 바로 상商

그림5.6 중원 지역의 지리적 위치. 지금의 허난성河南省을 중심으로 산둥성山東省 서부와 샨시성陝西省 동부에 걸친 지역을 중원이라고 한다. 중원 지역이야말로 일종의 중국 한족들을 위한 '레벤스라움lebensraum'이라 볼 수 있다. 한족들에게 물리적·지리적인 천하는 중원 지역이 해당하고, 정서적·이상적 천하는 보통 강호江湖라 인식하고 불러왔다.

나라의 수도인 안양安陽, 서주의 수도인 호경하오징, 鎬京, 동주의 수도인 낙양뤄양, 洛陽, 진나라의 수도인 함양시앤양, 咸陽 등이 있다.

지금의 중국은 청나라 때 국경이 확립되었지만, 진나라 당시에는 중원 지역이 바로 중국의 북쪽 끝이었다. 앞에서 얘기했듯이 황하가 ∩자 모양으로 굽이치는 안쪽 부분은 보통 오르도스Ordos, 鄂爾多斯라 불리는 지역이다. 이 지역은 지금의 내몽골자치구에 해당하며, 흉노로 대표되는 이민족이 일찍이 거주하던 곳이다.

중국인들은 중원을 중심으로 북쪽은 보통 삭로索虜, 남쪽은 도이島夷라고 불렀고, 마르코폴로는 각각 카타이Catai, 契丹와 만지Mangi, 蠻子라 표기하기도 했다. 이민족은 중원 지역의 외부에 존재하던 타인들로서, 중국인의 천하관에 따르면 '공존은 하되 인정은 안 하는共而不認' 대상이다. 여기에 우리나라도 포함된다. 인정은 중원의 지배자인 천자가 인정하는 것을 의미한다. 천자가 인정하는 것은 과거 봉건제도부터 유지되어 온 종법상 소종이며, 공물 교환인 조공 네트워크의 일원이라는 것을 의미한다. 이러한 개념은 중국의 국제 교류가 본격화되는 한나라 대 이후부터 적용된다. 그 이전의 이민족은 무조건 막고, 물리치고, 차단할 대상에 해당한다.

북방민족들과 만리장성

한나라 대에 들어서 남쪽의 이민족을 다루기 시작했지만 한대 이전에는물론, 이후는 말할 것도 없고 북쪽의 이민족들이 중원의 중국인들에게 항상 골칫거리였다. 주나라가 수도를 동쪽으로 옮기고 본격적으로 군웅할거軍雄割據의 춘추전국시대가 시작되는 것도 바로 그 이유다. 그리고 그것을 반영하는 물질적 표현이 바로 만리장성이다.

    만리장성은 진시황이 천하통일 이후에 시작한 인류 최대의 토목공사 결과물로 잘 알려져 있다. 중간에 갈라져 나온 길이까지 합하면 약 6,000km에 달하고 지도상에는 약 2,700km로 나타난다. 이 엄청난 길이의 돌로 만든 장벽을 불과 15년 만에 건설했을 가능성은 전혀 없다. 실제 우리가 지금 보는 만리장성은 진시황이 처음부터 건설한 것이 아니라 춘추시대부터 각국이 개별적으로 북방의 이민족을 대비하기 위해 쌓은 성을 증축, 개축해서 연결한 형태이다그림5.1 참조.

    이러한 만리장성은 한참 이후인 명나라 때 지금의 모습으로 업그레이드된다. 그 이유는 명대 이전 송나라 때 북쪽의 거란요, 遼, 여진금, 大金, 탕구트서하, 西夏 등과 같은 북방 유목민들이 세운 나라로부터 일

그림5.7　만리장성 서쪽 끝인 가욕관(1)과 동쪽 끝인 산해관(2) 및 만리장성 동쪽 끝의 서해 바다와 접하는 지점인 노룡두(3). 노룡두는 이름 그대로 실제 용의 머리 같이 생겼지만, 그 뜻은 중국의 유서 깊은 비밀 범죄 조직인 삼합회三合會의 최종 보스를 의미하기도 한다. 산해관은 현재 중국의 진황도친황따오, 秦皇島 시에 있다. 진황도의 지명은 진시황이 전국시대 연나라의 고토를 순시할 때 행궁行宮을 세운 것에서 유래한다.

련의 침략을 당하며 남쪽으로 천도해서 남송南宋을 겪은 굴욕을 잊지 않기 때문이다.

만리장성은 동쪽 허베이성 진황도秦皇島의 산해관샨하이꾸안, 山海關에서 서쪽 깐수성의 가욕관지아위꾸안, 嘉峪關까지의 범위에 해당한다. 관關은 성의 중간중간에 오고 가는 사람을 통제하고 기본적인 방어 전선을 구축하기 위해 병력이 주둔할 수 있는 시설이다. 산해관은 우리나라 서해와 연결되어 있으며, 가욕관은 실크로드의 시작점이기도 하다. 만리장성은 여러 차례 개·보수 및 증축 과정을 거쳐 지점마다 각기 다른 재료와 축성 높이를 보여준다. 청나라 이전까지 만리장성의 이북은 중국이 아닌 북방 이민족의 영토였다.

북방 민족들의 중원 지역 점령사

역사의 아이러니라고 볼 수 있는 것이, 중국인들은 그렇게 천하를 자기들만의 땅으로 보전하고 북방의 타인들을 배척하기 위해 만리장성

그림5.8 중국의 중원 지역을 지배해 온 대표적인 북방민족의 군주들. 선비족인 탁발규拓跋珪는 북위北魏의 태조인 도무제道武帝가 되었고(1), 여진족 온이안아쿠타完顔阿骨打는 대금大金의 태조가 되었다(2). 몽골족 출신 칭기즈칸의 손자 쿠빌라이 칸忽必烈汗은 원元제국의 세조가 되었고 고려 충렬왕의 장인 어르신이기도 하다(3). 마지막으로 만주족인 아이신줴러 누르하치愛新覺羅 努爾哈赤는 청淸 제국의 태조인 천명제天命帝가 되었다(4). 지금은 모두 다 한화漢化 정책 및 중국의 동북공정으로 인하여 중국 변방의 역사로 인식되고 있다.

을 쌓고 방어 태세를 시종일관 유지해 왔지만 실제로 역사상 중원을 순수 한족들이 차지한 경우는 별로 없었다.

중국인이 얘기하는 천하통일은 중원을 중심으로 하고 변방을 배제한 통일이지만 변방 출신의 이민족들이 중원을 점령하는 과정에서 지금과 같은 확장된 의미의 중국 통일이 이루어지게 되었다. 예를 들면 한대에는 흉노와 선비의 중원 북부 진출이 있었고 5호 16국과 남북조 시대에는 아예 이민족이 중국 대륙의 북쪽 전체를 뚝 잘라 점령하고 있었다. 중세인 송나라 대는 거란과 여진의 북동부 진출과 서하의 북서부 공략, 그리고 북방민족 군주의 끝판왕인 몽골 쿠빌라이 칸의 원 제국 건설이 있었다.

근세에는 만주족 누르하치가 중원에 진출해서 청나라를 세우고 러시아와 함께 중국의 현재 국경선을 확정한 사례도 있다. 근·현대에는 유럽과 일본 및 미국 등의 팔국연군八國聯軍이 중국 각지에 진출하여 조차지를 건설하기도 하였다. 그런 의미에서 한족들이 중원을 지배했던 진정한 천하통일 왕조들인 한나라, 당나라, 명나라 등이 현재의 중국인들에게 다른 시대보다 더 큰 노스탤지어를 가져다주는 것 같기도 하다.

4. 하늘 아래 그 모든 것을 새로 포맷
: 진시황의 천하통일이 가지는 의미

중국 역사상 춘추전국시대는 무조건적인 실력 양성을 추구하고, 목표하는 바를 위해서는 수단과 방법을 가리지 않은 무소불위의 힘과 권력이 지배하던 시기였다. 그러한 상황에서 칼보다는 지략을 앞세워 자신들이 독자적으로 터득한 지식을 설파하던 제자백가라는 집단도 있었다. 이러한 상황에서 현재의 중국을 이끌어 간 기술과 사상이 기틀이 잡혔다.

　나는 춘추전국시대의 혼란이 21세기 한국에 그대로 재현되고 있지 않나 생각할 때가 있다. 남을 짓누르기라도 해서 자신의 스펙을 쌓고, 돈이 권력이 되어 가타부타 돈만 있으면 모든 게 된다고 생각하는 황금만능주의와 갑질이 횡행한다. 그리고 그만큼 서로 간에 믿지 못하는 불신감과 각박함이 만연한다. 또한 각종 SNS나 블로그를 활용해 얕은 지식으로 마치 대단한 것을 가르치는 것처럼 자기최면을 거는 21세기형 제자백가들이 설쳐댄다. 그들은 팔로워 수에 집착하면서 공자나 예수가 제자 거느리듯이 관중의 동조 속에 의기양양하면서 객기 발랄(?)하게 지식인을 표방하고 있다. 그리고 여기에 무지한 대중들이 동요하고 집권 계층도 이런 인기 몰이꾼들을 등용하려 한다.

　진시황의 천하통일은 이렇게 무질서하게 난립하던 춘추전국시대의 사회 체제 및 제도를 일사불란하게 '포맷'했다는 데 의미가 있다. 그의 천하통일 및 강력한 군현제郡縣制, 전국을 군과 현으로 나누어 황제가 직접 통치하는 중앙집권제를 통해 한자의 필법, 제자백가의 다양한 철학 사상, 군사 편제, 화폐와 도량형 등의 중국 고대 전통문화가 비로소 상호 소통할 수 있는 수준으로 일관성을 갖추게 되었다. 그리고 이후 등장한 한나라를 통해 한국 및 주변국에 막대한 문화적 세례를 베풀 수 있는 기틀을 마련했다. 동아시아 문화권이라는 세계 질서가 비로소 만들어질 수 있는 계기가 바로 진시황에 의한 천하통일의 의미라고 봐도 과언이 아니다.

중국어로 '이기다'라는 의미는 다잉打贏, 'dying'이 아니다이라고 쓴다. '贏'이라는 글자의 뜻 자체가 이기거나 치다라는 뜻이 있지만 아마도 후대에 생긴 뜻일 가능성이 높다. 이 글자는 바로 진시황을 포함하는 진나라 황실의 성씨이다. 즉 진나라의 왕족 성씨가 승리, 정벌, 이기다라는 뜻으로 후대에 파생적인 의미로 쓰이게 되었다 볼 수 있는 것이다.

물론 이러한 이야기에 근거나 증빙을 갖추기는 쉽지 않다. 하지만 그만큼 진시황이 이룩한 중국 역사상 최초의 천하통일은 아직도 중국인들의 뇌리에 큰 의미를 지닌 채 회자하는 걸로 납득할 수도 있다. 우리나라나 일본에서도 역사상 통일이라는 과정이 몇 차례 등장하기도 하였다. 하지만 그 용어는 삼국통일 혹은 전국통일이거나 남북통일이라는 특정 범위에 국한된 의미로 한정된다. 중국이라는 대국은 스케일 면에서 한번 통일하면 하늘 아래天下 모든 것을 통일한다는 의미를 부여한다. 그렇기 때문에 천하를 통일하는 이는 곧 신天의 아들子로 칭송되어 왔고 우리나라를 포함한 주변 이민족들로부터 숭배와 사대事大의 대상으로 자리매김해 왔다.

2권에서 나오겠지만 역사상 최초의 제국은 페르시아의 아케메네스 왕조다. 하지만 진시황의 전국시대 통일은 세계 최초로 강력한 군주 국가를 건설하고 역사상 황제라는 직위를 처음 만들었다는 의미를 가진다. 이 직위를 쟁취하기 위해 동서고금의 수많은 인걸과 국가가 흥망성쇠 과정을 거쳤다. 그리고 넓은 대륙을 지배하는 제국임에도 불구하고 통일 이전의 중앙집권 제도를 그대로 답습함으로써 불과 15년의 짧은 통치 기간으로 끝나 버렸다.

그 후 한나라 때 봉건제와 군현제를 절충한 군국제를 실시하면서 다시 잠깐 지방자치제를 거친 중국은 수나라에 의해 재통일되기까지 약 800여 년 간의 혼란스러운 분열 시대를 거친다. 그리고 수나라도 역시 단명으로 끝난다. 힘겹게 통일을 끌어낸 진과 수나라는 폭정과 무리한 국가 주도의 역사役事 및 전쟁으로 인하여 순식간에 사라져 버린다. 그러한 과오를 타산지석으로 삼은 이후 왕조인 한나라와 당나라는 동아시아 및 세계에 뚜렷한 족적을 남기는 거대 제국으로 새롭게 성장한다. 우스갯소리라면 '재주는 곰이 부리고 돈은 중국 사람이 가진다'라는 속담이 딱 들어맞는 셈이다. 그만큼 정복과 팽창의 역사는 허무하다는 평범한 진리만 남길 뿐이다.

진시황의 천하통일은 꾸준히 중원 지역을 점거해 온 한족 중심의 중국이라는 기틀을 마련했다는 데 의미를 둘 수 있다. 물론 가끔 북방 이민족에게 지배되기는 했지만 결국 그 이민족들도 한족 중심의 중국에 동화되고 지금은 이민족의 정체성도 사라져 버렸다. 중국, 천하의 가운데에 있는 나라라는 의미이자 그 가운데를 지향하는 모든 것은 중국이 될 수 있다는 뜻도 가진다. 마치 블랙홀처럼 중원 땅을 밟거나 중원 땅에 진출하려는 모든 족속을 빨아 들여 중국과 중국인으로 만들 수 있다는 주객전도의 뉘앙스를 가진다.

세상의 중심은 중국이고, 그 외의 국가 및 사회는 모두 중국을 중심으로 존재한다는 화이관華夷觀의 개념이 바로 이를 기반으로 만들어져 현재의 중국인들에게도 그들만의 가치관으로 자리 잡고 있다. 전 세계 어디를 가도 동양인들에게 무조건 중국어로 말을 거는 그들의 습관은 세상 모든 사람은 다 중국에 귀속된다는 그런 선입견에서 비롯했을지도 모른다. 오만하다면 오만하다 볼 수 있는 그들만의 의기양양과 자신만만에 일찌감치 찬물을 끼얹고 귀싸대기(?)를 시원하게 후려친 집단이 역사상 딱 하나 있었다. 바로 다음 장에 나온다.

1 한국, 북한, 중국, 일본 편

Heritage, Culture and World
유산, 문화, 그리고 세계
유네스코 세계문화유산 탐방
UNESCO World Heritage

제6장 북방에 그들이 있었다
: 고대 고구려 왕국의 수도와 묘지

1. 중국 한나라와 한반도의 고조선

한나라의 성립과 중국의 북방 민족들

이전 장에서 살펴본 대로, 춘추전국시대부터 진시황의 천하통일을 거치면서 전반적으로 중국에서는 힘의 논리가 자리 잡기 시작한다. 이러한 힘, 무력 혹은 군사력은 척박한 환경에서 제대로 된 국가를 만들지 못하던 북방계 집단들이 더욱 강렬하게 행사한다. 왜 북방 민족들은 그렇게 싸움을 잘할까?

전적인 이유가 될 수는 없지만 기후가 농사짓기에 적절하지 않기 때문에 잉여생산물이 발생하기 어렵고, 수렵과 채집 그리고 약탈이라는 과정을 반드시 거쳐야만 생존이 가능하다. 따라서 동물이건 사람이건 상대방의 목숨을 앗아 가는 데 특화된 약탈 경제가 근간을 이룬다. 지금의 관점에서 이런 상황은 야만이나 폭력이라고 격하될 수밖에 없다. 그러나 서방에 기독교, 동방에 불교나 유교처럼 살생을 금지하고 남에게 어질게 대하는 것을 장려하던 시기 이전에는 약탈 경제가 전 세계적으로 중요한 호구지책糊口之策이었다과거에도 목구멍은 포도청이었다.

진시황의 진나라는 북방 민족들을 향해 만리장성을 쌓고 스스로 힘을 과시하면서 강력하게 대처해 왔다. 하지만 진나라가 15년 만에 멸망 이후마시는 양주도 17년 정도는 묵어야 인정받건만…… 새롭게 중원 지역을 차지한 한나라 대에는 상황이 달라진다. 한 고조 유방劉邦은 한나라 건립 후 흉노의 선우單于, 흉노의 추장이나 족장에 대한 호칭인 묵돌冒頓에게 대패하고 자신의 오른팔인 한왕韓王, 한나라는 진나라와 달리 전국시대처럼 몇몇 국가의 자치권을 인정하는 군국제를 취했다. 그래서 변방의 군주는 자연스럽게 칭왕이 가능했다 한신韓信이 배신·투항하는 굴욕을 겪는다BC 200. 그리고 또 다른 개국공신이었던 연왕燕王 노관盧綰도 흉노에 투항한다.

위만 조선과 한나라와의 대립

짧은 시간에 초楚나라 하나만 물리치고 거저먹는 식으로 천하통일을 이룩한 한나라에는 진나라와 같은 카리스마나 위압적인 기세는 없었다. 그래서 북방의 흉노족들에겐 '한나라가 제일 쉬웠어요' 수준으로 인식되는 게 당연하였다. 더군다나 진시황과 달리 어느 정도 자치권을 인정하는 군국제를 실시했다가 두 명의 개국공신들에게 연타로 뒤통수를 맞은 한나라는 구겨진 스타일을 만회하기 위해 노관이 다스리던 연국燕國을 토벌하였다. 이러는 과정에서 노관의 심복인 위만衛滿이 동쪽으로 가서 고조선에 망명하고, 간 김에 아예 고조선의 왕위를 찬탈한다전화위복. 한빈도 최초의 군사 쿠데타.

그 후 한나라는 한무제 때 다시 군현제로 돌아서고 공맹孔孟의 유가에 근거한 왕도정치王道政治를 정식 통치 이념으로 채택한다. 정치적으로 안정을 이루고 사상적으로 통일 국가를 이룩하기는 했지만, 북방의 도적떼들에게 당한 굴욕은 언젠가 갚아 줘야 제맛일 것이다. 이미 80년 가까이 정예 기병들을 양성하며 힘을 키웠던 한 무제는 곽거병霍去病을 중심으로 대대적인 흉노 소탕에 성공한다BC 121. 그리고 이 시기에 무턱대고 무력으로 북방 민족을 토벌하는 것은 의미 없는 소모전이라 생각하고, 장건張騫을 파견해 흉노와 원수지간인 월지국月氏國과 동맹을 도모한다. 이러한 과정에서 실크로드가 개척되고 다양한 북방 민족 및 중앙아시아 일대의 돌궐·그리스계 국가들과도 조우하게 된다2권 참조.

한 무제가 승승장구하던 시기 지금의 한반도 북부에는 위만이 찬탈한 고조선이 자리 잡고 있었고 더 북쪽인 만주 일대에는 부여가 자리 잡고 있었다. 또한 그 실체는 불분명하지만, 오환烏桓, 선비鮮卑 등의 동호東胡계 족속도 요하 이북을 차지하고 있었다. 흉노를 토벌하는 과정에서 본격적으로 주변 세력에 힘을 과시하는 데 성공한 한나라는 당시 흉노와 국경을 접하고 함께 한나라에 대항하던 위만 조선을 건들기 시작했다.

일찍이 노관의 연나라를 토벌할 때 뺑소니쳐서 왕이 된 위만을 시조로 하는 국가는 한나라에 좋은 이미지로 자리 잡을 수 없었다. 특히 위만 조선은 당시 한반도 남부에 있던 진국辰國이라 불리던 소국연합체들신라, 백제에서 살펴봤던 깡패 집단들의 리그가 또 등장한다을 찍어 누르면서 한나라와 직접 교류하는 것을 방해하고 중계무역 브로커로 활동하고 있었다. 이런 사실로 볼 때 자그마한 위만 조선은 거대한 한나라에 '규모의 경제'만으로 설명할 수 없는 그 이상의 태클을 걸었던 게 분명하다.

위만 조선의 멸망과 한사군의 설치

한 무제는 흉노를 토벌하고 10년 있다가 남쪽으로 진출해서 남월南越, 지금의 베트남 북부을 점령한 뒤 한 왕실이 직접 관리를 파견하는 군郡을 9개나 설치한다BC 111. 그리고 내친김에 3년 뒤BC 108 위만 조선을 정

그림6.1 낙랑군 말기약 AD 3세기경의 무덤인 채협총彩篋塚의 출토 유물들발굴 당시 평양 남정리 소재. 채협은 식물 줄기에 색칠해서 엮어 만든 바구니를 말한다. 칠기와 동경을 포함하여 한반도 계통과는 전혀 다른 중원 지역 계통의 유물이 다량 포함되어 있다. 당시 세계 최대 제국인 중국 한나라의 발달한 문물이 마치 링거 주사액처럼 조금씩 꾸준히 낙랑을 통해 한반도에 고대왕국 형성의 자양분으로 유입되고 있었다.

벌해서 멸망시키고여기는 갑자기 왜? 그 자리에 역시 4개의 군을 설치한다. 이게 바로 한사군漢四郡이다. 한나라가 흉노와 연합하고 치사하게 중계무역이나 하는 위만 조선을 얼마나 눈엣가시 같이 인식했는지, 그리고 위만 조선에 얼마나 뜯어 먹을 게 많았는지 알 수 있는 상황이다.

하지만 중원 지역과 멀리 떨어져 있기 때문에 비록 한사군이 설치되더라도 위만 조선의 관습과 풍토는 유지될 수 있었다. 그러다 보니 한나라도 아니고 조선도 아닌 정체불명의 점령지가 되어 버려서 결국 낙랑군과 대방군 두 개만 형식적으로 남게 되고 한나라 조정의 영향력도 금세 축소되어 유명무실해진다. 이러는 와중에 한반도 북부는 고구려가 성장하고 남부에는 다양한 소국들이 크게 세 개의 세력으로 뭉쳐져서 삼한이 형성된다. 이것은 한나라에 멸망한 위만 조선의 유민들이 한반도 및 북부 만주로 흩어져 정착하는 것이 큰 배경이 되었다. 또한 한사군을 통해 당시 전매제로 확립된 철, 소금, 술 등의 고부가가치 물산이 대량으로 유입되고, 이러한 재화를 지배하는 지방 신흥 세력의 성장도 하나의 배경이 될 수 있다.

2. 동북아시아의 맹주 고구려의 무용담

고구려BC 37~AD 668의 건국과 기원 집단

백제의 세계문화유산 부분에서(4장 참조) 한반도 내 삼국 항쟁은 비교적 상세하게 다루었기 때문에 여기서는 고구려가 본격적으로 성장하고 정복 활동을 하는 과정을 집중적으로 살펴보고자 한다. 고구려는 현재 중국에서 소위 '동북공정東北工程'이라는 국가 주도 역사 통합……이라 쓰고 '왜곡'이라 읽는 프로젝트의 중요한 대상이다.

고구려 강역의 특성상 중국과 북한이 공동으로 세계문화유산에 등재 신청을 해서 받아들여진 상태이고, 궁극적으로 이 책에서도 중국과 북한의 세계문화유산으로 다룰 수밖에 없다. 난감하고 착잡하지만 어쨌든 고구려의 주요 강역은 현재 중국 영토이기 때문에 이러한 팩트는 인정할 수밖에 없다.

고구려는 맨 처음에 지금의 압록강 중류 북쪽에 있는 졸본卒本, 혹은 忽本 땅에 도읍을 정하고 도성을 지었지만 2대 왕인 유리왕琉璃明王 22

년AD 3에 지금의 중국 길림성 집안현輯安縣에 있는 국내성國內城 혹은 通構城으로 옮긴다. 그리고 평양으로 천도하기 이전까지 국내성을 주요 거점으로 삼는다.

고구려의 성립 연대는 잘 알려지지 않았지만, 기원전인 것은 거의 확실하며, 삼국사기에는 기원전 37년으로 비정하고 있다. 고구려 왕족 및 주민들은 북쪽의 부여에서 내려온 것으로 기술한다. 사실 문서가 불충분하던 고대에 사서를 집필하다 보면 이미 사라진 왕국의 연원을 찾는데 고증이나 주석을 충실하게 수행하는 것은 거의 불가능하기 때문에 고구려의 기원이 부여인지 아니면 다른 집단인지는 중요하지 않다.

중국 측에서 볼 때 만적蠻敵 집단인 흉노, 선비, 오환과 같은 삭로索虜, 북방의 오랑캐들와 달리 중원 지역과 별로 원한이 없는 부여 쪽으로원한이 없기도 하지만 상호교류도 없다 고구려와 백제의 뿌리로 삼은 것은 후대

그림6.2 고구려의 강력한 군사력은 당시 기준에 최첨단의 중무장 기병인 개마무사로 요약된다(1). 개마무사를 중심으로 편성된 고구려의 군제는 후대 칭기즈칸의 몽골 기병 전술과 달리 기동력보다는 방어력과 파괴력에 치중하였다. 이는 철을 활용한 갑옷 및 말까지 보호하는 두꺼운 마갑과 길다란 창을 주요 요소로 한다(2). 2007년에 MBC에서 방송한 광개토대왕의 일대기 드라마인 태왕사신기(3)는 판타지 성이 짙어서 실제 고구려의 군대 상황과는 많은 차이가 있다.

사학자들이 한반도의 정사正史로서 그래도 '근본 있는' 족속 출신이라는 것을 강조하기 위한 배려인 듯하다정신승리의 결정체. 어쨌든 고구려는 중원 지역으로 대표되는 중국과는 무관한 집단이며, 우리나라 고대 인구의 가장 큰 공급처인 북방 일대인 것은 어느 정도 확실하다.

후한의 건립과 당시의 고구려 인식

고구려가 세운 왕국이 지금의 압록강과 송화강松花江 일대에 자리 잡아 나가던 즈음, 중국에서는 한나라가 내환을 겪는다. 황제의 외척이었던 왕망王莽이 황제를 폐위하고 스스로 국호를 신新으로 바꿔서 새 왕조를 개창한다AD 8. 신나라 당시 왕망은 고구려가 말 안 듣고 흉노나 선비의 원정에 참여하지 않는다고 호칭을 하구려下句麗라고 멋대로 부르기도 하였다처맞고 싶나?.

결국 왕망은 전한 대 황족인 유수劉秀가 이끄는 한나라 부흥군에게 곤양대전昆陽大戰에서 패하고, 진시황의 통일 진나라와 마찬가지로 양주만큼도 인정받지 못하는 15년의 숙성 연대로 멸망한다AD 23. 유수는 스스로 황제인 광무제光武帝가 되며 후한後漢을 건립한다. 이때부터 한반도는 원삼국시대가 된다4장 참조.

고구려는 삼국 중 가장 먼저 중국의 사서에 등장한다. 대표적인 사서가 『후한서後漢書』, 『삼국지三國志』, 『위서魏書』 등이다. 이러한 사서가 쓰이던 시기인 후한과 서진西晉의 수도인 낙양洛陽, 남북조 시대 북제北齊의 수도인 업鄴 지금의 한단과 안양 일대, 송의 수도인 건강建康, 지금의 남경에까지 고구려의 행적이 비교적 상세하게 전해지고 기록되어 있는 것은 나름 놀라운 사실이다. 그만큼 고구려는 중국 역대 조정에서 결코 무시할 수 없는 고대왕국으로 자리 잡고 있었다는 것을 말해 준다.

제6장 북방에 그들이 있었다: 고대 고구려 왕국의 수도와 묘지 **147**

고구려 초창기의 후한 견제

고구려는 건국 이후 일찍이 국가의 팽창을 적극적으로 추진해 왔다. 새롭게 개창한 왕조가 그렇듯이, 넘쳐나는 힘을 주체하지 못하면 노상 하는 일이 정벌이다. 더군다나 맨 앞에 서술했듯, 북방 약탈 경제의 문화적 유전자를 갖고 있던 고구려이기 때문에 대규모로 우르르 몰려다니면서 전쟁하는 것은 도가 튼 민족들이다.

3대 왕인 대무신왕大武神王, AD 18~44 재위, 왕의 이름부터가 예사롭지 않다은 젊은 시절부터 본격적으로 부여의 대소왕帶素王과 대립하면서 싹수를 보이더니 결국은 부여를 쳐서 대소왕을 죽이고 부여 유민들을 끌어들여 인구를 확충한다AD 22. 또한 압록강 중류에 있던 개마국蓋馬國, 지금 북한 량강도 일대의 소국, 최씨낙랑국崔氏樂浪國, 한사군의 낙랑군과는 별개 소국으로 '낙랑공주와 호동왕자' 설화의 배경 등을 정벌·복속하였다AD 32. 그리고 남쪽으로 지금의 평양 일대까지 진출해서 낙랑군made in china인 그 낙랑군 맞다을 정벌하지만, 후한의 개입으로 완전히 차지하지는 못한다AD 37. 그 외에 사서에 기록되지 않은 여러 가지 정벌이 있고 후한의 광무제와도 대적했다는 기록이 후한서에 등장하기도 한다.

대무신왕 이후 5대 모본왕慕本王, AD 48~53 재위 대에는 후한과 틀어진 관계를 정리하고 화해를 했지만, 모본왕이 암살당하고 6대 태조대왕太祖大王, AD 53~146 재위?이 즉위하면서 또다시 후한과 본격적으로 티격태격하기 시작한다. 이와 동시에 중국의 다양한 체제를 받아들여 고구려가 단순무식한 이미지의 약탈 집단에서 엄연한 고대국가로 발전하는 기틀을 마련한다. 태조대왕은 엄청나게 장수했다고 기록에 남아 있지만삼국사기의 경우 118세다, 이것은 사실 고대왕국의 초창기 왕조 역사가 불분명해서 부득이하게 저지른 연대기 템퍼링tempering일 가능성이 높다.

태조대왕6대 이후 차대왕次大王, 7대, 신대왕新大王, 8대과 같은 '대왕' 호칭 시리즈 3종 세트로 알 수 있듯이, 이때부터 본격적으로 칭왕 수준을 벗어나 중국후한이 인정하든 말든 왕 중에 가장 큰 대왕이라는 호칭을 독자적으로 구사했다는 것을 알 수 있다. 태조대왕 때는 본격적으로 후한과 대등한 수준으로 전투에 임하고 스스로 중원과는 단절을 선언하는 의미로 요서 지역에 10개의 성을 쌓기도 하였다. 그리고 대무신왕 대부터 진행되어 오던 만주와 함경도 및 동해안 일대의 소국들을 차례대로 점령하였다.

본격적인 무력행상 시작: 고국천왕과 산상왕

넘쳐 오르는 국위와 주체할 수 없는 무력, 그리고 율령 체제 및 부자 상속 등과 같이 중국 천자를 벤치마킹하여 왕권 안정까지 이룩한 고구려는 고국천왕故國川王, AD 179~197 재위 때 본격적으로 중국 후한과 겨룰 수 있는 수준까지 도달한다.

그런데 엇비슷한 둘이 한창 싸우려고 으르렁거리고 있는데 갑자기 한쪽이 급성 설사로 다리가 후들거리면 어떨까? 후한은 황건적의 난AD 184이라는 설사병으로둘 다 누렇기는 하다 국가의 대들보가 후들거리기 시작했다. 그리고 전한 대 곽거병霍去病에게 신나게 두들겨 맞고 북쪽으로 쫓겨 갔던 흉노가 턱 밑까지 다시 내려온다. 이제부터는 소설 『삼국지연의』에 나오는 내용과 어느 정도 일맥상통하기 때문에 당시 중국이 얼마나 혼란스러웠던 막장 수준인지는 자세하게 설명할 필요는 없을 거다.

고국천왕 시기는 황건적의 난으로 유입된 중국 유주幽州, 지금의 중국

허베이성 북부와 요서지방에 속하는 전국시대 연나라 땅으로 삼국지연의에서 유비와 동문수학한 공손찬의 본거지이기도 하다 출신 유민을 적극적으로 수용하였다. 그리고 을파소乙巴素를 재상으로 기용해 최초의 대민복지정책인 진대법을 실행하며 귀족 세력의 확대를 저지하고 민생을 안정시켰다.

하지만 부자 상속을 확립한 고국천왕은 정작 후대가 없어 그의 동생인 산상왕山上王, AD 197~227 재위이 유목민의 잔재 풍습인 형사취수혼兄死娶嫂婚, 여성의 절대 수효가 부족해서 형이 먼저 죽으면 남아 있는 형수를 아내로 받아들이는 제도을 통해 차기 왕으로 등극한다. 산상왕은 즉위 후 이듬해에 당시 왕궁이 있던 국내성 바깥에 환도성丸都城, 전시에 주로 쓰기 위한 목적으로 상설한 방어 전용 도성을 건설하였고 본격적으로 선왕부터 진행해 온 무력 정복 사업을 계승하였다.

산상왕 당시에 고구려에 굵직한 일은 없었지만, 중국은 그야말로 원소, 조조, 유비, 손권 등이 본격적으로 격돌하던 시기였다. 역경성 전투易京城戰鬪, AD 199로 공손찬을 제거한 원소는 관도대전官渡之戰, AD 200에서 조조에게 패하고 하북 지역 대부분을 빼앗긴다. 기세등등한 조조는 남쪽으로 고개를 돌려 유표가 차지하던 형주荊州, 지금의 호남성 일대를 접수하지만, 동쪽의 적벽대전赤壁大戰, AD 208에서 유비, 손권의 연합세력에게 제대로 몰매를 맞는다. 이를 계기로 후한 대의 삼국정립三國鼎立이 본격화된다. 그러나 한중전투漢中戰鬪, 촉 vs. 위, 합비전투合肥戰鬪, 위 vs. 오 등의 꼬리 물기 싸움을 치르는 와중에 결국 후한은 허무하게 멸망한다AD 220, 이때를 기해서 1세대 스타들인 관우, 여몽, 조조, 하후돈, 장비 등이 주르르 사망하며 삼국지연의가 갑자기 재미없어진다.

유비는 후한의 대를 잇는 의미에서 촉한으로 개국하며AD 221 한나라 유 씨 왕조의 정통성을 보전하지만, 이릉대전夷陵大戰, AD 221, 오 vs.

그림6.3 산상왕이 천도한 환도성(1) 및 그 일대의 고구려 적석총들(2). 환도성은 고구려 고유의 이성二城 체제 중 전시에 비상용으로 사용하는 방어 전문 도성이다. 전쟁과 무력 정벌이 본격화되는 시점의 고구려가 어떻게 중앙 행정 및 방어 태세를 갖추었는지 잘 알 수 있는 유적이기도 하다.

촉한에서 패배하며 기세가 대폭 꺾인다. 그러나 제갈량은 남만 정벌을 통해 기사회생하고 부지런히 북벌을 준비하며 유비의 아들인 2대 황제 유선에게 출사표를 올린다. 고구려의 정복 사업은 이렇게 삼국지연의의 내용처럼 중국이 여러 차례의 내부 전투를 겪는 과정에서 이루어진다.

중국과의 2승 1패: 동천왕과 중천왕

고구려의 대중국 공식 첫 번째 타이틀매치는 산상왕의 아들이 위魏나라와 치르는 전투이다. 동천왕東川王, AD 227~248 재위은 당시 요동의 공손연, 위나라의 조예, 오나라의 손권과 각각 화친을 맺고 차례로 뒤통수를 치는 외교적 책략을 구사하면서 세력을 보전하고 있었다. 그러나 위와 합공으로 공손연을 토벌해 놓고 제대로 보상을 못 받자, 위나라와 국경을 접하면서 그 불만을 제대로 터뜨린다. 그래서 242년에 그간 쌓아 온 크고 작은 전쟁 노하우를 기반으로 요동 반도의 압록강 하류 지역인 서안평西安平을 공격하여 점령한다선빵(?)에 성공하면 절반은 먹고 들어가는 법.

제갈량 사망 후 촉한과 낙곡대전駱谷大戰, AD 244을 치르고 병력의 대대적인 손실을 보게 된 위나라는 유주 자사인 관구검毌丘儉을 요동 지역으로 파병해서 분위기 반전을 노린다. 그러나 관구검의 군사는 고구려의 잘 훈련된 개마무사鎧馬武士 철갑기병에게 제대로 격파당한다. 하지만 의기양양한 동천왕의 군사는 방심을 하고 비류수전투沸流水戰鬪, AD 244에서 순식간에 역습을 당하면서 병력의 대부분을 잃는다. 그리고 국내성과 환도성이 모두 함락되면서 동천왕은 평양성지금 북한의 수도 평양이 아니다으로 천도를 결심하기도 하였다. 하지만 다음 대인 중천왕中川王, AD 248~270 재위 때 국내성으로 복귀하는 데 성공하고 위나라 장수 울지해尉遲楷의 침략을 무찌르며 부왕의 패배를 복수한다.

서안평의 재점령과 백제와의 한반도 북부 쟁탈전: 미천왕, 고국원왕, 소수림왕

이러는 와중에 중국에서는 촉한이 위나라에 멸망한다AD 263. 그런데 역사적 인과응보인지 모르지만, 위나라도 마지막 황제인 조방曹芳이 선대의 가신 사마의司馬懿의 손자 사마염司馬炎에게 강제로 왕위를 빼앗긴다. 삼국지연의 마지막에 대충 마무리하는 내용으로 나오지만, 어쨌든 사마염이 최종 끝판왕으로 등극하는 서진西晉이 건국된다AD 265~316. 그런데 서진도 4장에서 살펴본 바와 같이 심각한 두 차례의 황실 피바다팔왕의 난과 영가의 난를 겪는다.

당시 고구려의 왕이던 미천왕美川王, AD 300~331 재위은 서진의 황실이 정신 놓고 있는 사이에 서안평을 완전히 점령하고AD 311 그다음에는 낙랑군AD 313, 대방군AD 314을 고구려의 땅으로 복속해서 422년 만에 한반도에서 한족들의 세력을 소탕해 버린다. 낙랑과 대방군을 완전히 탈환하면서 비옥한 평안도 일대의 땅을 회복하고 이제 본격적으로 농산물 증산에 집중할 수 있는 기반을 마련한다.

하지만 고국원왕故國原王, AD 331~371 재위 때 중국은 서진이 장강 이남으로 이주해서 동진東晉을 건설하고 선비족이 세운 전연前燕, AD 337~370이 고구려를 침략하여 환도성을 점령한다. 엎친 데 덮친 격으로 이미 한반도 중부에서 세력을 확장해 온 백제의 근초고왕은 지금의 대동강 유역까지 진출해서 고구려 남부 지역을 상당 부분 잠식하고 고국원왕을 살해한다.

당시 고구려는 물론 백제, 신라가 어느 정도 한반도에서 국가의 기틀을 갖추기 시작하지만 중국은 오호십육국 시대로서 5개의 오랑캐 집단이 너도 나도 국가를 무려 16개나 만들고 자기들끼리 먹고 먹히던 시기였다. 이때 고구려는 소수림왕小獸林王, AD 371~384 재위이 즉위하면서 단기간에 전연과 백제에 입은 피해를 복구하고 부국강병책을 실시하여 다시 북방의 맹주로 복귀할 수 있는 기틀을 마련하였다. 그러한 과정에서 전연을 멸망시킨 전진前秦과 수교하여 불교를 받아들이기도 하였다. 또한 와신상담으로 국력을 신장하여 결국 375년에 백제의 근초고왕과 재기풍운再起風雲 복귀전을 벌여 백제의 수곡성水谷城 지금의 황해도 신개 일대을 탈환한다.

고구려의 최전성기와 요동 탈환: 광개토왕

그 후 고구려는 고국양왕故國壤王, AD 384~391 재위. 18대, 광개토대왕廣開土大王, AD 391~413 재위, 19대, 장수왕長壽王, AD 413~491 재위, 20대, 문자명왕文

啖明王, AD 491~519 재위, 21대에 걸쳐 최전성기를 겪는다. 삼국 중에 가장 일찍이 왕권을 확립하였고 중국의 격변기에 자력갱생으로 살아남으며 동천왕 대와 고국원왕 대의 실패를 거울삼아 능수능란한 전쟁 전문 국가로 발전하게 된다.

일단 소수림왕 대 친화를 다진 전진이 비수대전淝水大戰, AD 383에서 남조의 동진에게 역습을 당해 패배하자 북조에서는 후연後燕이 건국한다. 고국양왕故國壤王, AD 384~391 재위은 이 기회를 살려 후연을 정벌해 현도군을 빼앗고 최초로 요동 지역까지 진출한다AD 385. 그 후 광개토대왕은 주변 지역을 전방위로 공략해서 거란, 동부여, 숙신肅愼을 평정하고 백제의 아신왕阿莘王, AD 392~405 재위과 대치해 백제·왜 연합군에게 항복을 받기도 하였다.

하지만 광개토대왕의 본격적인 대상은 북쪽, 그것도 고구려의 북서쪽인 요동 지역이었다누구처럼 한 놈만 붙잡고 패는가 보다. 고국원왕 때 중국의 전연에 당한 수모를 복수하기 위해 그 후계자인 후연을 집요하게 공략해서 요양성遼陽城을 차지하고AD 396 당시 모용慕容 씨 집안이 지배하던 후연의 국가 기반을 뒤흔들어 놓는다.

10년 후 후연에서 고구려 계통의 노용운이 왕권을 찬탈하여 북연北燕을 세우고 국성國姓을 고구려의 성인 고高 씨로 바꾼다. 광개토대왕은 이를 공식적으로 인정한다AD 407. 이로 볼 때 중국 오호십육국 당시 화북 지역의 북방민족 난립 과정에서 고구려가 적극적으로 개입했다는 것을 알 수 있다. 광개토대왕은 우리나라 최초의 자체 연호인 영락永樂을 사용하여 저 멀리 남조의 한족 중심 국가와는 빠이빠이(?) 하고 혼란스러운 중국의 상황에서 독자적으로 나라다운 나라로 자리 잡는다.

평양 천도와 한반도 공략: 장수왕

장수왕 대에는 한반도 남부까지 진출하기 위해 수도를 지금의 평양으로 천도하고 국명도 고구려에서 고려高麗로 바꾼다. 천도하는 과정에서 이전의 국내성-환도성 체제의 이중 도성은 평양에서 안학궁長安城 현 평양-대성산성의 체제로 고스란히 전승된다. 이러한 이중 체제는 고구려가 중국과는 다른 방어 전용 체제가 상비되어 있었다는 것을 말해준다. '전 인민의 무장화'나 '전 국토의 요새화'까지는 아니더라도 고구려가 항시 전쟁을 대비하고 전쟁을 치르는 데 주저함이 없었다는 것을 잘 말해 주는 체제이기도 하다.

장수왕은 이름 그대로 장수해서 그 아들이 먼저 죽고 대신 손자인 문자명왕이 후대 왕으로 즉위하였다. 이때까지 고구려, 아니 고려는 꾸준히 북진과 남정을 반복하면서 북부여를 정벌하고 최대의 영토를 누린다. 하지만 비슷한 시기에 신라의 지증왕이 등극하고 백제에도 무령왕이라는 제법 괜찮은 군주가 등장하면서 삼국이 팽팽하게 맞서는 형국이 된다.

북방의 영토를 모두 가지고 있던 고구려는 당연히 다양한 북방 민족들과 여러 전선을 구축하고, 또한 중국 남북조의 혼란도 혼자서 '몸빵'으로 때우면서 본의 아니게 한반도를 '실드' 쳐 주는 최북방 전선의 방패 역할을 한다. 이런 상황에서 상대적으로 세력이 축소되었던 백제와 신라는 나제 동맹을 맺고 고구려에 협력 대응한다한반도판 합종연횡?.

수나라와의 두 차례 전쟁 및 국운의 쇠락

중국은 후한 멸망 이후 370년간의 기나긴 오호십육국-위진남북조魏晉

南北朝시대를 종료하고 隋수나라가 천하통일을 이룩한다AD 589. 이 당시 고구려는 평원왕平原王, AD 559~590 재위이라는 전쟁보다 행정에 특화된 왕이 지배하고 있었다. 당시 나제동맹은 깨지고 신라의 진흥왕이 작두를 타듯이 잘나가던 시절이었다. 고구려도 남쪽보다는 북쪽, 특히 새롭게 등장한 수나라를 대비하는 국시가 우세하던 시기였다. 그래서 새로 건국한 수나라에 조공을 바치면서 눈치를 보고 나름 화평을 유지해 왔다. 또한 신라를 견제하기 위해 공식적으로 왜국에 사신을 보내 고구려와 왜국 간의 동맹을 도모하기도 하였다.

하지만 거대한 중국을 통일한 수나라에 고구려나 거란, 기타 듣보잡 수준의 한반도 국가들은뭐시여? 시방 뭐라카노? 언젠가 중국의 천하통일 시스템에 위협이나 성가신 존재가 될 수밖에 없었다. 그리고 초반에는 눈치를 보며 자주 찾아뵙던 고구려가 남조 정복 후 천하통일을 이룬 시점에서는 너무 티가 나는 수준으로 전쟁 준비를 하는 게 곱게 보일 리 없었다.

이미 역사적으로 후한 대부터 동북 지역에서 행세해 왔으며 한족의 합법적 거주지인 낙랑을 집어삼킨 고구려는 언젠가는 한번 손을 봐주고 제거해 버려야 할 묵은 원수이기도 하였다. 수나라는 고구려에 조공을 요청하고, 거부하면 수나라 황족을 고구려에 파견해서 봉건국으로 삼겠다는 통보를 했다.

그러자 고구려의 영양왕嬰陽王, AD 590~618 재위은 먼저 선제공격을 감행하여 요하를 거쳐 영주營州, 지금의 朝陽까지 치고 왔다가 빠져나간다선빵은 고구려의 종족특성입니다. 일종의 수나라 간 보기이며 전투력 측정인 셈이다. 그러자 수 문제는 30만 대군을 출동시켜 요하를 건너 고구려를 침공하지만, 악천후로 인하여 군사 대부분을 잃는다. 이때를 놓치지 않고 영양왕은 잽싸게 칭신稱臣하면서 꼬리를 내렸다. 결국 수 문제는 제대로 체면을 구기고 퇴각할 수밖에 없었다.

그 후 수 양제가 즉위하면서 다시 고구려를 건들기 시작한다. 수 양제는 만리장성을 보수하고 남쪽의 베트남, 북쪽의 돌궐까지 토벌하는 정복 군주였지만 유독 고구려는 건들지 못하던 게 아쉬움으로 남아 있었다. 수 양제는 113만 대군을 육군과 수군으로 나눠 준비하고 당시 건설해 놓은 대운하를 통해 현재 허베이성 바오딩保定시인 탁군涿郡에 집결하였다AD 611. 그리고 육로로 요하를 건너 요동을 먼저 정벌하고 고구려 평양성에 진입할 때 수군이 합류하는 전선을 형성하였다.

하지만 육군은 요동성에서 3개월간 진출하지 못하고 소강상태에 빠지며 고구려는 충분한 시간을 벌 수 있었다. 그러는 와중에 보급과 사기를 소진한 수나라 군사는 성급하게 수군만으로 평양성을 공격했고 여기서 고구려의 수성 전술에 말려서 패퇴하게 된다. 나머지 약 30만의 수나라 잔여군은 을지문덕乙支文德에게 살수대첩薩水大捷에서 거

그림6.4 고구려가 수나라를 물리친 살수대첩 민족기록화박각순 화백 그림(1)와 을지문덕 표준 영정김기창 화백 그림(2). 기록에 남겨진 살수대첩이 100% 사실 그대로라면 을지문덕은 우리나라 역사상 가장 많은 사상자를 남긴 장군이다.

의 궤멸하게 된다AD 612.

수 양제는 이듬해인 613년에 다시 두 차례 침입을 시도했지만, 수나라 내부의 반란으로 인하여 성공하지 못한다. 고구려도 고구려 나름대로 출혈이 심각했기에 결국 수나라의 조건을 수용하며 화친을 맺었다. 이렇게 여러 차례 충돌로 인하여 수나라는 38년 만에 멸망하고 그래도 제일 비싼 양주보다는 오래 버텼다 고구려도 이후 더 이상 이전의 용맹함을 삼국 항쟁에서 보여주지 못한다.

당나라와의 전쟁 및 고구려의 멸망

고래 두 마리의 싸움에 등이 터진 게 아니라 제대로 이득을 본 새우 두 마리는 바로 신라와 후에 당나라를 건립하는 이연李淵이다. 당나라는 618년에 건국하고 초창기에는 고구려와 화친하였다. 하지만 이연의 둘째 아들인 이세민李世民, AD 626~649 재위이 태종太宗으로 즉위하고 고구려에서는 642년에 연개소문淵蓋蘇文이 쿠데타로 집권하면서 양국 사이에 엇박자가 나기 시작한다.

이세민과 연개소문 모두 다 비슷한 캐릭터를 가진 호전적인 인물로서, 사나이들끼리 원터치(?)로 한판 붙는 게 속 시원하다 믿는 사람들이다. 특히 이세민은 돌궐과 투루판高昌國, 제2권 참조을 정복해서 실크로드를 장악하고 한반도까지 정복 욕구를 드러내며 신라와 동맹을 맺었다. 그리고 현무문의 변玄武門之變 사건을 통해 자신의 친형제를 살해하며그것도 두 명이나 당나라 황위를 찬탈한다.

타깃이 정해지면 명분이야 만들면 된다고, 이세민은 연개소문이 영류왕을 죽이고 집권한 것과 신라를 자꾸 건드리는 것을 근거로 고구려에 싸움을 건다친형제까지 죽이고 쿠데타로 왕이 된 자기 자신은 그럼 뭔가?.

645년에 시작된 1차 정벌은 초창기에 당나라에 유리하게 전개되었지만, 요동성 아래의 안시성安市城에서 고구려군이 대승하였다.

그 후 당나라와 고구려의 전투는 소강상태로 접어든다. 고구려는 연개소문 사후 아들들의 권력 다툼으로 집중력이 떨어지고 이미 두 차례의 대중국 전쟁으로 상처뿐인 영광만 남을 수 밖에 없었다. 고구려와 당나라의 전투는 이후 나당 연합군을 통해 치른다.

당나라는 과격한 태종 이세민의 뒤를 이어 나름 신중하고 치밀한 성격의 고종高宗이 즉위한다. 그리고 신라의 무열왕武烈王과 연합하여 백제를 멸망시킨다AD 660. 8년 후에는 문무왕文武王과 함께 고구려도 정복한다AD 668. 하지만 당나라의 야심은 고구려를 정벌하는 데 그치지 않았다. 삼국통일이 완성되자 당나라는 토사구팽兎死狗烹으로 신라를 제치고 한반도를 완전무결한 상태에서 털도 안 뽑고 잡아먹으려는 야심을 드러낸다. 하지만 나당전쟁AD 670~676에서 패퇴하고 통일신라 대에 다시 외교가 정상화되기까지 한반도에서 물러난다. 나당전쟁 당시 고구려 유민인 안승安勝과 검모잠劍牟岑을 중심으로 지금의 전북 익산 지역에 후고구려로 세워진 보덕국報德國이 큰 역할을 하기도 하였다.

3. 고구려가 남긴 세계문화유산들

중국의 졸본성과 오녀산성

앞에서 얘기했듯이 초창기의 고구려는 압록강 중상류인 랴오닝성遼寧省 본계시本溪市 졸본성卒本城/忽本城에 도읍을 정했다. 그런 이유로 삼국

유사에서는 고구려의 초창기 상태를 졸본 부여라 부르기도 한다. 삼국사기에는 고구려 시조인 동명성왕東明聖王, BC 37~19 재위이 현재 송화강 일대 송눈松嫩 평원인 북부여에서 남하 해 졸본지역에 고구려를 건국하고, 이후 2대 왕인 유리왕이 현재 지린성吉林省 집안시集安市인 국내성國內城으로 천도한다는 기록이 전한다.

졸본성은 사서에서 흘승골성紇升骨城이라고 얘기되며 가장 최초로 건립된 도성이기 때문에 이전에 살펴본 한반도 내 백제나 신라의 도성과는 많은 차이가 있다. 졸본 지역은 인근의 지형 내에서 유독 비옥한 평지인 환인분지桓仁盆地에 있기 때문에 생산력이 뛰어나다. 일단 졸본지역에는 평지에 위치하는 하고성자下古城子 토성과 전시 혹은 위급한 상황에 국가의 수뇌부를 중심으로 전 국민이 대피하는 용도로 쓰던 오녀산성五女山城이 있다.

두 성은 모두 혼강渾江 주변에 위치하기 때문에 물의 공급과 수운을 활용하는 목적이 있었던 것으로 보인다. 성의 규모는 그다지 크지 않은데, 사방이 약 250m 정도 되는 정사각형에 가까운 토성이다. 성벽은 흙으로 만든 흙판을 겹겹이 쌓아서 다지는 판축법版築法으로 만들어졌다. 하고성자 토성은 고구려가 직접 건설한 것으로 볼 증거는 없지만 고구려 시기에 집중적으로 사용, 관리, 점거된 것이 분명하다. 출토된 유물은 각종 기와 조각과 토기가 있으며 철기는 자루 부분에 고리가 장착된 한반도 특유의 장검인 환두대도環頭大刀 등이 있다.

오녀산성은 환인분지에서 가장 험준한 지역의 고지인 오녀산에 있다. 해발고도 약 800m 정도 되며 정상부에는 고위평탄면이 있어 고대 전략에 따르면 천혜의 수성요새守城要塞인 셈이다. 평면 형태는 직사각형인데, 남북 방향이 약 600m, 동서 방향이 약 100~200m

그림6.5 고구려 초창기의 요새형 도성인 오녀산성. 현재 랴오닝성 본계시에 있으며, 탁자 모양의 절벽으로 둘러싸인 고위 평탄면에 만들어졌다(1). 사진에서 볼 수 있듯이 서쪽의 좁은 입구만으로(2) 병력이 유입되기 때문에 쉽게 진입할 수 없다. 오녀산성 안에는 저수지에 해당하는 천지天池가 있어서 오랜 시간 동안 수성전守城戰을 하기 좋은 천혜의 요새이다.

에 해당한다. 진입로는 서쪽에 하나만 있고, 이 부분에 돌로 쌓은 인공 방어 시설이 집중되어 있다. 그 외의 지역은 천혜의 지형을 그대로 이용하고 있다. 오녀산성에서 발견된 유물은 하고성자 토성과 유사한 것들이 많다. 한대의 화폐인 오수전五銖錢이 발견되기도 하였다.

중국 통구 지역의 국내성과 환도성

졸본성은 초창기 고구려가 본격적인 왕국의 면모를 갖추기 이전의 단순한 국國, 마치 깡패와 같은 집단이라고 말한 적 있다의 잔재가 많이 드러난다면, 유리왕 때 천도했다고 전해지는 국내성은 졸본성과 달리 본격적으로 강력한 통치자의 일사불란한 의도와 지시에 따라 축성되고 관리된 흔적이 뚜렷하다.

흔히 광개토대왕릉비에서 나오는 통구성通溝城이 바로 이 국내성을 말하는데, 앞에 나온 하고성자 토성과 마찬가지로 정사각형에 가

그림6.6 현재 중국 지린성 집안시集安市에 있는 국내성의 성곽 흔적. 졸본성에 이은 고구려의 두 번째 수도로서 평지에 위치한다. 전시에는 인근의 방어용 산성인 환도성 그림6.3으로 이주하여 수성전을 수행했다. 국내성은 고구려의 도성으로 쓰기엔 면적이 충분하지 않았기 때문에 장수왕 대에 드넓은 평야가 있는 평양성으로 천도하는 계기가 되기도 했다. 가장 오랜 기간 동안 고구려의 도성으로 활용되었기 때문에 주변에 다양한 무덤과 관방 유적들이 분포하고 있다.

까운 평지성이다. 국내성은 압록강의 하중도河中道인 벌등도에서 지척에 가까운 위치에 있다. 최근 북한에서는 이 벌등도를 중국과 공동으로 관광지 개발하려는 사업을 추진한다고 하는데, 아마도 국내성과 고구려 고분 관광객을 노린 외화벌이 사업일 가능성이 크다.

국내성은 잘 다듬어진 석축성石築城으로서 둘레는 2,686m이고 출입구는 총 6개이다. 원래는 토성이었으나 꾸준히 개축하면서 지금과 같은 석축성으로 개편되었다. 성안에서 고구려 건물지가 몇 개 발견되었다. 발견된 유물들은 불상, 토기 조각 및 기와들이 대부분이고 철기로 만든 연장과 무기도 발견되었다.

국내성과 함께 쓰이던 고구려의 방어 산성인 환도성에 대해서는 다양한 의견이 있다. 일단 평지성인 국내성은 전시가 아닌 평시 때 사용되던 도성이라는 설이 어느 정도 타당하다. 그러나 환도성은 방어

성이기 때문에 전 시대의 오녀산성과 마찬가지로 높은 대지에 위치하는 게 당연하다. 그렇다면 환도성은 어디일까? 중국 학계와 일부 한국 학계는 국내성에서 북쪽으로 약 2.5km 떨어진 산성자산성山城子山城이라고 믿고 있다.

산성자산성은 원래 위나암성尉那巖城이라고 불리던 이름이었는데, 산의 이름이 환도산이기 때문에 그 후 환도산성으로 바뀌었다는 주장이다. 산성자산성은 배산임수의 지형을 갖고 있는데, 전략적으로도 탁월하고 풍수적으로도 명당이기 때문에 산성 남쪽의 통구하通溝河 변에는 산성하 고분군 등이 분포하고 있다.

산성자산성은 여러모로 오녀산성과 비슷한데, 일단 높은 곳에 있어서 공략이 힘들고 방어가 쉬운 점, 남문을 제외하면 따로 공식적인 출입구가 없다는 점이다. 성벽 높이는 약 6m이고 둘레는 7km에 달한다.

하지만 이런 산성자산성이 실제 환도성이 아니라, 국내성과 환도성이 같은 성이라는 주장도 있다. 산상왕이 건설하고 천도한 환도성은 엄밀히 따지면 국내성의 개보수이고, 산성자산성과 같은 방어 전용의 성은 당시 고대국가의 기틀을 갖춘 고구려가 원활하게 행정을 수행하기는 역부족이라고 주장한다. 물론 사서의 기록이 다소 불분명하면 그렇게 생각할 수도 있다. 일단 이 책에서는 국내성과 산성자산성의 병용설竝用說을 받아들인다그림6.3 참조.

중국의 도성 체제를 제대로 구현한 평양 장안성

평양성은 현재 평양시에 자리 잡고 있다. 하지만 장수왕이 평양으로 천도할 때의 성은 뚜렷하지가 않다. 수도가 있는 도성과 방어용 성의 이성체제二城體制를 그대로 적용한다면 도성은 현재 안학궁이 있는 안학궁토성安鶴宮土城이고 방어성은 평양시 동북쪽 외곽에 있는 대성산성大城山城이라는 설이 지배적이다. 물론 대성산성 대신 평양 대성구역에 있는 또 다른 산성인 청암리토성淸岩里土城이 방어용 성이라는 주장도 있다.

사실 안학궁토성과 대성산성은 기록이 자세하게 남아 있지 않고 또 대부분 출토 유물이 고려시대에 속하기 때문에 고구려 성곽으로서의 진정성이 물질자료만으로 입증되기는 쉽지 않다. 하지만 고구려의 고유한 이성二城 평시용과 전시용의 독립된 도성 체제를 고려한다면 대성산성과 산성 바로 밑 750m 남쪽에 위치하는 안학궁토성은 평양 천도 당시부터 평원왕 대에 장안성長安城, 현 평양성으로 재천도하기까지, 약 150년간 고구려 왕실의 도성이었던 것으로 받아들일 수 있다. 그리고 청암리 토성은 본격적인 전시 체제에 들어서면서 대성산성을 보조하기 위한 용도로 만든 또 다른 방어용 시설이라고 생각할 수 있다.

고구려가 마지막을 맞은 장안성은 거대한 규모를 가진 통합적인 성곽이다. 기존에 유지되어 오던 이성체제는 장안성을 새롭게 축조하면서 단일한 성곽 체제로 바뀐다. 일단 평양 한가운데 있는 모란봉과 을밀대, 만수대를 활용하고, 대동강 북안의 평야 지대를 연결해서 평지성과 산성을 결합한 형태를 보여준다.

장안성의 규모도 기존 도성에 비해 엄청난 규모인 1,200만 m²에 달한다. 둘레 길이는 약 23km이다. 평양성은 고구려 멸망 이후에도 고려, 조선 시대 때 개축되거나 보수를 거쳐 지속해서 사용되었다. 구간에 따라 석성과 토성이 함께 나타나고 있는데, 궁 주변의 내성과 행정기구를 둘러싸는 중성은 석성이고 방어선을 위한 외성은 토성으로 만들어졌다. 흥미로운 사실로 북쪽에는 모란봉을 둘러서 따로 석성을 지은 것으로 보아 중국을 포함한 북방으로부터의 침입을 더욱 견고하게 대비한 것을 알 수 있다백제, 신라는 그냥 애들 장난이란 건가?.

통구 지역의 장군총과 광개토왕릉비

지금까지 살펴본 고구려의 도성 주변에는 다양한 고구려 고분들이 분포하고 있다. 고구려 고분은 시기에 따라 크게 두 가지 형태로 나눌 수 있다. 초창기 고구려의 무덤은 돌을 각지게 깎아 쌓아 올린 피라미드형 무덤으로, 매장부는 주로 옆에서 출입하는 횡혈식의 석실로 되어 있다. 그러다가 여러 개의 방으로 구성된 석실묘에 커다란 봉토를 가지는 무덤으로 바뀐다.

현재까지 고구려 석실묘의 기원은 확실하지 않지만 아마도 낙랑이 지배하던 한반도 서북 지역에 여전히 잔존하던 한나라식 석실분의 형태가 고구려 지배층의 무덤을 만드는 데 영향을 미쳤을 것으로 보인다. 다만 한나라의 무덤은 벽돌을 쌓아서 만든 전축분塼築墳, 백제 무령왕릉처럼이지만 고구려는 벽돌 대신 거대한 돌을 직접 다듬어서 무덤을 만들었다.

고구려의 고분 및 관련 유적은 북한과 중국에 나뉘어 분포한다. 그렇기 때문에 두 나라의 통치 이념이나 문화유산 관리 방침에 따라 각기 다른 위상을 가진다. 중국의 고분은 국내성이 위치하는 지린성 통구通構 지역에 대규모로 분포하고 있다. 현재까지 약 1만여 기 이상의 고분이 파악되고 있으며 2002년에 이 지역 고분군 조사의 종합 보고서가 발간되었다. 국내성과 환도성 일대의 성 외곽을 따라 아주 밀도 있게 분포하고 있으며, 고분군 자체도 여러 개의 지구로 나눌 수 있다. 가장 대표적인 지구는 우산하禹山下 지구, 마선구麻線溝 지구, 산성

그림6.7 광개토대왕비(1)와 장군총(2). 광개토대왕비는 중국에서는 호태왕비好太王 碑라 줄여서 말하기도 한다. 현재는 비문의 온전한 보전을 위하여 사진과 같이 밀폐형 비각碑閣으로 꽁꽁 막아 놓았다. 장군총은 우산하 지구의 고분군 중 1호분으로서, 각진 돌을 쌓아서 피라미드의 형태로 만들었다. 주변에 세워 놓은 돌은 호석護石이라 불리는 일종의 지지돌이다.

하山城下 지구 및 칠성산七星山, 만보정万宝亭 등이 해당한다.

　북한은 평양 천도를 기점으로 대부분 고구려 중후기의 벽화 석실묘가 현재 평양, 남포, 그리고 황해도의 안악 일대에 분포하고 있다. 하지만 고구려의 시조인 동명왕의 무덤으로 전해지는 전傳 동녕왕릉도 위치한다. 이는 아마도 졸본에 있던 원래 무덤을 장수왕이 평양으로 천도하면서 시조의 묘를 같이 옮겨 온 것이라는 주장에 근거한 것으로 보인다. 그리고 고구려 시조묘가 현재 북한 영토에 있다는 선전 효과도 나름 누리면서 동북공정에 대비하려는 의도로 볼 수 있다.

　통구 지역의 대표적 고구려 초창기 돌무지무덤積石塚 중 가장 유명한 것은 장군총이라 불리는 우산하1호분禹山下一號墳이다. 이 무덤은 화강암을 쌓아 만든 좌우 약 35m에 높이 14m에 달하는 피라미드형 무덤이다. 매장부는 횡혈식 석실로, 광개토대왕의 묘인 태왕릉보다 규모는 작지만 매장부는 2배가량 거대하고 또 현저하게 드러나는 '각진' 형태로 인하여 견고하면서도 뭔가 기품 있어 보이는 형태를 보인다. 이 무덤은 장수왕 즉위 시 죽기 전에 미리 만든 수릉壽陵으로 간주하지만 일부에서는 광개토대왕의 묘라고 주장하기도 한다.

참고로 무덤은 아니지만, 인근에 세워진 광개토왕릉비國岡上廣開土境平安好太王碑는 장수왕이 414년에 아버지의 업적을 기억하고 널리 알리기 위해 왕릉 곁에 세운 높이 6.39m의 비석이다. 광개토왕릉비는 고려시대부터 그 존재가 인식되고 있었으며 추사 김정희와 일제 관제 학자들의 연구가 이루어지기도 했다. 현재는 중국 측이 원활한 보전을 위해 유리로 만든 비각碑閣을 세워서 보전하고 있다그래서 사진 찍으면 오히려 볼품이 없다.

고구려의 석실벽화묘 개요

통구 지역에는 장군총이나 광개토대왕묘와는 달리 AD 4세기경부터 보편화되는 석실묘도 다수 분포하고 있다. 이 석실묘는 전실과 후실이 한자의 여呂자 모양으로 연결되어 있고 전실의 옆에 또 다른 부실副室이 마치 귀처럼 달려서 양부이실兩府耳室형으로 불리는 사실형四室形이 대부분이다.

이러한 석실묘에는 고구려인의 삶을 알 수 있는 다양한 풍속도가 그려져 있다. 대표적인 사례를 들면 고구려인들의 체력 단련을 위해 서로 간에 힘겨루기를 하는 스포츠인 각저角抵, 씨름의 일종 그림이나 춤 추는 모습이 담긴 무용舞踊 그림, 그리고 도교의 영향으로 동 청룡, 서 백호, 북 현무, 남 주작의 사신四神 그림들이 있다.

북한 지역에는 통구 지역과 달리 시기가 조금 떨어지는 고구려 중·후대의 석실묘가 다수 분포하고 있다. 양부이실의 사실봉토분은 초창기에 나타나는 아주 전형적이고 형식적인 완성도가 갖춰진 무덤이다. 하지만 평양을 비롯한 북한 지역의 석실묘는 후대에 들어서면서 구조나 장식이 도식화되고 축조하기 까다로운 석실의 개수도 줄어들어 전실과 후실 두 개만 있는 이실형二室形이나 석실이 하나만 있는 단실형單室形이 대부분이다.

가장 전형적인 고구려 석실벽화묘: 안악3호분
가장 대표적인 석실분은 고구려 석실벽화묘의 초창기 형태를 잘 드러내는 안악3호분安岳三號墳이다. 안악3호분은 황해도 안악군에 있으며 무덤의 벽화에 영화13년永和十三年이라 써진 묵서명墨書銘, 먹으로 써서 남긴 기록이 존재해서 확실하게 축조 연대AD 357를 알 수 있는 무덤이다.

안악3호분은 초창기 고구려 석실분의 전형적인 형태인 이부양실 구조로서 서측실西側室의 서쪽 벽에 무덤에 묻힌 묘주墓主로 추정되는 사람의 초상화가 그려져 있다. 그리고 같은 방의 남쪽 벽에는 묘주의 부인으로 추정되는 여성의 초상화가 나타나고 있다. 전실의 서벽 남부에는 장하독帳下督이라고 묵서명으로 쓰여있는 또 다른 인물이 있다. 장하독은 문자 그대로 '휘장 아래에 서 있는 감시꾼 혹은 지휘관'이라는 뜻으로 일종의 경호실장 혹은 호위 무사라 보면 된다. 장하독은 보통 왕족을 호위하는 사람이다. 그렇기 때문에 안악3호분의 묘주는 왕에 필적하는 사람이 확실하다.

안악3호분의 벽화는 고구려의 다양한 생활 습속을 알 수 있는 풍속화가 유명한데, 음악 담당하는 악사樂士, 도끼를 주로 쓰는 호위무

그림6.8 안악3호분의 묘주도(1)와 생활도(2). 고구려 벽화 석실묘의 가장 대표적인 사례인 안악3호분은 연대가 확실하고 고구려와 중국의 관계 및 당시의 생활에 대해 생생한 정보를 알려주는 다양한 풍속화가 그려져 있다. 현재 안악3호분에 묻힌 사람이 과연 누구인지에 대해서는 다양한 견해가 있지만, 당시 고구려 사회 내에서 왕 혹은 그 정도의 신분에 해당하는 고위 귀족이었을 가능성이 크다.

사인 부월수斧鉞手, 지금의 맨손 입식타격 MMA라 볼 수 있는 수박手搏, 손으로 허드레 때리기 대련, 부엌, 마구간, 외양간, 방앗간, 푸줏간 등의 모습이 잘 드러나고 있다.

참고로 천장 부분은 백제의 석실분과 다르게 괴임돌을 마름모 형태로 절반씩 좁혀 나가면서 지붕을 메우는 말각조정抹角藻井 기법이 드러나고 있다. 4세기 중반대 고구려가 낙랑을 완전 복속하고 지금의 황해도, 평안도 일대까지 진출하던 당시의 풍요롭고 활기찬 모습 및 격식을 갖춰서 제대로 만든 석실묘의 원래 형태가 잘 드러나는 사례이다.

이런 안악3호분의 묘주가 과연 누구인지에 대해서는 다양한 설이 있다. 묵서명이 쓰인 연대를 볼 때 당대의 왕인 미천왕이나 고국원왕 설이 있다. 하지만 묵서명의 내용을 근거로 하면 묘주는 고구려 사람이 아니라 전연前燕에서 귀화한 중국인인 동수冬壽의 묘로 보는 경우가 보통이다. 그래서 안악3호분을 다른 말로 동수묘라고도 한다.

기타 고구려 벽화 석실묘: 덕흥리 고분과 강서삼묘

안악3호분과 마찬가지로 묘주의 초상화가 그려진 석실묘로 대표적인 것은 남포시 강서구역에 있는 덕흥리 고분이 있다. 여기도 명문이 있는데, 광개토대왕의 연호인 영락永樂 18년AD 408이 나타나고 있다. 묵서명에 묘주의 고향이 신도현信都縣으로 나오고 있는데, 이는 당시 중국의 안평군安平郡 신도현지금의 허베이성 일대으로 볼 수 있어 안악3호분의 동수처럼 중국 망명 인사로 볼 수 있다. 그런 이유로 고구려가 실제로는 중국계 인사들이 다수 포함되어 있던 중국 계통의 국가라는 주장도 동북공정에 포함되기도 한다그러면 로마도 게르만 용병 마구 썼으니 라틴 국가가 아니겠네?.

덕흥리 고분에서 조금 떨어진 곳에는 강서삼묘江西三墓가 있다. 규모에 따라 대묘한면 약 50m×높이 9m, 중묘한면 약 45m×높이 8m, 소묘한면 약 41m×높이 7m로 나눌 수 있는 각기 다른 크기의 고분이다. 대묘와 중묘에는 6세기경부터 보편화되는 사신도四神圖가 그려져 있다. 사신도는 묘주의 신분과 과거 생활을 드러내던 기존의 풍속도 일색의 고분 벽화에서 벗어나 중국의 오행사상을 직접 반영한 증거이다. 무덤을 하나의 삶의 공간으로 여기고 네 방향의 방위와 중간을 우주 질서에 따라 화수목금토의 요소로 구분한 다음에 각 방위에 용, 호랑이, 봉황, 현무거북과 뱀이 엉킨 형태라는 동물 수호신을 배치하는 새로운 방식이다. 이는 중국 고대부터 건축물이나 신성시되는 물건에 자연스럽게 배치되던 고유한 문양이자 일종의 벽사辟邪, 사악한 것을 쫓아 버림 용도가 있다. 백제 무령왕릉의 입구를 지키고 있는 석수石獸도 이런 벽사의 개념을 드러낸다그림 4.5의 무령왕릉 석수 그림 참조.

그림6.9 강서대묘의 4벽에 그려진 사신도와 천정의 황룡도. 우리가 흔히 아는 동 청룡, 서 백호, 남 주작, 북 현무의 구조가 잘 드러나고 있다. 천정에 황룡은 오행사상에 따라 중앙과 왕을 상징하는 노란색으로 그려졌다. 사신도를 제대로 보려면 독자의 목을 돌리는 것보다는 책을 돌리는 것을 추천한다.

4. 성난 눈으로 북방을 둘러 보라: 동북공정의 대비

한국에는 고구려 전성기 시절 남하해서 설치한 당시의 일부 유적이 남아있다. 하지만 한반도의 남쪽에는 고구려의 도읍이 없다. 또 이 지역은 고구려의 본거지도 아니다. 그렇기 때문에 한국의 고구려 유적은 일시적이거나 아니면 백제·신라와 반복적으로 점거하던 관방關防, 국경을 방어하기 위해 설치한 시설 유적들이 대부분이다. 한국에서 고구려 유적을 세계문화유산으로 지정하기 위해서는 큰 노력과 관심, 새로운 자료의 발굴이 절실한 실정이다.

고구려 하면 떠오르는 것이 바로 '북방의 기상'이라는 개념이다. '북방'이야 그렇다 치고 '기상氣像'이라는 말은 지금 되새겨 보면 현재 대한민국에서 가장 필요하지만 오히려 가장 관심 없는 수준의 단어로 격하된 감이 없지 않다.

기상을 굳이 서양어로 번역해 본다면 '아우라aura'가 되지 않을까? 원래 뜻은 예술 작품에서 물질적인 표현 이외로 풍겨 나오는 고유한 분위기를 뜻하며, 이는 복제 불가능한 성격을 지닌다. 고구려의 기상은 이후 발해에서 재현하려고 했지만, 절반만 성공했다그래도 해동성국이 어딘가?. 그리고 왕건이 제창한 고려에서도 복제하려고 했지만 실패했고 청천강 이북도 못 넘었다 지금 북한이라 불리는 조선민주주의인민공화국 Democratic People's Republic of Korea에서도 다양하게 표절剽竊하고 있지만 어림도 없다. 그만큼 고구려의 기상은 그 뭔가가 있다.

앞에서 살펴보았듯이 고구려는 중국의 다양한 국가와 대립하기도 하였고 끝까지 남아서 유민들을 중심으로 신라의 뒤통수를 치던 당나라를 한반도에서 축출하는 데 기여하기도 하였다. 과연 이런 나라를 중국이라 할 수 있을까? 꿋꿋하게 자신의 자존심을 지키고 누구든지 자신의 영토에 침입하는 족속을 불온 집단으로 간주하고 한판 대결을 벌이는 데 주저하지 않았던 그런 국가. 과연 역사상 동북아시아에서 그런 나라가 몇이나 될까?

중국 측 입장에서 볼 때 고구려의 이러한 아우라는 놓치고 싶지 않은 소중한 역사 콘텐츠일 것이다. 천하통일을 이룬 초강력 군사 대국의 아우라인 수나라와, 중국인들이 가장 로맨틱하고 친근하게 생각하는 화려한 세계 제국의 아우라인 당나라는 고구려에 모두 다 떡이 되도록 짓밟힌 아픈 추억이 있다. 이는 중국의 역사에서 미국이 베트남에 패한 현대사만큼이나 결코 기억하고 싶지 않은 참상으로 자리 잡을 수밖에 없다.

꺾을 수 없다면 가지라고, 중국인들은 역사적으로 자신이 함부로 대적하기 힘든 난공불락의 상대를 회유와 칭신을 통해 한 식구로 삼아 왔다. 그리고 그들의 고유한 아이덴티티identity를 슬금슬금 잠식해 가며 중국화 시켜왔다. 그런 의미에서 면적도 작은 한반도에서 적은 인구로 초강대국과 함께 맞장을 뜨면서 버텨 온 고구려 및 그들의 후손인 우리나라와 민족은 다른 의미에서 대단하다. 그리고 이렇게 스스로 도취되는 수준의 나르시시즘도 어느 정도는 타당성이 있다.

중원을 정벌했던 흉노족, 여진족, 만주족 등은 지금 흔적도 없고 그들 자신의 아이덴티티도 중국 측의 배려 아닌 배려로 소수 민족화되어 왔다. 반면에 우리나라는 적어도 칭신한 적은 있고 사대주의에 매몰된 적은 있었지만 스스로 중국화를 울부짖은 적은 없다. 북방의 척박한 영토에서 비록 쫄쫄 굶어 가며 약탈 경제에 의존해 왔지만 손에 쥔 칼을 놓아 본 적도 없고 무릎을 꿇어 본 적도 없다.

제6장 북방에 그들이 있었다: 고대 고구려 왕국의 수도와 묘지 **173**

외로운 한 마리 광야의 늑대와 같이 스스로, 그리고 혼자서 맹위를 떨쳐 오다가 불꽃같이 사라지는 그런 무협지 주인공과 같은 국운을 거쳤던 북방의 강대국. 이런 캐릭터의 나라 후예로서 우리나라가 앞으로 취할 자세는 명백하다. 그리고 이러한 기상을 자기 것으로 만들려고 조직적으로 자행하는 초강대국의 학술적 만행에 의연하게 대처하는 제도적 기반을 만드는 것이 절실하다.

나는 이러한 고구려의 기상이 아직 우리나라의 민족적 유전자로 남아있다고 믿는다. 그리고 후손들에게 이러한 것들을 긍정적인 방향으로 살리고 교육해야 할 필요가 있다고 본다. 하지만 작금의 현실은 이러한 기상과는 전혀 다르게 너무 나약하게 후손들을 교육하고, 또 너무 편하고 안일하게 세상을 살아가도록 유도하고 있다.

정당하게 자신의 주권과 이익을 주장하기 위한 자강自强에 신경 쓰기보다는 효율성만 강조하면서 손 안 대고 코 풀거나 껍질도 안 벗기고 날로 먹거나 사사로운 이익에 휩쓸려 비굴한 짓을 하는 게 오히려 현명한 짓으로 치부되고 있다. 물론 국가적인 위기가 닥치면 이러한 얄팍한 정서는 어느 순식간에 사라지고 일심으로 대동단결하여 강력함을 이끌고 가는 추진력도 있다. 문제는 이러한 진지함과 절박함과 강렬함이 위태로울 때만이 아니라 평소에도 발휘될 필요가 있다는 점이다. 지금부터 약 1500년 전에 북방에 있었던 그들처럼 말이다.

제7장 하늘 아래 가장 높은 곳
: 티베트의 라싸와 포탈라 궁

1. 티베트 지역은 과연 어디?

티베트라는 단어가 주는 생소함

우리가 티베트중국어로 '吐蕃'라는 지역과 관련된 이야기는 꽤 많이 접하는 편이다. 하지만 이 지역이 현재 중국 땅이라는 것을 알고 있는 사람은 별로 없다. 사실 구체적으로 티베트가 어디부터 어디까지 포함되는 강역인지 정확히 아는 사람도 많지 않다. 그 이유는 뭘까? 바로 20세기 현재 뚜렷하게 정치적으로 독립국가를 형성하고 구체적인 종족성ethnicity과 문화적 정체성identity을 온전히 보유하면서 존속하고 있지 않기 때문이다.

나는 요즈음 학생들로부터 '인싸'와 '아싸'라는 말을 자주 듣는다. 아싸는 아웃사이더의 축약강세 단어다인싸가 뭔지는 생략해도 될 듯. 외부에서 겉돌 뿐 정식으로 주류에 소속감을 못 가지고 자의건 타의건 존재감을 발휘하지 못하는 경우 가차 없이 '아싸'라는 약간 상서롭지 못한 어감을 가지는 개념으로 격하된다.

티베트가 국제사회에서 '아싸'로 자리 잡게 된 것은 전적으로 타의에 따른 것이고, 또한 불교 중심의 통치 기반을 가지는 독특한 제정일치 국가이기 때문이다. 제정일치는 종교 지도자가 곧 그 사회 및 국가의 정치적 대표자를 겸임한다는 의미다. 대표적인 국가는 바티칸이 있고 영국도 국왕이 영국 성공회Anglican Church의 수장이기 때문에 넓

그림7.1 우리가 티베트하면 떠 올리는 이국적인 광경과 대상들. 티베트에서 서식하는 들소의 일종이자 티베트 사람들의 생활에 막중한 역할을 차지하는 야크Yak(1). 히말라야의 빙하에서 기원한 순수 그 자체의 자연수의 흐름인 얄룽짱포 강雅魯藏布江(2). 티베트의 성소이자 전 세계적으로 널리 알려진 포탈라 궁(3).

은 의미의 제정일치 사회로 볼 수 있지만 입헌군주제를 택하면서 실제 정치적 수장은 수상이 담당하고 있다.

  티베트는 제정일치 사회이면서 공교롭게도 이러한 정치·종교 지도자가 현재 자신의 영토를 떠나 해외 망명 중인 상황이다. 이렇게 불안정한 중국의 식민지_{중국 정부는 인정 안 하겠지만} 상태로 존속하기 때문에 공식적인 독립국가를 이루기 전까지 국제사회에서 활발한 활동이 쉽지 않은 상황이다.

티베트 지역의 개관

티베트는 현재 공식적으로 중국 영토이고, 중국어 표기로는 서장자치구西藏自治區로 쓴다. 티베트족은 중국어로 시짱西藏인으로 불린다. 우선 티베트라는 지역의 공간적 범위부터 살펴보자. 티베트가 구체적으로 잘 알려지지 않은 이유는 지리적으로 한국에서 멀기 때문이다.

한반도에 가까운 아시아는 일본과 중국, 그것도 중국의 중원 지방 동편에 해당하는 동중국해와 남중국해 일대가 대표적이다. 중국의 북쪽인 몽골과 러시아의 근처 및 남쪽의 인도 북쪽 지역은 중앙아시아 지역이다. 티베트는 중앙아시아 중에서도 중앙 남부에 해당한다. 그래서 사실 남아시아와 동남아시아의 북쪽 끝으로 봐도 무방하다.

티베트라는 명칭은 티베트고원 일대의 티베트족 거주 공간을 통틀어서 의미한다. 중국과는 전혀 다른 역사와 문화를 지닌 국가로 볼 수 있으며 당연히 중국어가 아닌 다른 언어와 문자를 사용해 왔다. 티베트 언어는 인도·버마 계통에 해당한다. 존칭어가 발달하고 주+목+술의 어순을 볼 때 한국어와 비슷한 점이 많이 발견되기도 한다영어와 중국어는 보통 주+술+목.

티베트를 이해하는 키워드 1: 달라이 라마와 판첸 라마

티베트의 정치 지도자는 달라이 라마ངའི་ལའི་བླ་མ, Dalai Lama라 불린다사람 이름이 아니라 호칭 이름이다. 이 달라이 라마는 정치적·종교적으로 티베트를 대표하는 직책으로서, 자세한 유래는 뒤에 티베트의 역사에서 다루겠

그림7.2 티베트 불교 순례자들은 한 걸음 옮길 때마다 몸을 완전히 땅에 밀착하는 절을 하면서 사원으로 이동한다(1). 그리고 이러한 티베트 불교의 정신적 지주이자 현재 티베트 독립운동의 지도자인 달라이 라마(2)가 바로 티베트 사람들의 순수한 불심과 번뇌 및 고행을 위로해 주고 있다.

지만 전대의 달라이 라마가 사망하면 윤회 사상에 따라 그다음 대에 다시 다른 사람으로 환생한다고 한다.

　따라서 그 환생한 사람을 찾아 다음 달라이 라마로 모셔 와서 계승하는 작업이 이루어진다. 현재 14대 달라이 라마인 텐진 갓초도 그러한 환생과 탐색 및 옹립擁立 과정을 겪고 즉위하였다. 하지만 불과 다섯 살에 즉위하고 14살 때 인도로 망명하여 현재까지 전 세계를 순회하며 티베트의 독립 지지를 끌어내고 있다. 1989년에는 비폭력 항쟁의 숭고한 정신을 높이 사서 노벨 평화상을 수상하기도 하였다.

　환생한 달라이 라마를 옹립하는 역할을 담당하는 직책은 판첸 라마로서, 티베트 불교의 정신적 지주에 해당한다. 그런데 현재 중국 공산당 정부에서 이 판첸 라마를 달라이 라마 및 망명 정부의 지지와는 별도로 자기들의 '입맛'에 맞는 사람을 독자적으로 임명한 상태이다. 그래서 현 14대 달라이 라마는 자신을 마지막으로 더 환생하지 않고 열반에 오르겠다고 선언하였다따지지 말고 그냥 받아들이자.

이런 걸로 볼 때, 달라이 라마는 물질적이거나 육체적인 대상이 아니라 정신적이고 신앙적인 존재로 인식되어야 하는 진정한 종교적 수장이자 모든 국민의 영적 지도자에 해당하는 셈이다. 만약 현 14대 달라이 라마께서 입적하신다면 인도의 망명정부는 더는 달라이 라마를 모시지 않고 세속적 지도자를 옹립하여 독립운동을 계속해 나갈 것 같다. 그리고 중국 내 서장자치구에는 어용(?)이나 관제(?) 달라이 라마가 등장해서 티베트의 자치권을 공산당 통치 체제에 맞게 실현해 나가는 괴뢰 정부로 발전해 갈 수도 있다. 마치 몽골이 현재 몽골인민공화국과 중국의 내몽골자치구로 양분된 것처럼 티베트도 그렇게 되는 게 아닐까? 그리고 이게 바로 중국이 노리는 게 아닐까? 참으로 중국다운 고단수 전법이 아닌가 생각된다.

티베트를 이해하는 키워드 2: 티베트 불교

티베트 지역을 개관하는데 달라이 라마와 함께 티베트 불교를 이해하는 것이 필수적이다. 21세기 현재 모든 국민들이 종교적으로 경건하고 그 종교 지도자를 굳건히 믿고, 국가적 통치 이념으로의 종교를 목숨처럼 신봉한다면? 우리나라는 불가능하겠지만 그 반대로 또 가능할 수도 있을 것 같기도 하다. 왜냐하면 우리나라는 중용이 없고 양극단이 희한한 방식으로 상호 공존하는 게 가능한 풍토이기 때문이다이것도 따지지 말고 그냥 받아들이자. 문제는 실천이다. 티베트 사람들은 종교를 단순한 종교 이상으로 받아들여 개개인의 삶의 신조이자 이데올로기

수준까지 생각하기도 한다.

　달라이 라마의 가르침 중에 가장 큰 것이 바로 사원 안과 밖의 삶이 일치해야 한다는 것이다. 산꼭대기 사원까지 순례의 길을 걸을 때 다른 종교들과는 달리 티베트 불교는 온 몸을 완전히 땅에 밀착하는 오체투지五體投地라는 엄청나게 힘든 고행苦行 의식을 한 발자국 걸을 때마다 한번 씩 실천한다. 그리고 이러한 육체적 고행을 통해 정신적 번뇌에서 해방되고 맑은 영혼을 받아들여 불심에 더 가까워질 수 있는 의지를 표현한다. 소박하지만 심오하면서도 숭고하지 않은가? 행복지수 높은 나라 대부분이 종교적으로 경건한 나라이고 GNP와는 별 상관없다는 것이 바로 이러한 고행을 통한 자기 정화가 개개인에게 영적 충만을 가져다주기 때문일 것이다.

2. 티베트의 역사와 문화

달라이 라마 이전의 티베트: 송첸감포 대왕

티베트는 중국의 역사와는 많은 차이가 있으나, 중국 및 중국 주변의 이민족들과 궤적을 같이 하고 상호작용하면서 지금까지 존재해 왔다. 티베트는 그 위치상 세계의 지붕인 히말라야산맥과 밀접한 관련이 있다. 그렇기 때문에 현생 인류가 아프리카에서 기원했다면 구대륙을 점거하는 과정에서 인도를 거치는 시점에 최초의 인구 거주가 이루어졌을 가능성이 높다. 다만 지대가 높고 당시나 지금이나 추위와 산소 부족으로 원활한 삶이 쉽지 않다는 점을 근거로 할 때 인구 밀도는 상당히 낮았을 것으로 보인다. 따라서 선사시대의 고고학적 자료가 특

그림7.3 어느 나라든지 국가적으로 숭배 받고 역사의 상징으로 인정받는 성군聖君이 한 사람씩 있다. 티베트에서 한국의 세종대왕만큼 존경받는 성군은 바로 송첸감포 대왕이다(1). 7세기에 티베트 지역을 통일하였고 중국에서 불교를 받아 들였다. 또한, 당시 세계 제국이던 당나라의 문성공주(2의 붉은 화살표)를 볼모이자 왕비로 받아들여 결혼 동맹을 체결하였다. 문성공주의 이미지는 현재 중국 정부가 티베트의 중국화 관련 프로파간다로 활용하고 있다.

정한 문화권역을 이루었을 정도로 구체적이지는 않다.

    티베트인들은 우리나라의 삼국시대에 해당하는 약 6세기경부터 중국인들이 토번吐蕃이라고 부르는 티베트 제국을 건설하여 지금의 서중국 및 중앙아시아 일대를 평정하였다. 티베트의 33대 군주인 송첸감포ཙོང་བཙན་སྒམ་པོ, 松贊干布 대왕은 600년에 티베트 지역의 군소 국가를 통일해서 대제국을 세우고 중국으로부터 불교를 도입했으며 티베트 문자를 고안해 전제군주로서의 업적을 세웠다. 특히 중국 당나라하고 길항관계拮抗關係, 요즘 말로 '밀당(?)'이라고 부르는 긴장된 관계를 유지해 왔다.

    당시 당나라는 동아시아에서 가장 큰 국가이자 활발한 해상무역 및 실크로드를 통하여 세계화에 성공한 국가였다. 중국 역사서인 『구

제7장 하늘 아래 가장 높은 곳: 티베트의 라싸와 포탈라 궁   **181**

『당서舊唐書』 기록에 의하면 송첸감포 대왕은 634년에 현재 파키스탄에 해당하는 '장중藏中'이라는 지역을 점령하고 강족羌族들을 복속시키면서 당나라의 문성공주文成公主, AD 623~680를 볼모로 데려와 왕비로 삼았다. 볼모로 데려온다는 것은 외교관계에서 국가 간 상호 배신을 하지 않도록 중요 인물을 자기 나라에 데려오는 것으로서, 굴욕적인 외교 관계를 상징한다당나라는 티베트에 뺨 맞고 동쪽의 백제와 고구려에 화풀이하려다가 오히려 고구려와 신라의 콤비블로우 연타 작렬, 6장 참조. 아이러니하게 요즈음은 이러한 굴욕적인 외교관계를 오히려 티베트가 일찍이 중국화를 시도했다는 증거로 갖다 붙이니 참으로 대단하기 짝이 없다.

몽골과의 관계 및 티베트 불교의 전파와 달라이 라마의 등극

당나라 이후에는 칭기즈칸이 일으킨 몽골 제국에서 거리상 가장 가까워 쉽게 침략당하였다. 1240년부터 1354년까지 진행된 몽골 장군 도르다 다르한Doorda Darkhan, 多尔達尔汗의 최초 정벌 이후 티베트는 점차 몽골 제국에 편입되기 시작하였다. 이때 수많은 사찰이 불타고 승려들이 학살을 당하기도 하였다동방의 어느 나라와 비슷하다. 하지만 몽골 제국에 흡수되면서 오히려 몽골에 라마 불교를 전해 주고 파스파 문자를 만들기도 하면서 문화적인 혜택을 베풀기도 하였다. 지금도 몽골에 있는 사찰이나 불교 양식은 이때 티베트에서 전래된 형태이다.

몽골이 중원 지역에 진출해 세운 원나라는 명나라 주원장朱元璋에게 침략을 당하며 몰락하는데, 이때 몽골제국의 힘이 느슨해지며 티베트는 다시 독립국가로 존재한다. 그리고 이 시점을 기해 달라이 라마가 티베트 특유의 정치 지도자로 등장한다.

명나라 건립 후 초원으로 후퇴한 몽골족 일파의 군주인 알탄 칸Altan Khan, 阿勒坦汗, AD 1507~1582이 1569년에 티베트 불교의 고승인 소남 갓초Sonam Gyatso, 索南嘉措, AD 1543~1588를 초청하면서 양국 간에 정치적인 교류가 무르익는다. 이빨 빠지고 중원 지역을 잃은 퇴물 국가가 이제 과거의 식민지 국가를 정식 독립국으로 인정하고 동등한 자격으로 교류하게 된 것이다.

당시 티베트에는 달라이 라마라는 직위가 없었고 왕이 따로 존재하였다. 알탄 칸은 원나라 시조인 쿠빌라이 칸의 환생이라고 소남 갓초가 점지해 주었으며, 소남 갓초는 알탄 칸이 티베트 불교의 원조이자 쿠빌라이 칸의 스승인 초갈 팍파Chögyal Phagpa의 환생이라고 답해 주었다둘이 주거니 받거니 잘들 논다.

따라서 두 나라에서 과거의 위대한 인물이 현재 환생하였다고 공치사를 교환하면서 알탄 칸과 소남 갓초는 각자의 나라에서 권력과 명분을 갖추게 된다. 알탄 칸은 소남 갓초에게 달라이 라마라는 호칭을 최초로 부여하였다AD 1578. 달라이Dalai라는 말은 몽골어로서 티베트어인 갓초Gyatso와 같은 뜻이고 모두 넓은 바다를 의미한다몽골과 티베트에 바다가 있었나?. 라마lama는 티베트어로 선생을 의미한다. 두 나라말의 뜻을 직역하면 '바다와 같이 넓은 스승'을 얘기한다. 그리고 알탄 칸은 이미 승하한 선임 승려 2인에게 달라이 라마 호칭을 사후 소급 적용해 소남 갓초는 공식적으로 3대 달라이 라마가 된다. 이 3대 달라이 라마는 1570년에 티베트 왕이 사망한 후 징지적 실권까지 장악하면서 지금까지 티베트의 통치 체제를 다지게 된다.

중앙아시아 칸국 및 청나라와의 연합

이후 달라이 라마는 지속적으로 환생하면서 다시 태어난다는, 허구라

그림7.4 티베트에서 달라이 라마가 종교 지도자를 넘어 세속적 군주로 자리 잡게 만든 인물들. 원나라 이후 지금의 내몽골 지역에 새롭게 자리 잡은 몽골족의 지도자인 알탄 칸(1)은 티베트의 켈루그파 불교를 받아들이면서 그 종파의 종교 지도자인 소남 갓초(2)와 긴밀히 교분하였고, 결국 그를 티베트의 지도자로 인정하면서 두 사람의 원-원 계약이 이루어진다. 티베트는 그 후 5대 달라이 라마인 로짱 갓초(3) 때 다시 한번 중흥기를 맞이한다.

고 쓰고 믿음이라 읽는 현실이 전 티베트에 확산한다. 이는 달라이 라마를 티베트의 궁극적인 지도자이자 영원불멸의 통치자로서 지극히 섬기게 되는 배경이 된다. 이런 상황의 티베트는 지도자가 정신줄 놓으면(?) 나라가 엉망이 될 수도 있는 위험한 통치 체제라 볼 수 있다. 하지만 적어도 역대 12명의 달라이 라마는 사후 등극한 2인 제외하고 모두 다 국운과는 무관하게 종교적으로 경건하고 영적으로 무결하고 지적으로 현명한 성군들이었다.

특히 5대 달라이 라마인 로짱 갓초 Ngawang Lobsang Gyatso, 洛桑嘉措는

본격적으로 티베트를 다시 송첸감포 대왕 시절의 수준으로 이끈다. 그는 중앙아시아 인근의 몽골계 칸국Khanate들인 호쇼트Khoshut, Хошууд, 和碩特와 준가르Dzungar, Зүүнгар, 準噶爾들의 개입을 현명한 외교 정책으로 연합하다가 떨구면서 티베트 지역을 재통일한다. 그리고 티베트 불교를 기반으로 유럽 문명과 활발한 교류를 통해 서방 지역에 티베트의 국가 존립을 인식시켰다.

하지만 얼마 후 만주족의 중원 진출로 청나라가 건립되자 티베트 지역도 영향을 받게 된다. 당시 티베트와 연합하던 중앙아시아의 집단은 준가르였다. 준가르는 오이라트 계통의 유목민으로서 누르하치가 세운 청나라와 맞붙어도 밀리지 않을 정도의 강력한 유목 제국이었다. 특히 준가르의 군주인 갈단Galdan, Галдан, 噶爾丹은 달라이 라마인 로짱 갓초의 후원을 받으면서 지금의 카자흐스탄과 우즈베키스탄 및 타림 분지까지 진출하면서 청나라와 대치한다.

청나라의 강희제康熙帝는 준가르가 점점 동쪽으로 점령하는 것을 기다리면서 정벌의 명분을 쌓은 후 본격적으로 원정해서 갈단의 준가르군을 물리쳤다. 티베트는 그러는 와중에 갈단과 동맹을 손절(?)하고 준가르에서 쿠데타를 일으킨 갈단의 조카를 지지하는 6대 달라이 라마를 옹립한다. 하지만 갈단도 만만치 않아서 6대 달라이 라마를 축출하고 친 준가르계열의 새로운 달라이 라마를 옹립하였다.

티베트는 이때부터 청나라 조정에 붙어서 공식적으로 환생한 7대 달라이 라마를 청나라의 도움으로 새롭게 옹립한다잔머리 대마왕. 그리고 강희제姜熙齊와 건륭제乾隆帝라는 청나라 최강 투탑 군주의 강건성세康乾盛世 동안 준가르는 멸망하고 티베트는 본격적으로 청나라의 비호를 받으면서 자치령으로 자리 잡게 되었다. 의리보다는 실리를 채택한 제정일치 국가의 엄연한 자력갱생 책략의 승리인 셈이다.

제국주의 및 중화민국 시기의 티베트와 중국화 과정

20세기 들어 당시 13대 달라이 라마인 툽텐 갓초Thubten Gyatso, 土登嘉措는 인도 주둔 영국군이 티베트에 진출하자 몽골과 인도 등지로 망명하였고 청나라는 티베트의 지배권을 서양 열강에 허락하지 않도록 군대를 파견해서 새롭게 영토 점령의 명분을 다졌다. 하지만 1912년 중국의 신해혁명으로 청나라는 멸망하였다. 이를 틈 타 툽텐 갓초는 티베트 수도 라싸에 머물던 청과 중화민국의 잔재 세력들을 몰아내고 인근의 인도, 네팔, 그리고 영국과의 돈독한 외교 관계를 수립하여 티베트의 탈 중국 독립을 선언하였다1913년.

독립 이후 툽텐 갓초는 티베트의 근대화를 독자적으로 이루어 나가기 시작하였다. 하지만 공교롭게도 중화민국은 이전의 청나라가 한참 부풀려 놓은 중국 영토를 고스란히 차지하는 게 원칙이었다. 따라서 티베트도 중국 영토에 불과하다는 개념이 만주족을 몰아낸 한족 정권의 뇌리에 박혀있었다. 중일전쟁과 국공내전을 겪으면서 중국이 완전히 공산화되고 마오쩌둥 체제로 바뀌자 티베트는 본격적으로 중국의 영토화 대상이 되었다.

1950년 10월에 중국 공산당은 참도전투Battle of Chamdo, 참도는 지금 티베트의 동쪽 지방를 통해 티베트를 중국 영토로 강제 편입시킨다그리고 두 달 남짓 있다가 한국에도 파병한다. 중국 입장에서는 티베트를 점령하는 것은 참도 지역을 해방하는 업적이라 해서 '해방참도解放昌都'라는 단어를 사용하고 있다. 그 결과 티베트의 동쪽 지역은 중국의 여러 성에 분할 편입시키고 서남쪽은 서장자치구라 이름 지어서 현재에 이르고 있다.

그림7.5 현재 티베트 지역의 영토 및 중국에 포함되어 자치구로 존재하는 티베트의 현황. 원래 티베트는 크게 세 개의 지역으로 나뉜다(1). 하지만 중국에 편입된 이후 중국 정부는 티베트를 5개의 지구로 나눠서 북쪽은 기존의 칭하이청해성에 편입되고 동쪽은 쓰촨사천성, 그리고 동북쪽과 동남쪽에는 간쑤감숙성과 윈난운남성이 알박기 형식으로 행정구역을 설치하였다. 현재 티베트자치구는 기존 티베트의 우짱 지역과 깜 지역 일부만 해당한다(2).

1959년 티베트에서는 중국의 공산화 통치에 항거하는 대규모 무장봉기가 일어났다. 이 와중에 현 달라이 라마인 14대 텐진 갓초가 인도로 망명하였다. 그리고 망명 정부를 수립하면서 현재까지 비폭력 독립운동을 해외에서 진행하고 있다. 그 와중에 중국의 서장자치구에서는 문화대혁명 기간1966-1976동안 기간 대부분의 티베트 불교 유적이 파괴되고 소실되거나 약탈당하였다. 또한 서장자치구에는 한족 출신 중국인들이 대거 유입되면서 '티베트다운' 분위기도 점점 중국화되어 가고 있다.

바로 이렇게 구렁이 담 넘어가듯이 슬그머니 진행되는 문화적 찬탈과 점령이 중국의 고유한 소수 민족 정책이기도 하다. 현재 티베트는 국제적으로 중국의 땅으로 인정되고 있다. 따라서 티베트의 세계문화유산도 중국에 귀속된다.

3. 티베트의 수도 라싸와 포탈라 궁

라싸의 지리적 경관

티베트의 역사적 고도인 라싸Lhasa, 拉萨는 현재 중국 서장자치구의 수도이다. 히말라야산맥 끝자락에 위치한 도시로서 고도가 매우 높고3,656m 아직 전통적인 생활 습관이 유지되고 있기 때문에 방문을 하려면 고산병과 관절 질환에 대한 대비가 필요하다. 또한 중국에서 직접 진입이 쉽지 않고단독 자유 여행은 불가능 중국 비자 이외에 여행 허가증이 따로 필요하다. 매년 3월 전후에는 이러한 여행 허가증도 발급하지 않는데, 그 이유는 중국의 전국인민대회가 열리는 동안은 외국인들의 출입이 금지되기 때문이다뭔가 켕기긴 하나 보네.

라싸는 송첸감포 대왕이 최초로 도읍한 티베트吐蕃 왕국의 수도로써, 그 후 꾸준히 티베트의 중심지로 자리 잡아 왔다. 라싸는 티베트어로 '신의 거처ལྷ་ས་'라는 뜻이 있다. 17세기 로짱 갓초 시기부터 티베트 지역의 본격적인 종교와 행정의 중심지로서 자리를 잡는다.

라싸에서 가장 유명한 랜드마크는 포탈라 궁ཕོ་བྲང་, 布达拉宫이며, 그 이외에도 조캉 사원 및 노르블링카 궁과 같은 문화유산들이 있다. 이 건물들은 라싸 강이 흐르는 넓은 분지 계곡 내에 위치하는데, 라싸 시에서 평균 고도가 낮은 편에 해당하지만 그래도 무려 3,490m에 달한다. 이곳은 서늘하고 건조한 고산 기후로서 혹한기의 겨울이 특징적이다. 따라서 우리가 상상할 수 있는 정상적인 농경은 불가능하고, 한파에 강한 보리가 대부분 소량으로 재배된다.

티베트의 대표적인 1차산업은 야크Yak, 히말라야 및 중앙아시아에 거주하는 들소의 일종, 그림7.1 참조 목축이나 산 위에 있는 염호로부터 만들어지는 제염업製鹽業이 해당한다. 당연히 티베트족이 가장 대표적인 거주 민족이지만 몽골 및 중앙아시아의 소국들과 역사적으로 교류하면서 다양한 민족들이 함께 거주하는 지역으로 발전하였다. 최근에는 중국 정부의 적극적인 중국화 정책에 따라 한족의 유입이 활발해지며 중국어와 한자도 널리 보편화됐다.

포탈라 궁의 제원 및 내부 구조

포탈라 궁은 1994년에 유네스코 세계문화유산에 등재됐다. 포탈라 사원궁은 송첸감포 대왕이 최초로 세웠던 궁전을 꾸준히 개축하면서 현재의 형태로 남게 되었다. 가장 대표적인 개축이 5대 달라이 라마인 로짱 갓초 대에 이루어졌는데, 현재 우리가 보고 있는 포탈라 궁은 바로 이때를 기점으로 형성되어 왔다.

1959년 라싸 무장봉기 운동 때 일부 훼손되긴 했으나 아직 원형을 거의 보존하고 있다. 그러나 1963년부터 시작해서 문화대혁명 시기

  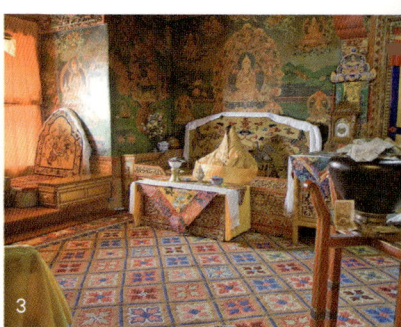

그림7.6 티베트의 대표적 문화유산인 포탈라 궁의 전경. 아랫 부분은 하얀색으로 달라이 라마의 공간이고 윗 부분의 붉은색은 불교의 도량道場에 해당한다(1). 전형적인 티베트 라마 불교의 형태와 중국의 건축 양식이 함께 나타나는 지붕의 모습(2). 포탈라 궁에는 달라이 라마의 집무실과 침실(3)이 지금 망명 중인 집주인을 기다리고 있다.

를 거치는 동안 저우언라이의 개입에 의해 약 100,000여 점에 달하는 명문銘文, 문서와 기타 예술 작품 등이 훼손되거나 중국 본토로 유입됐다 자기네 땅의 진시황릉은 가만 내버려 두라고 지시해 놓았거늘…….

포탈라 궁은 건물 면적과 정원, 후원을 모두 포함하면 약 36만 m²에 달한다. 동서의 길이는 360m, 남북은 270m, 높이는 117m로서 총 13층으로 구성된 초거대 탑의 형태로 볼 수 있다. 이 건물은 아시아에서 가장 큰 규모로, 당시 몽골제국의 비호를 받으면서 불교 종사宗師 국가로 존재해 온 티베트 왕국의 위상과 경제력을 어느 정도 짐작할 수 있다. 현대에도 어느 지역에서 무슨 신흥 종교 하나가 등장하면 엄청나게 많은 신도가 집결하고 헌금이 수령되고 대형 건물이 지어지고 경관이 대폭 변경되는 것을 볼 수 있다. 비슷한 이치로 당시 티베트 불교에서 기원한 라마 불교가 어느 규모로 세력을 과시했는지 알 수 있다.

포탈라 궁에서 외부의 낮은 지대에 위치하는 하얀 부분을 포트랑 까르포白宮라고 부른다. 이 포트랑 까르포는 5대 달라이 라마인 로짱 갓초 시기부터 거주하던 공간으로서, 전적으로 달라이 라마를 위한 개인 공간이다. 여기에는 집무실, 관사, 명상실, 강연실 등이 있다.

반면 내부의 상대적으로 높은 지대에 있는 포트랑 마르포紅宮는 붉은색으로 칠해져 있다. 이곳은 달라이 라마 이외에 포탈라 궁에 거주하는 승려들의 불교 수행 및 수련 공간으로서, 엄밀히 따지면 불교 도량道場에 해당한다. 따라서 그 공간은 각기 다른 강당과 장서각 및 법당으로 구성되어 있다.

조캉 사원과 노르블링카 궁

2000년과 2001년에는 또 다른 불교 사원인 조캉ཇོ་ཁང་, Jokhang, 大昭寺 사원과 인근의 노르블링카ནོར་བུ་གླིང་ཁ་, Norbulingka, 羅布林卡 궁도 추가로 세계문화유산에 확장 등재되었다. 따라서 현재 티베트의 세계문화유산은 라싸 시내의 포탈라 궁과 조캉 사원, 노르블링카 궁을 모두 포함하고 있다.

조캉 사원은 현재 불교 신도들의 순례지로 유명한 빡호르Barkhor 광장에 위치하며 티베트의 불교 성지중 가장 중요한 곳이다. 이곳도 송첸감포 대왕이 건립하였는데, 두 왕비인 당나라의 문성공주와 네팔 출신의 브리쿠티Bhrikuti 왕비를 기리기 위해 만들어졌다고 한다그림7.3의 왼쪽 조각상.

노르블링카 궁은 1755년에 7대 달라이 라마에 의해 지어진 여름 궁전으로서, 라싸의 서쪽 지역에 있으며 포탈라 궁의 서남쪽에 별궁 형태로 존재한다. 여기서는 매년 8월에 쇼둔ཞོ་སྟོན་, Sho Dun, 雪頓節이라는 대규모의 요구르트 축제가 열리는데, 달라이 라마의 여름 궁전답게 분수대, 수영장과 아름다운 정원이 유명하다. 7대부터 현재 망명

그림7.7 티베트 라싸의 가장 번화한 지구인 빡호르 광장에 위치하는 조캉 사원(1)과 달라이 라마의 여름 궁전인 노르블링카 궁(2). 금으로 장식된 지붕은 티베트의 독특한 건축 형태이기도 하다.

중인 14대 달라이 라마까지 여기에 거주했다.

4. 부활과 환생, 그리고 독립을 위한 염원
: 라싸와 포탈라 궁이 가지는 역사적 의미

하늘 아래 가장 높은 곳은 히말라야산맥 일대이다. 일찍이 험한 지형으로 인식되어 사람들에게 잊히거나 버려진 땅으로 생각해 오곤 했다. 하지만 그곳에도 사람이 살고 있었고, 또 당시 세계 최대의 인구 집결지인 중국 당나라와 대등한 자격으로 외교 관계를 유지하던 티베트 왕국이 있었다.

왕국의 수도인 라싸와, 왕궁이었던 포탈라 궁은 그러한 티베트 왕국의 흔적을 지금 21세기에 우리에게 가감 없이 보여주고 있다. 그들은 달라이 라마라는 독특한 제정일치의 수장을 불교의 윤회사상에 입각한 환생설에 근거해서 대를 이어 모셔왔다. 불심을 유지하면서도 때로는 세속적으로 영리한 외교 책략을 발휘해 주변의 다양한 중앙아시아 족속들과 대립 및 융합하고 중국의 한족과 팽팽하게 맞서 오기도 하였다. 그리고 독립과 중국의 식민지 과정을 반복해 오면서 꾸준히 존속해 왔다. 지금은 중국 내 소수민족 아닌 소수민족으로서 식민지의 설움을 안고, 영토는 있지만 나라는 없고 수장도 망명 중인 불완전 국가로 과거의 영화를 간직한 채 존재하고 있다.

하지만 그들은 좌절하지 않고 있다. 티베트 불교라는 독자적이고 독특한 교리의 불교를 모든 국민이 몸소 실천하면서 독립의 꿈을 꾸고 있다. 그들이 섬기는 달라이 라마처럼 티베트도 세상이 끝날 때까지 어떤 방식이든지 환생하고 다시 살아날 것으로 믿고 있다.

티베트는 아시아에서 독립적인 지역권 설정이 가능한 문화적 특성을 보인다. 국가 이데올로기로서 티베트 불교, 중국의 한자와 전혀 다른 티베트 문자 및 그들만의 고유한 농경·목축 문화를 기반으로 한 전통적인 생활 방식 등이 그것을 말해 준다. 무엇보다 고산 지형에 익숙한 생활과 척박한 생활에서 자연스럽게 파생한 안심입명적인 소박한 문화를 볼 때 티베트라는 지역은 현재 중국에 귀속되어 있더라도 그 독자성은 계속될 것이 분명하다.

라싸와 포탈라 궁으로 대표되는 티베트의 문화유산은 다수 민족에 의해 쓰이고 해석된 소수민족의 역사와 문화를 상징한다. 우리는 항상 다수의 시각으로만 모든 것을 파악해왔다. 그리고 다수의 시각을 억지로 받아들이면서 다수에 속하는 안정감과 지배감을 스스로 누리려고만 해 왔다. 물론 이 책은 다수로 대표되는 어떤 특정 정치적인 입장을 표명하고자 쓰인 것은 아니다. 그렇다고 언더독Underdog 효과에 근거해 소수는 무조건 선하고 올바르고 옹호받아야 된다고 주장하는 것도 아니다. 과거와 현재를 비교할 때 절대적이고 영구적인 다수나 주류는 없었고 지금의 소수나 비주류도 다 그만큼의 가치와 의미가 있다는 것을 재삼 강조하고 싶다.

티베트의 독자적인 역사와 문화적 배경은 지금 투철한 독립 의지의 근거로 국제사회에 받아들여지고 있다. 특히 매스컴과 자유로운 의사 표현이 훨씬 더 정교하고 구체화하는 21세기에, 우직하게 비폭력적이고 평화적인 방법으로 독립을 추구하는 티베트인들의 염원은 단순한 이상理想으로 끝나는 게 아니라 언젠가는 현실로 그들에게 다가올 것이다.

이 책에서는 티베트의 문화유산을 중국의 관점에서 바라볼 수 밖에 없었다. 그러나 개별 문화의 다양성 및 상호공존의 측면에서 볼 때 티베트가 단지 현대 국가의 한 단위로 이해되기보다는 국가보다 더 뿌리 깊고 선명한 문화와 전통의 매체로 이해되는 것이 절실하다. 그런 의미에서 티베트 문화의 가치는 이제부터 새롭게 재조명될 필요가 있다.

1 한국, 북한, 중국, 일본 편

Heritage, Culture and World

유산, 문화, 그리고 세계
유네스코 세계문화유산 탐방
UNESCO World Heritage

제4부

일본의
세계문화유산

1 한국, 북한, 중국, 일본 편

Heritage, Culture and World
유산, 문화, 그리고 세계
유네스코 세계문화유산 탐방
UNESCO World Heritage

제8장 스펀지처럼 대륙 문화를 빨아들이다
: 일본의 고도 나라奈良

1. 일본의 아스카/나라 시대의 개관

일본의 고유 정신

지금까지 우리나라와 중국의 고대 역사에 대해 세계문화유산을 중심으로 살펴보았다. 중국은 자체적으로 기원한 대륙 내 지역 문화가 꽤 이른 시기에 상호작용하면서 기원전 200년경에 중원 지역을 중심으로 통일 국가를 이룬다. 우리나라는 이보다 좀 늦지만, 기원전에 이미 고구려, 백제, 신라라는 국가가 기틀을 잡기 시작하고 7세기경에 삼국 통일을 이루면서 외부 세력을 한반도에서 축출하는 독립국가를 만든다.

　일본은 어떨까? 일본의 고대에는 우리가 생각하는 활발한 전쟁이나 정복과 같은 상황이 기록상에서 좀처럼 나타나지 않는다. 하지만 일본의 고대를 관통하는 시대정신이 하나 있으니, 그건 바로 대륙중국과 우리나라 포함의 문물을 능동적이고 적극적으로 받아들이되 그들에게 자신의 열도列島, '한반도'라는 단어와 마찬가지로 '일본열도'는 거의 관용어로 쓰인다를 결코 부속품이나 속국으로 허용하지 않는다는 것이다.

일본인과 대륙 콤플렉스

일본은 우리나라와 마찬가지로 구석기시대부터 인간이 거주해 왔다. 하지만 구석기시대의 개시 연대는 대륙에 비해 한참 늦어서, 50만 년이나 100만 년과 같이 오래된 연대의 물질 자료는 드러나지 않는다.

1999년에는 이러한 구석기 유물의 연대와 기술적 수준을 올려 보려는 희대의 사기극이 적발되면서 일본 고고학계의 국제적인 신뢰도를 크게 위협하기도 하였다.

이 스캔들은 일본열도의 인류 거주사를 대륙과 비교할 때 시기적으로나 문화적으로나 결코 수동적이고 뒤처지지 않았다는 것을 입증하려는 무리한 노력의 결과라 볼 수 있다. 그래서 일제강점기 시절, 우리나라가 일찍이 한사군을 통해 중국에 지배당했기 때문에 당시 일본제국의 식민지를 겪는 것은 역사적으로 당연하다는 얼토당토않은 논리가 가능했던 것이다어머, 제대로 미쳤나 봐?.

일본은 대륙의 역사만큼 일본열도의 역사도 수준과 깊이가 있어야만 한다고 생각하는 강박관념에 사로잡혀 있다. 우리는 그런 강박관념에 쓸데없이 부화뇌동附和雷同할 필요 없다. 그냥 가련하고 애처롭게 봐주면 되는 거다되지도 않는 역사 왜곡에 열 받으면 지는 거다.

왜인倭人, 야마토大和 민족, 그리고 와和

우리나라의 민족은 한민족으로 불리고 과거에는 배달민족이라는 용어도 사용되었다. 일본의 민족은 야마토 민족大和民族이라 불린다. 원래 야마토는 '왜倭'를 뜻하는 말이었다. 참고로 일본을 뜻하는 글자인 '倭'는 쌀禾을 재배하고 여자女를 우두머리로 모시는 사람들人을 일컫는 뜻이었다고 한다글쎄⋯⋯.. 다만 '倭'의 한자 뜻인 키 작고 왜소하다는 의미하고는 전혀 관련이 없다.

야마토라는 단어는 고대 일본을 이해하는데 상당히 중요한 개념이고 지금까지도 일본의 역사 및 민족을 논할 때 빈번하게 등장한다. 중국을 극도로 요약해서 나타내는 한 글자가 화華라면 일본은 전혀 다른 의미를 가지는 화和이다. 예를 들면 우리나라에서는 일본 음식을 일식, 중국 음식을 중식이라고 각각의 국명을 접두어로 쓰지만, 일본에서는 각각 와쇼쿠和食와 추우카中華로 한다. 그만큼 화和, 일본어로 '와'는 일본을 이해하는 키워드이기도 하다.

　야마토 족속들이 일본열도 내에서 활발하게 확산하기 시작하는 시기는 대략 4세기경이다. 그 이전 시기는 일본의 청동기·철기시대라 볼 수 있는 야요이彌生 시대로서 대략 기원전 300년지금은 더 올려 보기도 한다부터 시작되며 기원후 250년까지 지속된다. 야요이 시대 당시 한반도 청동기시대의 고유한 문화적 요소인2장 참조 고인돌 및 청동기, 그리고 쌀농사 기법이 일본열도로 전파되었고 현재 일본 문화의 물질적 토대를 마련하는 데 큰 역할을 하였다.

그림8.1　일본 야요이 시대의 생활상과 유물들. 야요이 시대의 사람들은 지금 우리가 알고 있는 원시인과 큰 차이가 없다(1). 하지만 청동을 사용하여 동탁銅鐸, '통닭'이 아니다이라 불리는 거대한 방울을 만들기도 하였고(2), 습기 찬 대지로부터 곡물을 보호하기 위해 바닥이 지면에서 높게 상승한 고상식高床式 건물이 발달하기도 하였다(3).

야요이 시대가 끝나고 야마토 족속은 본격적으로 거대한 무덤을 축조하였다. 앞의 2장인 한국의 고인돌 부분에서 살펴보았듯이 이렇게 거대한 무덤은 다수의 노동 인력과 고유한 축조 기술을 필요로 하므로 아마도 왕이나 권력의 정점에 있는 수장首長이 이 시기부터 존재했을 가능성이 높다. 일본 고고학에서 이 시기는 고훈古墳 시대AD 250~538라 부르며, 일본이 국가의 기틀을 잡아가는 시기로 인식되고 있다.

고훈 시대 고분의 형태는 열쇠 구멍처럼 앞부분이 사다리꼴에 가까운 사각형이고 뒷부분이 둥근 형태로서 흔히 전방후원분前方後圓墳이라고 불린다. 이러한 고분 형태는 한국 전라남도에서도 발견되기 때문에 일본 학계 일부에서는 소위 임나일본부任那日本部, 임나는 일본에서 부르는 가야의 호칭라 불리는 정치체가 한반도의 가야에 진출하거나 아예 한반도의 전라도 일부를 지배하기도 했다는 주장도 등장하고 있다아야, 시방 그게 먼 소리다냐? 주댕이 확 조사불라.

야마타이국과 야마토 정권

야요이 시대부터 고훈 시대에는 야마타이국邪馬台国이라는 정치체가 일본의 서남부에 있었다. 이 야마타이국은 여왕 혹은 무당shaman인 히미코卑弥呼가 다스렸으며, 일찍이 중국당시는 후한 삼국 중 하나인 위나라에 조공하기도 했다는 기록이 삼국지 위서 동이전에 나온다. 삼국사기에는 초기 신라의 아달라阿達羅 이사금尼師今을 알현하기도 했다고 기록되어 있다AD 173.

문제는 히미코의 실체가 과연 중국에 조공한 진정한 왕이냐는 것이다. 이때 즈음에 일본의 최초 왕권에 해당하는 야마토 정권이 등장

한다. 야마토 정권은 나라 시대 이전까지 일본의 규슈와 세토나이카이瀬戸内海, 혼슈 남부와 시코쿠섬 사이의 좁은 해안 지대 일대에서 정치적 영향력을 행사하던 정치체이다. 이게 바로 중국 및 한국에서 등장하는 왜국倭國, わこく의 개념이고, 한반도 삼국시대에 백제 및 신라 등과 활발하게 교역하던 당시 일본의 국가라고 보면 된다.

사실 야마토 정권이 히미코의 야마타이국과 동일한 계통인지는 아직 불분명하다. 히미코는 중국과 한국의 사서에는 등장하지만 나라 시대에 쓰인 『일본서기日本書紀』와 『고사기古事記』에는 등장하지 않는다. 일본 고대 기록에는 최초의 천황인 진무神武, BC 660~585 재위가 엄

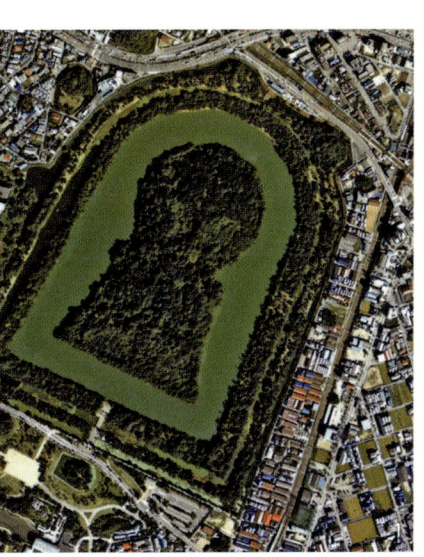

그림8.2 일본에서 가장 큰 전방후원분인 오사카현 사카이堺 시에 있는 다이센료大仙陵 고분(1)과 같은 시기에 중국과 일본에 칭신한 일본 야마타이국의 히미코 여왕 동상(2). 히미코는 일본 사람들이 신화적인 인물로만 생각하고 있을 뿐, 실제 당시에는 천황이 엄연히 존재한다고 믿는다. 진무 천황은 일본 최초의 천황으로서 태양신인 아마테라스天照大神의 후손이다(3). 시대가 시대인 만큼 지금의 천황 복장과는 전혀 달리, 마치 로빈 후드와 같은 산적 두목의 포스가 물씬 풍긴다.

연히 존재한다. 당시 기준에 천황도 아닌 일개 여자 무당이 나라를 대표한답시고 중국과 한반도에 알아서 굽실거리는 내용을 뭐가 자랑이라고 일일이 적었을까 생각해 볼 수 있다 사실이더라도 일부러 안 적었을 게 뻔하다. 당시 일본에는 고쿠國, こく라 불리던 여러 정치체가 있었고, 그들 중 하나를 대표해서 히미코가 다른 고쿠보다 먼저 중국과 한반도에 알아서 머리를 조아렸다는 기록으로만 받아들이면 될 것 같다.

물론 여기서 '고쿠'라는 개념은 좋게 말하면 도시국가 혹은 그런 국가의 연맹체이고, 가치중립적으로 말하면 이전 장에서 반복적으로 말했듯이 '깡패' 집단의 본거지와 같다고 보면 된다 그렇다고 일본식으로 '고쿠'가 '야쿠자'의 본거지라는 것은 아니다. 야마토 정권은 비슷한 시기 한반도 고조선 아래 있던 진국辰國과 마찬가지로 느슨한 연맹을 가진 다양한 고쿠들로 구성되어 있었을 것이다. 야마토 정권의 중심지는 지금의 기나이畿內 지역에 위치하는 나라현에 해당한다. 역사적으로 야마토 정권은 초창기인 고훈 시대와 후대인 아스카飛鳥 시대AD 538~710로 나눌 수 있다.

아스카 시대 개관

아스카 시대 당시 한반도는 삼국끼리 항쟁하던 혼란기였고, 야마토 정권은 알토란 같던 한반도 삼국의 문화를 받아들여 지금 우리가 접할 수 있는 대부분의 일본 고유 문물을 완성하던 때이다 일본은 예나 최근이나 우리나라에서 꼭 무슨 전쟁이 일어나면 그걸 계기로 괄목하게 성장하고 잘 나간다.

아스카 시대에는 일본의 천황이 불교를 받아들이고 중국의 한자를 기반으로 현재 사용하고 있는 일본 고유 문자인 가나仮名, かな가 창제되기도 하였다. 특히 일본 최초의 절인 아스카데라飛鳥寺는 백제에서 설

그림8.3 일본은 역사적으로 천황은 건들지 않는 대신 다양한 외척과 독자적인 세력 집단이 득세해 왔고, 거의 왕이나 다름없는 쇼군이 그 결정체이다. 일본 최초의 세도가라 볼 수 있는 아스카 시대의 소가 씨는 불교를 숭배하면서 천황의 생명까지 좌지우지했던 강력한 가문이었다 물론 나중에 그 대가를 톡톡히 치르기는 한다. 일본 최초의 수상이라 할 수 있는 오오미使主 자리에 오른 소가노 이나메蘇我稲目의 아들인 소가노 우마코蘇我馬子가 세운 일본 최초의 절인 아스카데라飛鳥寺

계도를 가져와 만들었는데, 지붕의 형태나 전통적인 가람배치伽藍配置, 절의 건물 배치 양식에서 당시 한반도의 절과 흡사한 양식을 보여준다그림 8.3.

아스카 시대는 본격적으로 천황이 지배하던 시기지만 실제로는 통일되지 않은 고쿠들이 다양하게 난립하고 있었고 그들 중 대표적인 가문이 황실에서 세력을 형성하였다. 고훈 시대부터 유서 깊은 가문인 모노노베 씨物部氏 집단은 전통적인 가치관과 신토神道에 기반을 둔 무속 신앙을 옹호하였다. 하지만 백제 출신 도래인으로 생각되는 소가 씨蘇我氏 집단은 불교를 지지하였으며, 천황과 혼인 관계를 맺어 외척을 형성하고, 함부로 천황을 옹립하거나 암살까지 할 정도로 막강한 권력을 형성해 왔다불교를 지지한다면서 왕을 죽여?.

결국 소가 씨 집단은 모노노베 씨 집단과 세력 다툼을 벌여 씨를 말리고 천황 황실을 중심으로 불교의 배후 집단으로 등장하였다. 소가 씨 집단은 최초의 여성 천황인 스이코推古, 33대를 옹립하고 막강한 권력을 휘둘렀다. 그러는 와중에 스이코의 조카인 쇼토쿠 태자聖德太子가 소가 씨 집단을 대표하여 섭정하게 된다.

쇼토쿠 태자, 그리고 다이카 개신

쇼토쿠 태자는 한반도의 삼국 중 고구려와 백제를 적극적으로 추종하고 선진 문물을 받아들이는 데 몰두한 일본 황실의 대륙 문물 수입 실무 책임자이자 콘텐츠 전문 브로커이다. 일찍이 백제의 혜총, 고구려의 혜자와 같은 승려를 우대하여 초창기 불교의 기틀을 마련하였고 오사카의 시텐노지四天王寺와 나라의 호류지法隆寺를 건설하였다.

쇼토쿠 태자는 한반도보다 더 큰 대륙의 문물을 받아들이기 위해 당시 천하를 통일한 수나라 양제에게 직접 견수사遣隋使를 파견하였다. 또한 외척과 세력 가문에게 흔들리던 천황의 권한과 중앙집권을 대폭 강화하기 위해 율령 체제를 마련하고 관직의 등급을 12개로 정하기도 하였다. 이러한 쇼토쿠 태자의 업적은 차후 다이카 개신大化の改新을 거치면서 일본의 왕권물론 외척이 득세하기는 하지만이 강화되고 불교가 융흥하는 사회 변동으로 이어진다.

다이카 개신은 645년에 황족이 직접 손에 피를 묻힌 을사의 변乙巳の變, いっしのへん 사건을 배경으로 한다. 두 번째 여성 천황인 고교쿠皇極, 35대 당시 황실에서 국정을 담당하던 소가 씨 가문의 소가노 이루카蘇

我入鹿는 쇼토쿠 태자 계열의 가신들을 모두 제거하고 자신의 사촌을 차기 천황으로 만들려는 음모를 꾸몄다. 그러자 또 다른 가문 출신인 나카토미노 가마타리中臣鎌足는 고교쿠 천황의 아들인 나카노오에中大兄 황자皇子와 비밀리에 결사해서 소가노 이루카를 살해하였다. 그리고 이루카의 아버지인 소가노 에미시蘇我蝦夷는 자살하였다. 순식간에 소가 씨 가문은 몰락하였고, 나카노오에 황자는 자신의 왕위를 외삼촌인 36대 고토쿠孝德 AD 645~654 재위 천황에게 양보하는 형식으로 실권을 장악해 중앙집권 국가로서의 야마토 왕국을 이끌어 간다.

그림8.4 고대 일본국의 기틀을 마련한 쇼토쿠 태자의 초상(1)과 쇼토쿠 대자 이후 소가 가문의 몰락을 끌어낸 을사의 변乙巳之變 묘사도(2). 이 그림은 에도 시대에 그려졌고 후쿠이福井시 단잔신사談山神社에 있다. 살해당한 사람은 소가노 이루카, 목을 치는 사람은 후에 38대 덴지天智 천황이 되는 나카노오에 황자, 활을 들고 있는 사람이 나카토미노 가마타리, 벽 너머의 여자는 당시 천황인 고교쿠 천황이다. 목이 날아가고 피 분수가 용솟음치는 스펙타클한 극적 묘사는 일찌감치 일본에서 유행했고 현대에도 칼부림 '찬바라チャンバラ, 일본 사무라이 영화' 장르에서 지속되고 있다.

다이카 개신은 당시 막 개국한 중국 당나라의 율령제를 도입하고 모든 토지를 국유화하여 황실 재산을 확충하였다. 그리고 수도와 지방 행정 체제 정비 및 호적과 장부 등의 기록물 관리, 조세제도 등을 확립하였다. 이렇게 피비린내 물씬 나는 정변과 개신의 과정을 거치면서 지금의 일본이 마련되는 나라 시대로 접어든다.

나라 시대AD 710~794와 고대왕국의 설립

다이카 개신 이후 43대 천황인 겐메이元明, AD 707~715 재위가 즉위하고 기존의 아스카에서 헤이조쿄平城京로 수도를 옮긴다. 헤이조쿄는 지금의 나라 시에 해당하는데, 아스카와 함께 나라현에 속하기 때문에 지금 기준에서 멀리 떨어진 천도는 아니다. 하지만 이 천도가 중요한 이유는, 바로 일본의 고대왕국이 완성되는 시기이며 당시 가장 잘나가던 세계 제국인 중국 당나라를 충실히 모방하여 일본 고대 문화의 정수인 나라 문화를 창출하였기 때문이다.

나라 시대는 백제로 대표되던 한반도의 문물을 그대로 받아들이기 급급하던 아스카 시대와 달리 본격적으로 '일본스러움'이 독자적으로 생겨나는 시기이다. 일본이 확실히 한국과 다르고 중국과는 더욱 다르다는 것을 느끼게 해 주는 그 무언가가 바로 나라 시대 때 만들어진다고 이해하면 될 것이다.

이 시기는 7명의 천황이 즉위하였고, 85년의 짧은 기간이지만 본격적으로 왕권이 안정되고, 한반도에서 백제나 고구려 유민들이 다량으로 유입되며 인구도 확충되었다. 특히 농경 사회를 기반으로 한 생산력이 강화되면서 다수의 인구 부양 능력이 생겨났다. 따라서 다이카 개신으로 고대왕국의 '워밍업'을 마친 야마토 왕국은 천황을 중심으로 본격적인 단일 국가로 출범하고 국호도 일본으로 바꾼다.

나라 시대는 일본에서 '율령국가시대'라 부른다. 그만큼 법에 근거한 통치 기반이 확립된 시기라 볼 수 있다. 하지만 천황이 즉위하는 방식은 당시 중국과 한반도에 이미 정착한 정실 소생의 장자상속제로 확립되지 않았다. 50대 천황인 간무桓武, AD 781~806 재위는 백제계의 후궁백제 무령왕의 10대손이 낳은 황자였지만 소가 씨 가문이 몰락하고 등극한 후지와라藤原 씨 가문의 후원을 받으며 즉위하였다.

간무는 당시 수도인 헤이조쿄를 떠나 나가오카쿄長岡京로 천도하면서 나라 시대를 마친다AD 784. 하지만 나가오카쿄로 천도한 후 잦은 사고와 불길한 운이 감돈다는 설이 지속되면서 결국은 지금의 교토京都인 헤이안쿄平安京로 재천도를 하면서AD 794 헤이안 시대AD 794~1185를 시작한다. 따라서 나가오카쿄 시절의 10년은 현재 나라 시대에 포함하고 있다.

'일본'이라는 국호와 백제의 역할

국호가 일본으로 바뀌는 과정은 상당히 흥미로운 뒷얘기가 있다. 백제 멸망 당시 당나라에 투항한 예군禰軍이란 사람의 묘지명이 2011년 중국에서 확인되었는데, 여기서 '日本'이라는 국명이 한반도의 백제를 뜻하는 은유적인 표현으로 구사되고 있다. 비슷한 은유적 표현으로 고구려는 풍곡風谷, 신라는 반도盤桃라고 표현하였고, 지금의 일본은 당시나 지금이나 널리 알려진 후소우扶桑, ふそう, 중국 전설에서 해 뜨는 동쪽 끝에 심어진 신성한 뽕나무를 의미라는 용어를 사용하고 있다.

'일본'이라는 한자어가 원래 백제의 또 다른 국명물론 정식 국호는 아니지만이었다면 예군의 묘지명이 쓰이던 678년까지 일본이라는 국호는 지금과 같은 의미로 사용되지 않았을 가능성이 높다. 따라서 백제 출신의 유민이 왜국으로 몰려들면서 지금의 일본 국호를 만드는 데 영감을 주었든 아니면 영향을 미쳤던 중요한 역할을 담당했던 것으로 파악할 수 있다.

여기서 가능한 시나리오로서, 백제의 유민들은 당시 바다 건너에 있던 야마토국 혹은 왜국으로 대거 이주하였고, 국가가 멸망한 상태에서 자신을 칭할 때 백제라는 망국의 국호를 쓰지 않고 대신 일본이라는 문어文語적이고 비유적인 호칭을 썼을 것이다. 그러다가 당시 야마토 정권의 중앙 정부에 영향력을 행사하는 수준까지 도달하고 현재 일본의 국호를 채택하는데 기여했을 가능성이 높다. 실제로 백제가 나당 연합군에게 공격을 당해 국운이 위태로울 때 을사의 변 주인공이었던 나카노오에 황자는 당시 천황에 즉위하는 것도 마다하고 백제에 출병하였다는 기록이 있다. 단순한 형제국을 넘어 이 정도면 거의 같은 나라라고 봐도 무방할 정도의 국교國交이자 혈맹血盟이다.

현재도 일본 규슈九州와 간사이關西 지역에 백제의 한자 표기인 구다라百濟 くだら라는 지명이 일부 남아있다. 이로 볼 때 일본과 백제의 관계는 우리가 생각하는 것 이상으로 훨씬 더 친밀하고 끈끈했을 가능성이 크다. 그리고 이러한 관계는 나라 시대의 문화적 융흥에 백제 계통의 요소로 기여했을 것이 분명하다.

실제 일본인 중에도 자신의 뿌리를 백제로 보는 사람이 있다고 하니 백제와 일본의 커넥션은 가능성 큰 사실로 생각할 필요가 있다. 물론 그렇다고 너무 멀리 나가서 지금 일본인들이 백제인의 직접 후손이라던가, 일본 문화는 다 백제에서 기원했다는 황당한 주장은 삼가자. 그리고 지금의 일본은 사실 백제인이 만들었다는 말도 안 되는 주장도 가려듣도록 하자이렇게 써도 분명히 그렇게 생각하는 사람들은 항상 존재한다. 그리고 이 책을 그러한 생각의 근거로 삼을까 봐 두렵다.

나라 시대 문화와 기록물들

나라 시대는 이전보다 훨씬 더 세련되게 발전한 전통문화의 국제화를 가장 큰 특징으로 들 수 있다. 당시 수도인 헤이조쿄는 중국 당나라 수도인 장안성을 본떠서 만들었는데, 가로와 세로가 각각 5~6km에 달하는 초거대 규모이다. 특히 주작대로, 대극전과 같은 중국식 호칭을 구사하였는데, 이는 당시 북방에 있던 발해의 수도인 상경용천부上京城龍泉府와도 일맥상통한다.

　나라 시대에서 가장 중요한 성과라 볼 수 있는 것은 바로 고사기고지키, 古事記, こじき, 『일본서기니혼쇼기, 日本書紀, にほんしょき』, 『만엽집만요슈, 萬葉集, まんようしゅう』과 같은 기록물이 편찬된 것이다. 고사기AD 712는 오노 야스마로太安万侶와 히에다노 아레稗田阿礼가 편찬한 역사책이다. 당시 일본에는 『제기帝紀, ていき』와 『구사旧辞, きゅうじ』 등 역사책이 있었지만, 그 체제가 부정확하고 일치하지 않는 항목이 많아 아스카 시대 말기에 덴무天武, AD 673~686 재위 천황이 히에다노 아레에게 역사적 사건과 해당 연대를 정리하고 모두 암기하게 시켰다. 그러나 덴무 천황은 역사서 편찬을 시도하지는 못했고 나라 시대에 들어서 겐메이 천황의 황명에 의해 오노 야스마로가 고사기 초간본을 최종 완성하였다.

　일본서기AD 720는 현존하는 가장 오래된 정사正史로서, 편년체로 기록되었다. 고사기가 일본의 전통적인 가치관과 시각이 반영된 일종의 신화집이라면 일본서기는 순수하게 한문으로 쓰였고 중국식 정사 편찬 체제를 충실하게 따르고 있다. 무엇보다도 당시는 있었지만 지

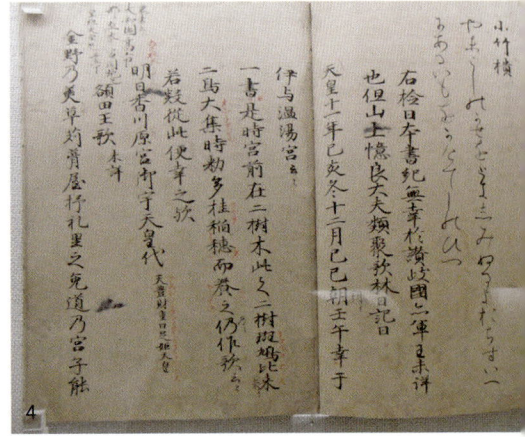

그림8.5 나라 시대의 문화적 산물들. 수도의 황궁 헤이조큐平城宮의 정문인 주작문슈자쿠몬, 朱雀門(1)과 천황의 집무실인 대극전다이고쿠덴, 大極殿(2). 일본 최초의 역사서인 『고사기』는 18세기 에도 시대 국학고구가쿠, 國學의 융성으로 모토오이 노리나가本居宣長에 의해 연구되면서 고지키덴古事記傳(3)이라는 방대한 연구서가 등장하기도 하였다. 『만엽집』에 나오는 만요가나는 당시 일본의 한자 읽는 법을 알 수 있는 중요한 자료이며 (4), 한자 읽는 법은 아마도 한반도에서 유래했을 가능성이 높다.

금은 존재하지 않는 백제의 역사서를 참조하여 편찬되었기 때문에 한참 뒤에 쓰인 고려시대의 『삼국사기』나 『삼국유사』만큼 한반도 삼국시대를 이해하는 데 중요한 자료이다.

일본서기는 고사기와 함께 덴무 천황의 명으로 집필되기 시작하였다. 일본서기는 당시 강화된 천황의 황권을 더욱 견고하게 지지하고 통치 명분을 문서로 남기려는 의도가 강했다. 그래서 진정한 사서로서의 가치보다는 지배층의 정치적 지침을 시간순으로 기록한 성격이 강하다. 앞에서 말한 임나일본부설과 같은 왜곡과 확대해석이 등장하는 것은 이에 대한 단적인 사례로 볼 수 있다_{일본의 역사 왜곡은 그 자체가 역사적 전통이 있다.}

『만엽집』AD 759년 설은 나라 시대에 편찬된 일종의 노래 가사 모음집이다. 만엽집이 중요한 이유는 당시 지금과 같은 가나가 정착하지 않았기 때문에 음차용 한자인 만요가나万葉仮名를 통해 고대 일본어 및 당시의 표기법을 연구할 수 있기 때문이다. 한국에도 이와 비슷한 향가집인 『삼대목三代目』이 있다고 전하지만 현존하지는 않는다. 만엽집이 기록한 많은 양의 노래 가사를 볼 때 아마 백제 가요 같은 외래 기원의 노래도 포함되어 있을 수 있다.

특히 한반도 삼국시대의 사람 이름이나 지명의 음차도 한자로 표기했기 때문에 만엽집에 사용된 만요가나도 당시 한반도에서 사용되던 한자 표기법을 반영했을 가능성이 있다. 실제로 만요가나가 백제에서 유래하였다는 최근 학계의 견해도 존재한다_{백제는 정말 대단하네.}

2. 나라 역사 유적 지구의 문화유산

도다이지東大寺**와 쇼소인**正倉院

도다이지東大寺는 나라현 나라시에 있으며 나라 시대를 대표하는 불교 사원이다. 일본 화엄종의 종사로서 남도 7개사 중 하나에 해당하는 유서 깊은 사찰이다. 헤이조쿄로 천도한 이후 정식으로 불교 중심 국가의 발흥을 목표로 한 45대 쇼무聖武, AD 724~749 재위 천황의 칙령으로 창건되었다.

쇼무 천황은 앞의 두 천황이 자신의 할머니와 누나이기 때문에 황실의 치맛바람(?)에 꽤 많은 영향을 받았다. 황후는 고묘 황후로서 당시 소가 씨 가문을 누르고 새로운 황실의 외척으로 떠오른 후지와라 가문이 배출한 첫 번째 황후이다.

당시 북규슈 일대에 창궐하던 천연두로 인하여 천황을 섭정하던 후지와라 가문의 4형제가 모두 사망하고 쇼무 천황 자신도 병약하였기 때문에 불교에 심취했다고 한다. 그래서 여러 절을 창건하였는데 741년에는 고쿠분지國分寺, 지방 행정 단위마다 일괄적으로 세운 일종의 왕립 사찰 건립과 743년에는 도다이지 건립의 칙령을 내렸다.

도다이지는 여러 개의 고쿠분지를 아우르는 국가의 대표 사찰로서, 원래는 당나라의 사찰과 흡사한 1금당 쌍탑식의 가람 배치였다. 하지만 화재로 인하여 두 탑을 모두 잃게 되고 지금과 같은 형태로 축소되었다.

도다이지의 대웅전은 다이부쓰덴大佛殿으로서, 이름에서 알 수 있듯이 높이 16m에 달하는 거대한 청동불이 안치된 건물이다. 이렇게 커다란 불상이 안치되었다는 것으로만 봐도 당시 세계에서 가장 큰

그림8.6 도다이지의 금당인 다이부쓰덴(1). 그 안에 모신 동양 최대의 청동불(2), 다이부쓰덴의 동쪽 와카쿠사若草산에 있는 별당인 니가쓰도二月堂(3). 도다이지의 남문(4)에는 입구에 사슴을 풀어 놓고 기르고 있다. 나도 1988년 대학교 1학년 시절에 그 사슴과 함께 도다이지에서 사진을 하나 남긴 적 있다(5).

목조 건물이었다는 것을 알 수 있다. 하지만 나라 시대의 다이부쓰덴은 헤이안 시대와 센고쿠戰國 시대 두 차례 화재를 거치면서 완전히 불타서 없어졌다.

현재의 다이부쓰덴은 1709년에 세 번째로 중건된 상태이다. 도다이지의 북서쪽에는 사찰의 창고인 쇼소인正倉院이 위치한다. 이 쇼소인은 쇼무 천황과 고묘 황후 당시의 일본 전통 미술 공예품 및 한국과 중국을 포함하여 인도의 고대 유물들도 소장되어 있다. 특히 한반도에서 유입된 통일신사시대의 다양한 고미술품이 여기에 포함되어 있으며, '신라장적新羅帳籍'으로 부르는 신라민정문서도 있다. 쇼소인의 유물은 공개하지 않는 게 원칙이라 그 실상을 파악하기는 쉽지 않지만 매년 10월 하순부터 11월 초순에 국립나라박물관에서 쇼소인 특별전을 개최한다.

고후쿠지興福寺와 간고지元興寺

나라에는 도다이지 외에 또 다른 대표적인 두 절이 있다. 하나는 일본 법상종의 본산지인 고후쿠지興福寺이다. 이 절은 유력 가문인 후지와라 씨 집안의 며느리인 가가미노 오키미鏡王女가 병을 앓고 있는 남편인 후지와라노 가마타리藤原鎌足의 쾌유를 빌기 위해 세웠다고 한다. 그리고 원래 아스카 시대인 669년에 교토에 세웠다가 아스카를 거쳐 710년에 지금의 자리로 이전했다.

창건 당시에는 175개의 건축물이 세워졌으나 잦은 화재로 당시의 건물은 거의 남아 있지 않다. 이 절은 나라 시대가 끝나고 헤이안 시대가 되어도 후지와라 가문의 후광으로 인하여 꾸준히 법상종의 본원으로 자리 잡아 왔다. 하지만 잦은 민란과 전쟁으로 인하여 여러 차례 화재 피해를 보았다.

또 다른 절은 간고지元興寺로, 이 절은 일본에서 가장 오래된 사찰이면서 백제 양식을 충실하게 계승한 아스카데라飛鳥寺를 복원해 다시 지은 사원이다複원했다기보다는 아스카에 있던 아스카데라를 옮겨 온 것이 맞는 표현이 되겠다. 간고지는 원래 금당과 탑이 각각 7개씩이나 있는 거대 사찰이었다. 하지만 다른 절과 마찬가지로 이후 무로마치室町 시대와 에도江

그림8.7 도쇼다이지의 금당(1). 일본 절 특유의 깔끔함과 고요함이 특징이다. 이 절은 중국에서 온 감진 선사(2)가 세우고 중국에서 가져온 진신사리를 봉헌하였다. 나라에는 사찰 이외에 일본 고유의 신사神社도 있다. 대표적 신사인 가스가다이샤(3)는 이후 일본 신사의 대표적 건축 양식인 가스가 주쿠리가 기원한 곳이다. 그 옆의 가스가산 원시림(4)은 천년 넘게 보전되어 온 생태 공원이다.

戶 시대 두 차례의 화재를 겪으면서 지금은 고구라구보極樂坊라 불리는 본당만이 제대로 보전된 상태이다.

도쇼다이지唐招提寺와 가스가다이샤春日大社

나라에 있는 또 다른 중요한 사찰로는 도쇼다이지를 들 수 있다그림 8.7 의 1과 2. 도쇼다이지는 일본 율종의 본산지로서 759년에 중국 당나라에서 파견된 고승인 감진지앤쩐, 鑑眞 선사가 창건하였다. 감진은 고행으로 인하여 두 눈을 실명하였는데, 754년에 일본에 도착한 후 당나라에서 가져온 3,000여 점의 진신사리眞身舍利를 도쇼다이지에 봉헌함으로써 당시 점차 쇠락세에 있던 나라 시대의 불교를 다시 중흥시키는 데 기여하였다.

가스가다이샤는 일본 고유의 신사神社이다그림 8.7의 3. 768년에 최초로 건설되었고 그 후 몇 차례에 걸쳐 중건되었다. 이 신사는 후지와라 씨 가문의 가신인 다케미 가즈치武甕槌命를 모시기 위해 마련된 사당으로, 이후 독특한 신사 건축 양식인 가스가 주크리春日造 양식이 이곳의 혼덴本殿, 신사의 본당 건축에서 유래하였다.

가스가다이샤 옆에는 가스가산 원시림春日山原始林이 있다그림 8.7의 4. 이 원시림은 250헥타르의 면적으로서, 현재 조사된 바에 따르면 약 180여 종의 나무와 60여 종의 산새, 그리고 1,200여 종의 벌레가 서식한다. 이 원시림은 헤이안 시대인 841년부터 사냥 및 각종 훼손 행위가 금지됐다. 가스가다이샤와 함께 일종의 성소聖所로 자리 잡아 왔으며, 지금 가스가다이샤와 원시림은 나라 시대 당시 모습에서 변하지 않은 채 꾸준히 유지되어 온 상태이다.

3. 이이도코도리良いとこ取り: 나라 지역의 문화유산이 주는 의미

일본은 역사적으로 우리나라와 아주 깊은 관계를 맺어 왔고 일제강점기라는 식민주의의 폐단도 우리나라에 남겼다. 그리고 예나 지금이나 우리나라와 밀접한 관계를 유지하며 떼려야 뗄 수 없는 사이가 되고 말았다. 부부는 나이 들면 사랑이니 애정보다는 정과 의리로 뭉쳐 지낸다고 했다. 하지만 우리나라와 일본의 관계는 황혼이혼 하기 차마 귀찮아서 서로 등 돌리고 한 이불 속에서 지내는 노부부의 불편한 해로를 보는 느낌이다.

일본의 고대 역사를 보면 뭐든지 한반도를 포함한 대륙의 문명에 비해 시기적으로 늦고 이미 유행이 지난 상태로 유입된다. 불교가 그렇고 율령 체제가 그렇고 도시 계획이 그렇다. 하지만 이미 실험 단계를 마치고 충분히 시행착오를 거친 상태에서 능동적으로 유입이 되었기 때문에 리스크가 적고 기대효과가 신속하게 발생한다.

이건 마치 대학생들이 기말고사를 대비하며 다른 학생의 노트를 베낄 때, 장황한 한 학기 분량을 모두 복사하는 것보다는 학점 높은 학생이 자발적으로 노트를 다시 요약한 '찌라시'만 받아서 공부하는 것과도 같다. 그만큼 일본은 동아시아 대륙의 동쪽 끝에서 모든 문물을 유입 받는 수동적인 입장을 오히려 적극적으로 활용해 자기만의 고유한 것을 만들어 낸 영리한 나라다.찌라시로 공부한 학생이 더 학점이 높은 건 나도 여러 번 경험했다.

일본인들의 생활 습관이자 정신세계를 반영하는 용어 중 '이이도코도리良いとこ取り'라는 말이 있다. 원래는 일본에 대해 잘 아는 사람들 사이에서만 회자되던 용어였지만 만화가 이원복 선생이 저술한 『먼나라 이웃나라 7권-일본편』을 통해 대중화되었고 지금은 일반인들 사이에서 심심치 않게 구사되고 있다. 이이도코도리는 직역하면 좋은良い 자리とこ 잡기取り라고 볼 수 있다. 실제 사용되는 뜻은 '좋은 것은 일단 내 것으로 취하고 본다'라는 의미로 보면 적당할 것이다.

좋고 나쁘고를 결정하는 것은 전적으로 자신이다. 일본은 아스카 시대에 백제를 모방하고 그중 좋은 것은 자신의 것으로 소화하는 데 주저하지 않았다. 백제가 멸망한 후 자신의 고대 문화 형성에 크게 기여한 백제 도래인들을 서슴없이 수용하였다. 그리고 그들을 적극적으로 활용하여 지금의 일본을 만들었다. 더 나아가 당시 세계 최강국이자 국제 문물의 허브인 중국 당나라를 드러내놓고 모방하여 나라 시대의 문화적 융흥을 끌어냈다. 이를 기반으로 '일본다움'을 바야흐로 자연스럽게 창출해 냈다.

오리지널리티가 없다고 좌절하지도 않았고 뭔가를 전수 받는다고 부끄러워하지도 않았다. 오히려 남에게 뭔가를 전수해 주고 가르쳐 주는 데서 생기는 뿌듯함에 도취하는 것보다 훨씬 더 실용적이고 효과적인 삶의 비책이다. 지식재산권이니 저작권이 보장받지 못 하던 고대국가 단계에서 남을 따라 하고 그걸 자기만의 것으로 소화하는 것은 분명한 재주이자 실력이다.

중국과 한국을 포함한 대륙의 국가들은 이러한 일본의 호구책糊口策을 전혀 신경 쓰지 않았다. 그리고 그들만의 리그중국의 중원 지역을 중심으로 형성된 조공 네트워크가 대표적이다를 만들면서 일본을 철저하게 배제해 왔다. 그러는 와중에 일본은 15세기부터 유럽과 단독으로 교류하면서 또 다른 이이도코도리를 반복해 왔다. 그리고 19세기에는 아예 국가 체제를 전면 '뜯어고치는' 개혁을 황실 주도로 끌어냈고메이지유신, 明治維新, 그것을 기반으로 동아시아에서 가장 먼저 근대화에 성공하였다. 1차대전에 참전해서 승리하고 내친김에 2차대전까지 달려들어서 장렬하게 '반자이 어택'을 보여주고 비참하게 무너져 버렸다. 결과야 그렇다 치더라도 일본의 이이도코도리가 짧은 시간에 전방위로 발휘된 수준은 실로 경이적이라는 표현밖에 없다.

일본 나라 시의 다양한 문화유산들은 이러한 이이도코도리가 본격적으로 일본 고대 사회에 자리 잡는 과정을 보여준다. 보잘것없던 정체불명의 동쪽 끝 섬나라가 한반도의 삼국항쟁기를 거치면서 백제를 중심으로 대륙의 문물을 받아들이고, 일본 고유의 문화적 요소까지 고스란히 간직하면서 일본다움과 일본스러움을 완성해 낸다.

대륙에 소속되지 못했던 아쉬움과 대륙 문물의 최종 소비자가 가질 수밖에 없던 부끄러움은 일본스러운 모습을 스스로 완성하면서 저절로 해소되며 프라이드로 발전한다. 나라 시대 이후에는 일본 특유의 막부제幕府制와 센고쿠戰國 시대의 다양한 국내 항쟁기를 거쳤지만, 대륙 전체가 몽골제국의 세력에 점령당할 때도 고유한 체제를 유지하면서 점차 독자적인 세력권으로 성장해 왔다.

하지만 그들의 이이도코도리는 자만심으로 발전하면서 천운天運이 끝까지 하지 않았다. 그리고 남에게 해를 가하는 부끄러운 역사만 남겨 놓았다. 센고쿠 시대가 전국통일로 이루어지기는 했지만 한반도의 조선 및 중국의 명나라와 제대로 소모전 대결을 벌이기도 했다. 1879년에는 남쪽 류큐琉球 왕국을 복속해서 일본 땅으로 만들었고 1932년에는 만주 지역에 괴뢰국을 설립하면서 억지로 대륙 진출을 하기도 하였다. 이런 이야기의 일부는 이 책의 다음 부분에서 살펴볼까 한다.

제9장 이중성이 제대로 발휘되는 공간
: 효고현 히메지姬路 성

1. 막부, 다이묘, 그리고 사무라이

가마쿠라 막부의 형성 및 천황의 인세이院政

지난 장에서는 일본이 대륙의 문물을 적극적으로 받아들이며 천황 중심의 고대국가로 발전하는 과정을 살펴보았다. 그리고 일본이 일본스러움의 기틀을 마련하는 계기가 바로 나라 시대에서 비롯한다는 것도 알았다. '일본스러움'이란 과연 무엇일까? 이 책이 본격적인 인류학 전문 도서가 아니기 때문에 이런 질문은 갑론을박으로 끝날 것이고 TV 토크쇼로 진행하면 밤새 생방송으로 진행해도 부족할 거다. 하지만 이 책에서 일본스러움을 끌어내는 화두는 바로 막부바쿠후, 幕府, 다이묘大名, 사무라이侍라 얘기하고 싶다. 그리고 이 모든 것을 담아내는 경관이 바로 일본의 성城이다.

나라 시대가 끝나고 헤이안平安, AD 794~1185 시대가 되며 본격적으로 후지와라 씨 가문이 황실의 외척이자 후원자로 등극한다. 후지와라 가문은 간바쿠關白, かんぱく라는 최고 의사 결정자의 자리에 올라 섭정셋쇼, 攝政을 독점하였다. 이러한 정치는 셋칸攝關 せっかん이라 하며, 셋칸을 담당하는 가문을 셋칸케攝関家, せっかんけ라 부른다.

이에 맞서 천황 일가도 후지와라 가문에게 권력을 빼앗기지 않으려고 인세이院政, いんせい라는 독특한 통치 체제를 시작한다. 인세이는 천황이 나이가 들면 황태자에게 양위讓位하고 자신이 상황조우고, 上皇,

그림9.1 막부, 다이묘, 사무라이라는 세 가지 '일본스러움'의 화두가 제대로 묘사된 콘텐츠를 든다면 나는 고즈레 오가미子連れ狼(한국명: 아들을 동반한 검객)를 주저 없이 얘기하겠다. 에도 시대 도쿠가와德川 막부와 배후 세력인 야규柳生 일가를 상대로 목숨 내놓고 혼자서 혈투를 벌이는 사무라이와 그 아들의 이야기는 원래 고이케 가즈오小池 一夫, こいけかずお라는 작가가 주간지에 연재한 극화이지만(1) 미국에서도 선풍적인 인기를 끌었고, 그 후 원작을 뛰어넘는 영화(2) 및 비디오게임까지 제작되었다(3).

じょうこう이 되어 갓 즉위한 천황 대신 공식적으로 섭정을 하는 제도이다. 이것은 천황의 권력은 유지하되 국가를 대표하는 책임과 의무는 도외시할 수 있으며, 자신이 죽기 전까지 지속해서 정권에 가입은 안 하되 개입은 할 수 있는 노욕老慾의 발로이다예나 지금이나 어디나 이런 영감님들은 꼭 계시게 마련이다.

셋칸과 인세이가 서로 견제하면서 공존하던 정치 상황은 장자상속제가 명확하게 법제화되지 않고, 후지와라 가문 같은 외척이 일찍 감치 설쳐 대던 일본 황실의 고질적인 문제를 반영한다. 인세이는 11세기에 72대 천황인 시라카와白河, AD 1073~1087 재위 때가 대표적이다. 그는 20세의 나이에 천황에 즉위하였지만 33살에 자신의 여덟 살배기 아들에게 천황 자리를 일부러 양위하고헉!?! 상황이 되었다. 그 이유는 장자상속제가 뚜렷하지 않기 때문에 자신의 동생들이 천황 자리를 차지할 것이라는 우려 때문이었다.

하지만 그 후의 천황들이 대부분 어린 나이에 사망하면서 시라카와의 인세이는 자신이 사망하는 1129년인 75대 천황 스토쿠崇德 AD 1123~1142 재위 대까지 이어졌다. 그리고 천황의 임명 및 양위 결정까지 독자적으로 결정하며 셋칸케와 대립하고 아주 은밀하고 조용하게 국가권력 다툼을 해 왔다. 결론적으로 황권은 강화되었지만 이게 천황 자신이 아닌 약간 맛이 간(?) 노인네들이 독점하는 변태적인 상황이 만들어졌다.

쇼군의 등장

이렇게 황실과 셋칸케들이 서로 으르렁거리던 당시, 일본의 영토는 지금의 일본 절반도 안 되는 규슈와 간사이 지방에 국한되었다. 우리가 알고 있는 일본의 수도인 도쿄 및 간토關東 지방과 홋카이도北海道 일대는 당시 야마토 족속이 거주하지도 않았고 또 '일본스러움'이 파급되지도 않았다. 특히 홋카이도는 일찍이 아이누Ainu족이 조몬 시대 야요이 이전의 신석기시대부터 거주하고 있었다. 헤이안 시대에는 간사이 지역 동쪽에 살고 있던 모든 족속을 통틀어서 에미시蝦狄, えみし라 불렀다. 그 이유는 서양인처럼 생긴 아이누족은 보통 턱수염을 길렀고 그들의 수염이 마치 새우蝦 같이 생겼기 때문이다.

천황은 동쪽의 이민족들을 정벌해서 일본에 귀속시키는 역할을 맡은 해결사를 일찌감치 고용했다. 그 직책은 정이대장군세이이다이쇼군, 征夷大將軍, せいいたいしょうぐん이라고 한다. 우리 귀에 익숙한 '쇼군장군, 將軍'이라는 직책은 바로 이런 정이대장군을 줄인 말이다. 그리고 이러

제9장 이중성이 제대로 발휘되는 공간: 효고현 히메지 성 **223**

한 쇼군이 머물던 곳을 막부라고 하는데, 나중에는 아예 쇼군을 중심으로 한 정부를 일컫는 말이 되었다天황의 정부는 '조정'이라 한다. 우리나라에도 고려 말 이성계나 조선 초 김종서 등이 북방 여진족들을 회유하거나 토벌해서 귀속시키는 역할을 담당하기도 하였다한 사람은 왕이 되고 다른 한 사람은 왕에게 살해당했다.

사실 이러한 장군이라는 직책은 지방 통제가 쉽지 않고 북방 이민족들의 침입을 효율적으로 대비하기 위해 중국 후한 대부터 천자가 지방 호족들에게 자율적인 군사권을 부여한 개념이다. 우리나라 및 일본도 과거 중국의 천자가 수여한 '정동대장군고구려', '영동대장군백제, 무령왕릉 기억나나?', '안동대장군일본 야마토'이라는 호칭이 있다. 이러한 호칭은 중국식 화이관華夷關에 근거한 것으로서, 중국 천자에게 개기는(?) 용도로 쓰지 말고 알아서 천자를 호위하도록 군사권을 부여한 것이다. 대신 자신의 동네에서는 죽이 되든 밥이 되든 자율적으로 물을 붓고 불을 피워도 좋다는 의미도 있다.

문제는 이러한 자율권이 안 좋게 쓰이면 호랑이를 키우는 형국으로, 자기를 키워 준 주인을 향해 발톱과 이빨을 세울 수 있다는 것이다. 20세기에 들어 별 두 개짜리 장군이 두 명이나 연달아 자기 부하들 이끌고 국권을 찬탈했던 경험을 한 나라가 있기도 하다아니, 도대체 어떤 나라가 그런 몰상식한 짓을 2차대전 이후 두 번이나 겪었지?. 일본은 일찌감치 이러한 군사 쿠데타 혹은 호랑이 키우는 형국을 제도화하고 아예 일본 역사 및 문화를 상징하는 요소로 마련했다. 그래도 일본 역사상 쇼군은 스스로 왕관을 자기 머리에 뒤집어쓰는 짓은 안 했다. 쇼군의 막부와 천황의 조정이 정권을 교대로 잡았다 잃었다 하는 것은 어찌 보면 일본의 이중성을 반영하기도 한다.

천황 쟁탈전과 사무라이의 등용

인세이 과정에서 상황은 자신의 세력을 유지하기 위해 사병과 같은 사무라이 집단들을 중용하였다. 앞서 말한 시라카와 상황 이후 스토쿠 천황이 상황이 되며 고시라카와後白河, AD 1155~1158 재위 천황과 대립하게 되었다. 스토쿠는 자신의 친아들을 자신의 아버지인 도바鳥羽 천황의 방계 아들로 입적 시켜이게 무슨 개족보야? 차기 천황 자리를 확보하고 자신이 제대로 된 인세이를 하려고 했지만 결국은 고시라카와가 천황에 즉위하였다. 그 결과 스토쿠 상황과 고시라카와 천황을 옹립하는 사무라이들이 두 편으로 갈라서서 칼부림 전면전이 펼쳐졌다언젠가는 이런 날이 올 줄 알았다. 이러한 막장 황실 내부의 권력 다툼은 호겐의 난保元の乱, AD 1156에서 정점에 달한다.

호겐의 난을 통해 스토쿠 상황이 패배하고 권력은 고시라카와 천황에게 보전되었다. 하지만 고시라카와는 즉위 이후 3년 만에 양위를 하고 자신도 인세이를 한다어랍쇼?. 이렇게 왕권 쟁탈전에 참여하면서 권력의 맛을 보게 된 사무라이 집단은 다양한 전쟁 및 봉기 과정에 투입되면서 헤이안 시대 말기의 일본은 걷잡을 수 없이 혼란스러워지기 시작했다.

천황 자리를 두고 마치 정치 깡패 같이 개입하기 시작한 대표적인 사무라이 가문은 겐지미나모토, 源氏, げんじ와 헤이케다이라, 平家, へいけ 집단이다. 두 가문은 일찍이 라이벌 사무라이 집단으로 자리 잡았는데, 겐지 집단은 정이대장군을 대대로 맡았으며 간토 지방을 중요 기반으로 삼고 있다. 반면에 헤이케 집단은 과거 나라 시대부터 일본의 본거지였던 규슈와 세토나이카이 지역을 중심으로 성장해 왔다.

호겐의 난과 이어진 헤이지의 난平治の乱, AD 1159을 통해 무소불위의 권력을 잡은 헤이케 가문은 귀족들의 불만을 빚어내는 횡포를 대놓고 일삼았다. 그러자 겐지 가문의 미나모토노 요리토모源賴朝는 헤이케 집단을 상대로 겐페이 전쟁源平合戰, AD 1180~1185을 일으켜 최종 승리한다. 승리 후 그는 쇼군이라는 호칭으로 기존의 천황과 상황을 '방구석 노인네'로 돌려 버리고 권력을 장악하면서 가마쿠라鎌倉 막부를 세운다AD 1192. 이 막부가 일본의 또 다른 '일본스러움'을 규정하는 칼과 무사도부시도, 武士道, ぶしどう의 원천이다. 그리고 지금까지 규슈 및 세토나이카이 일대가 일본의 중심지였다면 가마쿠라 막부를 기점으로 간토 지역 출신들이 본격적으로 일본 역사의 주류로 등장한다.

막부 정치의 시작과 몽골 침입의 격퇴

외척의 개입과 인세이라는 거의 변태에 가까운 정치 형태로 자기들끼리 먹고 먹히면서 권력 싸움이나 하던 황실은, 1887년 에도江戶, えど, 지금의 도쿄의 도쿠가와 막부가 대정봉환다이세이호우칸, 大政奉還, たいせいほうかん으로 통치권을 자진 반납하기까지 일본 역사에서 뒷전으로 물러나 버렸다. 흥미로운 사실로, 이와 비슷한 시기에 한반도의 고려에도 무신들이 집권하는 무신정변武臣政變, AD 1170이 일어나고 최충헌이 1196년에 집권하여 교정도감敎定都監을 세운다.

보통 중국이나 한국은 이렇게 권력이 이전되는 과정에서 왕족을 '깡그리' 멸문滅門하고 왕의 성을 바꾸는 역성혁명易姓革命을 거치는 과정이 보통이지만 일본은 그러한 과정이 없다. 그 이유는 아마도 천황은 천손이자 신격화 대상이라는 이유 때문일 것이다. 그래서 무력보다 무서운 게 정치고 정치보다 무서운 게 신화나 종교다우리나라에서도 최근까지 무력과 정치와 종교가 뒤죽박죽되는 사태는 지속되었다.

가마쿠라 막부를 설치한 미나모토노 요리토모는 자신의 통치 기반을 새롭게 다졌지만 정작 그의 세력권은 간토 지방이 대부분일 뿐 간사이와 규슈를 포함하는 기나이 지방의 토착 세력은 여전히 황실의

그림9.2 일본 최초의 막부인 가마쿠라 막부는 미나모토노 요리토모가 세웠지만(1), 실세는 그의 아내 호조 마사코(2)의 친정인 호조 씨가 싯켄을 독점하며 다 해 먹던 시기다. 그래도 당시 대륙을 초토화하던 몽골 제국의 침입을 고스톱 치듯이 운칠기삼運七技三으로 몰아내기도 하였다. 가마쿠라 막부 당시 쓰시마 섬에 침투한 몽골군을 사무라이 혼자서 물리치는 스토리를 기반으로 한 고스트 오브 쓰시마Ghost of Tsushima라는 컴퓨터 게임도 있다(3).

제9장 이중성이 제대로 발휘되는 공간: 효고현 히메지 성 227

지배가 뿌리 깊었다. 그리고 미나모토 집안의 막부도 3대에 끊어지자 다시 왕정복고가 이루어질 뻔하기도 했다 하지만 일본의 역사에서 빠짐없이 등장하는 게 바로 외척 가문의 '겐세이견제, 牽制, けんせい'다.

헤이안 시대에는 간바쿠관백, 關白가 조정의 실무를 담당했지만 가마쿠라 시대에는 쇼군 대신 막부를 담당하는 역할로 싯켄집권, 執權, しっけん이 있다. 이 싯켄을 독점하던 집안이 호조北条, ほうじょう 씨 집안이다. 미나모토노 요리토모의 아내인 호조 마사코北条政子를 중심으로 초창기 가마쿠라 시대의 실권을 장악한 호조 가문은 대대로 싯켄을 맡아오면서 원나라 쿠빌라이 칸과 고려 연합군의 침입을 물리치고1차 침입, AD 1274 천황 세력이 몽골에 칭신하고 정통성을 인정받을 기회를 무산시킨다2차 침입, AD 1281.

무로마치 시대의 개막과 다이묘의 성장

가마쿠라 시대 말기에 96대 천황인 고다이고後醍醐, AD 1318~1339 재위는 막부 타도를 외치며 교토에서 출병하였다아마도 간이 배 밖으로 튀어나오고 겁을 상실한 듯. 그러자 실권자인 호조 가문은 막부 추종자인 군벌 세력 아시카가 다카우지足利尊氏에게 황군의 영격迎擊을 명령하였다. 하지만 아시카가의 군대는 반대로 천황 편에 서서 호조 가문이 집권하던 가마쿠라 막부를 혁파하고 새로운 정권을 만들었다.

집권한 고다이고 천황은 막부에게 찬탈당했던 국권을 겐무 신정建武新政이라는 새로운 통치 체제로 변환하였다. 그래서 막부 제도를 없애고 직접 천황이 친정하는 체제로 바꾸었다글쎄, 그게 과연 가능할까요?. 그러자 호조 가문의 등에 칼을 꽂았던 아시카가 다카우지는 다시 고다이고 천황의 뒤통수를 제대로 후려치면서이놈에게는 절대 등을 보이면 안

된다. 자신이 또 다른 쇼군으로 등극하고 새로운 무로마치室町 막부AD 1336~1573를 개창하였다.

새롭게 무로마치 막부를 개창한 아시카가는 허수아비 천황인 고묘光明, AD 1336~1348 재위를 즉위시키고 기존의 고다이고 천황은 지금 나라현에 있는 요시노吉野로 쫓겨나서 또 다른 천황으로 즉위하였다. 이렇게 일본 역사에서 남쪽요시노과 북쪽교토에 천황 2인분이 동시 서빙되던 시기를 남북조 시대AD 1336~1392라 한다.

무로마치는 교토 내부의 지역명으로서 현재 도시샤同志社 대학 관내에 해당한다. 초창기에는 남조에 해당하는 천황 세력이 막부에 대항해 정통성을 주장해 왔지만 1392년에 남조가 무로마치 막부에 항복하고 남북조가 통합되면서 지금 우리가 알고 있는 일본의 형태를 점차 갖춰 나가기 시작한다.

무로마치 막부시대AD 1336~1588에는 쌀농사를 기반으로 다양한 생업에 종사하는 토탈 시스템으로서의 향촌 체제가 갖춰지기 시작한다. 이러한 과정에서 자원 배분의 불평등 및 생산량의 지역 차에 따른 상대적 빈곤함을 호소하는 농민 봉기인 잇키一揆, いっき도 활발하게 발생한다. 또한 대륙에서 들어 온 선종禪宗 계통의 불교서양에는 일본어인 '젠'으로 잘 알려져 있다가 크게 융성하기도 하였다.

사무라이 세력의 득세와 슈고다이묘의 성장

무로마치 시대는 사무라이 계급이 본격적으로 인정 받기 시작하던 시기이며, 아시카가가 두 차례의 뒤통수 세리머니(?)를 펼친 것에서 볼 수 있듯이 실력이 있고 야심이 있으면 하극상 정도야 눈 감아 줄 수 있다는 믿음이 당연한 것으로 받아들여진다. 한마디로 사무라이가 득세하지만, 사무라이의 명예와 기강은 아직 갖춰지지 않았다는 의미다. 때마침 중국 원나라의 지속적인 침공을 막아 내면서 국고는 바닥이 났고 전쟁에 참여한 사무라이들에게 줄 수 있는 수당이 없었기 때문에 칼로 먹고사는 사람들의 불만은 서서히 높아지던 시기였다.

따라서 잦은 전쟁과 민란 토벌을 치르다 보니 일본 각지에서 주먹, 아니 칼 좀 쓰는 사람들을 스카우트할 필요성이 제기되었다. 무로마치 막부는 슈고守護라 부르던 일종의 치안 담당 칼잡이들에게 자그마한 지역을 총괄할 수 있는 권한을 부여하였다. 이러한 권한을 가진 지방 세력을 다이묘大名라 칭하였는데, 여기서 슈고다이묘守護大名라는 호칭이 나중에 센고쿠 시대와 에도막부 시대의 주요 세력으로 성장한다. 특정 지역을 그 지역에서 돈 좀 있고 힘 좀 쓰던 지역 유지가 알아서 맘대로 하던 직책이라 보면 된다가만, 어디서 많이 듣던 얘기 아닌가? 특히 3장과 4장에서.

무로마치 막부 가문인 아시카가足利 씨 집단은 슈고다이묘에 의해 몰락했다. 6대 쇼군인 아시카가 요시노리足利義教 AD 1428~1441 집권는 천황 즉위에 깊숙이 개입하며 주제 파악 못하고 쇼군 권한을 확장하였다. 그리고 당시 쇼군의 실제 집정관인가마쿠라 시절의 싯켄과 같은 간레이管領 かんりょう를 거의 '졸卒'로 보며 있으나 마나 한 관직으로 권한을 축소해 버렸다. 이러한 과정에서 비밀 첩보 정치를 통해 자신의 통치에 말 안 듣고 태클 거는 슈고다이묘들을 하나씩 숙청하면서 마치 중국의 천자와 같은 전제정치를 실천하기 시작했다. 왜색 문화의 상징으로 서방에 잘 알려진 닌자忍者니 사무라이가 이때부터 칼에 피를 묻히면서 맹활약하기 시작한다. 겉으로는 조용하지만, 속으로는 변화무쌍한 탐색과 꼬투리 잡아서 무자비하게 숙청하는 이중성이 이제 본격

그림9.3　무로마치 막부를 개창한 아시카가 다카우지(1). 무로마치 시대는 여러모로 혼란스러운 상황이어서 잦은 칼부림 전쟁이 있었고 농민 반란도 있었지만 그런 과정에서 오히려 참선과 깨달음을 중시하는 일본식 선종인 젠Zen도 발달하였다. 미시마 유키오三島由紀夫의 소설 제목인 『금각사1956, 킨카쿠지, 金閣寺』(2)도 이 시기에 지어졌다. 무로마치 시대는 또한 칼 가진 사무라이들이 본격적으로 자신의 영토를 가지고 영향력을 행세하기 시작하던 시기이기도 하다(3).

화되는 것이다.

이제는 쇼군 세습 쟁탈전: 오닌·분메이의 난

아시카가 요시노리는 결국 1441년에 슈고다이묘 중 한 사람인 아카마스 미쓰스케赤松滿祐에게 암살당하고, 타의에 의해 아무것도 모르는

어린 쇼군들7대와 8대이 등극한다. 당시 농업 생산력이 향상하며 슈고 다이묘들은 구니國, くに를 자신의 터전으로 삼았다. 구니 내에서 활동하던 사무라이와 고쿠진國人, 구니의 행정을 담당하던 일종의 지방 공무원 및 이들의 밥줄이던 특산품을 생산하는 상인과 대토지를 소유한 부농들의 이해관계는 아주 복잡하게 얽혀 있었다.

이러한 과정에서 무로마치 막부가 임명한 슈고다이묘와는 별도로 자생적으로 성장한 군벌인 센고쿠 다이묘도 점차 증가하였다國'은 시공을 초월해서 깡패라니까!. 센고쿠 다이묘는 쇼군이 직접 임명한 심복인 슈고다이묘와 달리 쇼군을 인정하지도 않고 또한 충성을 맹세하지도 않았다. 당시 유럽은 종교개혁이 끝나고 지리상의 발견이 이루어지던 시기였는데, 이때 기독교와 함께 들어 온 포르투갈의 조총이 센고쿠 다이묘의 깡패 짓에 막대한 화력을 제공했다.

8대 쇼군인 아시카가 요시마사足利義政, AD 1443~1473 집권가 후계자를 결정하는 상황에서 쇼군의 아들을 지지하는 히노 도미코日野富子, 쇼군의 부인와 야마나 소젠山名宗全, 유력 다이묘 계열은 함께 연합하여 쇼군의 동생인 아시카가 요시미足利義視와 그를 지지하는 호소카와 가쓰모토細川勝元, 당시 간레이 계열과 대립하였다천황이건 쇼군이던 하여간 집구석 쌈박질은 어쩔 수가 없다. 쇼군이 좀처럼 쉽게 후계자 결정을 못 하자 형수와 시동생의 싸움은 유력 다이묘인 야마나 가문과 호소카와 가문 간의 싸움으로 번져 나갔다AD 1467.

결국 당시 다이묘라고 명함 파고 다니던 일본의 거의 모든 사무라이가 두 패로 갈라져 교토에서 한바탕 싸움을 벌였다. 이 싸움은 10년 가까이 지속되었기 때문에 오닌·분메이의 난應仁·文明の亂이라 부른다. 분위기 파악을 못 하고 우왕좌왕하던 무로마치 막부도 여기서 실제로

종식된다. 간단히 얘기하면 이 당시는 쇼군이 있어도 전혀 역할을 못 하던 시기라 보면 된다천황은 그럼 어디서 뭐 하고 계셨나요?. 이 시기는 중국 고대의 주나라 황실이 역할을 전혀 못 하던 시기와 비슷하다5장 참조. 그래서 일본에서도 전국, 아니 센고쿠戰國 시대라고 부른다.

센고쿠 시대 및 전국통일과 성의 건립

지금까지 일본의 권력 체제 변화를 간략하게 요약해 보자. 맨 처음 아스카 시대에는 천황과 태정대신太政大臣이라는 국왕과 수상 체계였다가 이것이 나라 시대 들어서면서 소가 씨 가문 같은 외척이 득세하는 세도정치로 발전한다. 헤이안 시대에는 후지와라 가문의 간바쿠를 매개로 한 셋간 정치로 시작했지만, 천황이 잔머리를 써서 황위를 일찍 양위하고 대신 상황으로 등극해서 인세이를 하는 변태 정치가 시작된다. 그리고 그 과정에서 쇼군이 등장한다.

쇼군은 본격적으로 가마쿠라 막부를 설치하고 국권을 천황에게 뺏어 오지만 실제 권력은 싯켄이라 불리던 호조 가문이 독점한다. 그러다 쇼군과 천황의 권력 쟁탈에서 두 번이나 뒤통수를 친 아시카가 가문이 무로마치 가문을 세우지만, 현실은 여전히 시궁창(?)이어서 지방 군벌, 아니 깡패에 가까운 칼잡이들 집단인 다이묘에게 휘둘린다.

결국은 이 다이묘들이 너도 나도 몰려들어 누가누가 잘하나 결정하는 과정이 바로 일본의 센고쿠 시대戰国時代, せんごくじだい, AD 1467~1573이다. 중국은 주나라 말기에 춘추전국시대가 있었다면 일본은 무로마치 막부가 오닌-분메이의 난으로 유명무실해 지면서 끊임없이 전쟁을 겪게 되는 시기가 있다. 이 책에서는 중국의 전국시대와 구분하기 위해 일본의 경우 특별히 센고쿠 시대로 표기한다.

센고쿠 시대는 그 시대 설정에 다양한 의견이 있다. 우선 오닌-분메이 난AD 1467의 시작이 센고쿠 시대의 시작이고 오다 노부나가織田信長가 무로마치 막부를 축출하는 시점AD 1573을 센고쿠 시대의 종료 시점으로 보기도 한다. 또는 오다 노부나가-도요토미 히데요시豊臣秀吉-도쿠가와 이에야스德川家康가 차례로 세력을 잡다가 궁극적으로 임진왜란 종료AD 1598와 세키가하라 전투関ヶ原の戦い, AD 1600를 치른 후 에도江戶 막부가 성립되는 시점AD 1603까지를 포함하기도 한다.

아즈치·모모야마 시대

일본에서는 오다 노부나가와 도요토미 히데요시가 전국통일을 이루고 실권을 잡는 시기를 따로 아즈치·모모야마安土桃山, AD 1568~1600 시대로 부르기도 한다. 이 시기의 대략적인 역사는 다음과 같다.

오다 노부나가는 대부분의 구니國들을 복속해서 전국통일 직전에 교토에 입성하고 아시카가 요시아키足利義昭, AD 1568~1588 집권, 그런데 누구세요?라는 허수아비를 마지막 무로마치 쇼군으로 앉힌다. 하지만 오다는 혼노지의 변本能寺の変, AD 1582으로 부하 장수인 아케치 미츠히데明知光秀에게 암살당한다.

그러자 오다의 또 다른 부장인 하시바 히데요시羽柴秀吉, 나중에 도요토미로 개명가 야마자키 전투山崎の戦い, AD 1582로 아케치에게 복수하고 전국통일을 완료해 도요토미 정권을 수립한다AD 1584. 그리고 조선에 출병하여壬辰倭亂, AD 1592, 일본에서는 '文禄の役'이라고 한다 참교육(?)을 당하고 그의 아들들이 권력 다툼을 하다 결국은 세키가하라 전투AD 1600에서 도쿠가와 이에야스에게 패하여 기껏 이룩한 전국통일과 막부의 실권을 고스란히 갖다 바치게 된다. 힘들게 돈 벌어 왕×껑 라면 사 왔더

니오다 후배에게 배신당해 죽고, 그 라면에 물 부어 놓고_{도요토미} 다른 길드 가서 3분 정도 전쟁하다 왔는데 다 익고 알맞게 식은 면발을 맛도 못 본 상태에서 누군가가_{도쿠가와} 후루룩 삼킨 꼴이다_{피시방에서 흔히 발생하는 일이 약 500년 전에 일본에서 있었다.}

센고쿠 시대와 축성 작업의 실시

센고쿠 시대는 지금 얘기한 오다 노부나가, 도요토미 히데요시, 도쿠가와 이에야스라는 전국3영걸戰國三英傑 이외에도 수많은 다이묘들이 있다. 가이甲斐国 지금의 야마나시현의 호랑이라 불리던 다케다 신켄武田信玄과 에치고越後国 지금의 니이가타현의 용이라 불리던 우에스기 켄신上杉謙信의 라이벌 구도는 후대까지 호사가들에게 좋은 콘텐츠로 활용되고 있다. 이렇게 스펙타클한 이야기를 담은 센고쿠 시대는 지금까

 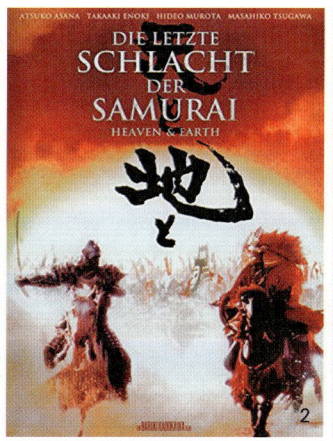 

그림9.4 센고쿠 시대는 일본 역사상 가장 흥미진진한 이야깃거리를 만들어 왔다. 그 중심에 있는 사람 둘이 바로 우에스기 켄신(1)과 다케다 신켄(3)이다. 두 센고쿠 다이묘의 라이벌 관계는 다양한 미디어로 대중에게 전달되고 있는데, 그 중 대표적인 게 바로 가이온지 초우고로海音寺潮五郎 원작에 가도카와 하루키角川春樹가 감독한 1990년도 영화인 〈하늘과 땅과天と地と〉이다(2). 이 영화는 둘 사이의 전투인 가와나카지마 전투川中島の戦い를 촬영하는데 현재까지도 기네스북 기록인 800필의 실제 말을 투입하였다 한다.

지 일본인들에게 가장 큰 흥미와 낭만을 불러오는 시대이기도 하다.

하지만 우리나라의 입장에서 보면, 여태까지 역사적으로 후배 혹은 동생 취급하던 섬나라 국가가 난데없이 두 번임진왜란과 정유재란이나 침략을 가해 오는 계기를 마련해 주던 시기이기도 하다. 센고쿠 시대에는 일본 국내에서도 툭하면 벌어지던 전쟁으로 인하여 아무 말 없이 생업에 종사하던 농민들과 소상공인들은 잦은 피해와 징발에 시달려야 했다.

특히 임진왜란과 같은 뜬금없는 대외 전쟁에 참여하면서 군역에 시달리고, 화살 및 조총의 공격에 견딜 수 있도록 높은 성을 쌓는 부역도 담당하게 되면서 이래저래 가진 자와 못 가진 자들 간의 계급 갈등도 증가하였다. 이 장에서 주로 다룰 문화유산인 일본의 성도 바로 그런 계급 갈등에서 발생하는 착취와 피착취를 반영한다.

2. 효고현의 히메지 성과 그 특징

일본 성의 구조와 축조 방법

일본 역사상 성은 상당히 일찍부터 축조되어 왔다. 후한 대 역사서인 『삼국지위서왜인전倭人傳』에 의하면 야마토 인들도 성을 쌓았다는 기록이 있다. 이것을 받아들이면 일본은 야요이 시대가 끝나고 고훈 시대부터 본격적으로 성을 쌓기 시작한 걸로 볼 수 있다. 또한 고사기와 일본서기에도 기록이 나오는데, 여기서 등장하는 성은 지금 이 책에서 얘기하는 일본 고유의 성이 아니라 단순 방어 시설인 성채 혹은 환호성 요새에 가까운 형태다. 따라서 우리가 알고 있는 좁은 의미의 일본 성은 센고쿠 시대부터 활발하게 축조된 것으로 볼 수 있다.

센고쿠 시대의 다이묘들은 자신의 영지인 구니國 안에 군사와 식솔들이 함께 거주할 수 있는 성을 쌓는다. 이런 성은 우리가 한반도와 중국에서 살펴본 도성 및 궁宮과는 다른 개념이다. 중국의 도성은 왕이 거주하고 그를 보좌하던 모든 인력의 공간이기 때문에 널찍하고 웅장한 면모를 보인다면 일본의 성조우 혹은 시로, 城 じょう, しろ은 서양처럼 높게 쌓아 망루의 역할까지 하고 조총이나 화살과 같은 원격 살상 무기의 방어에 특화된 면모를 보여준다.

특히 사무라이로 대표되는 전투 집단 및 지금의 정보원처럼 암살이나 사보타주 공작을 은밀하게 수행하던 시노비 집단忍, しのび, 보통 닌자로 알려져 있다의 활동도 대비해야 하므로 센고쿠 시대의 성은 설계가 복잡하고 중간중간 방어선을 형성하기 좋은 미로의 구조로 되어 있다.

그러나 대부분 목조 건물이라 화재에 취약하기 때문에 온전하게 남아있는 성도 많지는 않다. 성의 외부에는 이중 구조로 도성의 방어 시설과 흡사하게 외곽성과 내곽성이 있고, 그 주변에는 방어용 웅덩이인 가이시해자, 垓子, がいし가 있다. 하지만 후대에 들어 본격적으로 대포가 도입되면서 외곽의 방어 시설은 점차 사라지게 되었다.

일본 성의 구조와 용어들

이러한 성의 효시라 볼 수 있는 사례는 오다 노부나가가 쌓은 시가滋賀현의 아즈치 성安土城이다그림 9.5의 1. 아즈치 성은 이전과 달리 높은 산을 전면적으로 끌어안고 축조되어 있어 실제 성 입구에 도달하기도 전에 적의 진입을 관찰하고 대비할 수 있다. 그리고 당시 유행하기 시작한 조총으로 성안에서 쉽게 적을 요격할 수도 있다.

아즈치 성에는 일본 센고쿠 시대 성을 특징지어 주는 고유한 시설이 드러난다. 일단 구루와曲輪, くるわ는 일본의 성 내부를 일정한 구획으로 나눈 것을 말한다. 우리나라 중국의 성에서는 좀처럼 보기 힘든 구조로서, 일본의 성은 들어가면 반드시 지도를 보면서 이동해야 할 정도로 내부가 복잡하고 다양한 회랑回廊과 담벼락으로 구분되어 있다. 구루와는 이렇게 성 내부를 나눈 단위 구역을 말한다. 구루와는 에도 시대부터 마루丸, まる라고 불리는데, 여기서 마루는 동그라미나 고리를 의미하는 구역 단위이다.

구루와 혹은 마루 중 성의 주인인 쇼군이나 다이묘가 거주하는 곳을 혼마루本丸, ほんまる라 한다. 혼마루는 성의 중심부에 해당하는 구역으로, 성에서 가장 높은 곳이다. 혼마루의 꼭대기는 탑처럼 점차 면적이 축소되는 방식으로 상승한다. 꼭대기에 위치하는 최종 방어시설 및 관망용 탑을 덴슈天守, てんしゅ, 혹은 덴슈가쿠天守閣, てんしゅかく라 한다.

그림9.5 현재 우리가 알고 있는 일본 성의 효시라 볼 수 있는 아즈치安土 성(1)과 도요토미 히데요시가 세운 오사카大坂 성(2). 두 성 다 센고쿠 시대의 여러 전투에 훼손되어서 지금 보는 모습은 모두 후대에 복원된 형태이다. 특히 오사카 성의 경우 1600년의 세키가하라 전투를 통해 많은 부분이 소실되었다. 지금 보는 덴슈는 1628년에 두 번째 도쿠가와 쇼군인 히데타다德川秀忠가 세운 것이다.

덴슈는 대중 매체에서 표현되는 것과 달리 순수한 전투용 수성守城 시설이다. 그래서 영주가 상시 거주하는 공간은 아니며 가신家臣들과 함께 전략을 모의하거나 아니면 최후의 보루로 목숨만은 보전하기 위한 시설이다. 그래서 전투에서 패하고 항복하거나 사살되기 이전에 여기서 사무라이의 명예로운 자살 의식인 하라키리할복, 腹切り가 이루어지기도 했다.

덴슈가 연결되는 방식에 따라 혼마루는 몇 개의 분류가 가능하다. 일반적으로 센고쿠 시대 초창기의 성은 덴슈가 하나만 있는 경우가 많다. 그러다 휘하 부장 무사의 역할이 증가하고 가신이나 식솔들의 규모도 확장되며 단일 덴슈만으로는 방어 업무를 수행할 수 없자 혼마루 내에 두 개 이상의 부속 건물과 함께 붙는 경우가 많다. 이러한 부속 건물은 흔히 야구라櫓, やぐら라 불리는 총알받이 방패 역할의 목적이 있다.

부속 건물이 붙어 있지 않고 덴슈와 회랑으로 연결된 경우도 있는데, 이런 연결 통로는 와타리야구라渡櫓, わたりやぐら라 불린다. 또한 가장 높은 덴슈와 별도로 크기가 다소 작은 고덴슈小天守, こてんしゅ를 여럿 연결해서 주상복합건물이나 아파트처럼 건설하는 형태도 있다. 이것은 에도 시대부터 보편적인 형태로 자리 잡기 시작했다. 다음에 살펴볼 효고현의 히메지 성은 바로 이렇게 덴슈와 고덴슈가 붙어 있는 복합적인 형태이다.

히메지 성의 역사와 거주 인물들

히메지 성은 일본 성곽 건축의 정수로서 덴슈가쿠가 아주 잘 보전되어 있기 때문에 일본의 국보로 지정됨은 물론 1993년에 성 전체가 세계문화유산으로 지정되었다. 뚜렷하지는 않지만, 히메지 성은 무로마치 시대의 슈고다이묘인 아카마쓰 노리무라赤松則村가 최초로 건설했다는 설이 가장 설득력 있다. 아카마쓰 노리무라는 원래 앞에서 언급한 고다이고 천황을 지지하면서 세력을 키워 왔고 그 후 남북조 시대가 되자 아시카가 막부의 측근이 되었다. 그리고 아카마쓰 노리무라의 아들인 아카마쓰 사다노리赤松貞則가 히메지 성의 기본적인 형태를 갖추었다 한다.

아카마쓰 씨 가문이 건설한 히메지 성은 센고쿠 시대가 되면서 오다 노부나가에게 점령당한다. 당시 오다의 부장이었던 하시바도요토미 히데요시는 하리마播磨 평원의 모리毛利 씨 가문을 점령하기 위해 히메지 성에 입성하였는데AD 1580, 성을 접수한 후 대폭 개수하면서 지금과 비슷한 형태로 증축하였다.

도요토미 히데요시는 히메지 성을 본거지로 삼으며 지금 히로시마廣島 지역의 다이묘인 모리 데루모토毛利輝元와 대립하여 결국 그를 자신의 봉신으로 만들었다. 그리고 1583년에 지금의 오사카大阪 성을 짓기 시작하였고 1597년에 완성해서 그곳에서 1598년에 사망했다오사카 성이 터가 좋아서 덕분에 임진왜란이 끝난 것 같다.

임진왜란이 끝난 후 도요토미 일가에게 형식적인 충성을 맹세하고 잠잠히 암중모색하며 기회를 잡던 도쿠가와 이에야스는 도요토미 가문과 사활이 달린 전투세키가하라 전투에서 승리한다AD 1600. 당시 도쿠가와의 부장이던 이케다 데루마사池田輝政는 세키가하라 전투 승리의 전공으로 히메지 성을 하사받았다. 이케다는 그 후 도요토미와 마찬가지로 히메지 성을 8년에 걸쳐 대폭 재증축 하였다. 이렇게 다양한 다이묘들이 점령하고 증축하기도 하면서 히메지 성은 지금의 모습

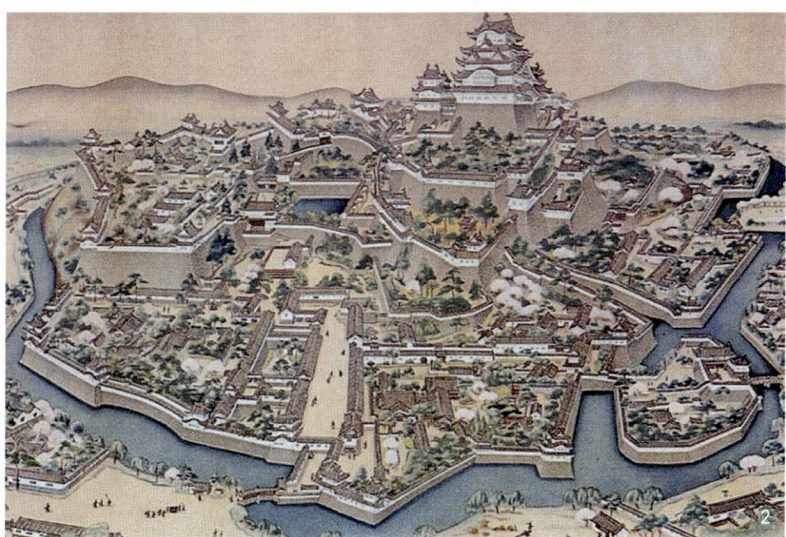

그림9.6 히메지성의 현재 모습(1). 다이덴슈 및 고덴슈와 와타리야구라 등의 부속 시설이 잘 남아있다. 본래의 히메지성이 지어졌던 당시의 모습을 묘사한 평면도(2). 상당히 복잡하고 또 제대로 침투가 쉽지 않은 완벽한 방어 구조를 보여주고 있다.

제9장 이중성이 제대로 발휘되는 공간: 효고현 히메지 성

을 갖추게 되었다. 히메지 성은 에도 시대에도 몇 번의 수리가 있었다.

히메지 성의 특징 및 외관

현재 히메지 성은 일본에 있는 센고쿠 시대의 성 중 가장 큰 규모를 자랑한다. 에도 시대 이후 전쟁을 겪지 않았고 2차대전의 태평양 전쟁 당시도 폭격을 기적적으로 면한 것으로 유명하다. 그렇기 때문에 '부전의 성不戰の城, ふせんのじょう'이라는 별칭으로도 불린다. 전쟁을 위해 지은 성이지만 오히려 보존 상태가 뛰어나고 덴슈가쿠天守閣가 잔존한 몇 안 되는 일본의 전통 성곽으로 남아있다.

히메지 성은 히메야마 산 중심에 위치하는 덴슈와 그 주변 시설인 다섯 개의 마루로 구성된 5중 구조이다. 이는 여러 차례의 전투를 거치는 동안 방어 시설에 적합한 형태로 바뀐 흔적이다. 전반적으로 하얀 색조가 우세하고 혼마루에는 5층의 다이덴슈大天守와 3층의 고덴슈小天守가 있다. 이 덴슈들은 도요토미 히데요시가 최초로 세웠는데, 두 덴슈 사이에는 2층으로 된 와타리야구라渡櫓가 연결되어 있다.

히메지 성과 관련된 각종 이야기

히메지 성은 무로마치 시대부터 센고쿠 시대, 에도 시대를 거치면서 다양한 이야깃거리를 남겨 왔다. 그중에 대표적인 것이 바로 오사카베묘진お菊井戸刑部明神 전설이다. 오사카베묘진은 여우로서, 일본에서 여우와 너구리는 사람으로 변하기도 하고 또 상서롭거나 그 반대로 불운한 기운을 모두 가진 영물靈物로 인식된다. 오사카베묘진은 줄곧 히메지 성 덴슈에 살고 있던 수호신으로 인식되어 왔다. 사람들은 오사카베묘진 때문에 히메지 성이 지금까지 무사하게 보전될 수 있다고

그림9.7 히메지 성 내부에는 다양한 시설이 마련되어 있다. 덴슈가쿠에는 이 성의 수호신인 오사카베묘진을 모시는 신사가 있고(1), 센고쿠 시대 주요 무기인 조총 거치대도 있다(2). 일본의 대표적 사무라이인 미야모토 무사시의 전설도 있다. 미야모토 무사시는 일본에서 다양한 미디어로 다루어졌는데, 그중 가장 유명한 게 이나가키 히로시稲垣浩 감독에 미후네 도시로三船敏郎, 쓰루다 고지鶴田浩二 주연의 1956년 영화인 〈간류지마의 결투決鬪巖流島〉이다(3).

제9장 이중성이 제대로 발휘되는 공간: 효고현 히메지 성 **243**

믿고 현재 다이덴슈가쿠에 특별히 제단을 마련해 놓기도 하였다.

한편 일본에서 거의 무신武神으로 인정받고 숭배되는 사무라이인 미야모토 무사시宮本武蔵의 전설도 있다. 무사시는 도요토미 히데요시의 가신인 기노시타 이에사다木下家定에게 소속된 하급 군졸이었는데, 기노시타가 히메지 성에 머무르던 당시 덴슈에 요괴가 있다는 제보를 받고 그 요괴를 퇴치하라는 명을 받았다.

무사시는 한 손에 등불을 들고 덴슈로 올라가서 요괴를 내쫓았다. 그러자 히메지 성의 수호신 여우, 오사카베묘진이 아름다운 여인으로 변신해서 무사시에게 가마쿠라 시대의 도검 명장인 고우노 요시히로鄕義弘의 이름이 새겨진 보검을 주었다고 한다.

3. 히메지 성과 센고쿠 시대, 그리고 일본인의 이중성

일본에서 성이라는 건물은 나라 시대의 사찰이나 신사와는 또 다른 의미를 우리에게 가져다준다. 성은 보통 거주 공간보다는 방어를 목적으로 한 전투용 건물이다. 이러한 성이 지어진 배경은 헤이안 시대가 끝나고 가마쿠라 시대에 들어서면서 본격적으로 시작된 막부와 천황의 알력, 그런 과정에서 대두하는 사무라이라는 독특한 이데올로기를 가지는 무사 집단. 그리고 이러한 모든 것이 한꺼번에 맞물리면서 일본의 정서와 가치관을 만들어 버린 센고쿠 시대의 사회 분위기도 포함한다.

살생을 금하던 불교를 받아들이고 태양의 아들이라고 여겨지던 천황을 맹목적으로 섬기던 집단은 이제 뭔가 세상에 대한 눈을 뜨면서 폭력과 술수가 난무하는 투쟁의 현장에서 자신을 지켜야 한다. 그리고 자신의 이익에 따라 거침없이 남의 영역을 정벌하는 전쟁을 밥 먹듯이 치른다. 이러한 분위기에서 일본의 성은 단순한 영주의 집무실이나 생활 공간이 아니라 그곳을 터전으로 처절하게 생존해 오던 공동운명체의 '아지트агит'라고 볼 수 있다. 아지트агит는 군사 용어인 러시아말로서, 특정 공간에 자리 잡은 소속 집단만 이해할 수 있는 모든 일들이 발생하는 은밀한 공간을 말한다.

센고쿠 시대 다이묘들은 그들만의 아지트를 만들어 하늘 높이 쌓아 올렸고, 그 안에서 성 밖 사람들이 이해하기 힘든 일들을 지속해서 벌여 왔다. 성 아래 성벽 밖은 조카마치城下町, じょうかまち라 불리며 성 안의 사람을 위해 종사하는 사람들이 살아왔다. 그들에게 성안은 상상할 수 없는 전혀 다른 세상이었다.

그렇기 때문에 도쿠가와 씨가 쇼군으로 집권한 에도 시대에는 1개 번藩마다 1개의 성만 보유하라는 명령을 내리기도 하였다. 이제 더는 성을 이용해 은밀한 음모나 계획 및 모반이 이루어져서는 안 되기 때문이다. 하지만 그들은 자신의 가문 내에서 쇼군의 지위를 독점 세습하면서 호위무사 집단인 야규柳生 일가의 무력과 첩보력을 이용해 각 번의 지배자인 다이묘를 감시하고 쇼군의 권위에 도전하는 기색을 원천차단하고는 했다.

히메지 성은 센고쿠 시대와 에도 시대 사회 분위기를 전형적으로 보여준다. 최초로 건설된 무로마치 시대에는 아카마쓰 씨 가문이 천황 세력을 누르고 쇼군에게 붙어 자신의 성을 지을 수 있는 기반을 마련한다. 그리고 일본 전역이 너도 나도 싸우기 바쁜 센고쿠 시대에는 도요토미 히데요시가 모리 씨 가문을 토벌하기 위한 주둔지로 활용하였다. 임진왜란 후 세키가하라 전투를 통해 일본 전국통일의 끝판왕으로 등극한 도쿠가와 가문은 자신의 가신들에게 영토인 번을 주고 그것을 관리할 수 있는 다이묘 직책을 주었다.

쇼군은 다이묘들에게 성안에서 얼마든지 자율적으로 처신하게 해주지만 실제로는 꾸준히 감시하고 대비한다. 다이묘들은 겉으로 충성을 외치지만 성을 더 증축하고 복잡하게 꾸미고 그 안에 비밀스러운 것들과 신비한 이야깃거리를 채워 넣는다. 센고쿠 시대를 거치며 상명하복上命下復은 대의명분으로만 남게 된 상황이 바로 이런 것을 통해 잘 드러난다. 위쇼군나 아래다이묘나 모두 다 자기만의 이권을 위해 속으로는 호박씨(?) 까고 겉으로만 표정 관리하는 일본인들의 이중성은 성이라는 전투 시설 안에서 자연스럽게 형성되었을 수도 있다.

이러한 일본인의 이중성은 루스 베네딕트Ruth Benedict가 쓴 『국화와 칼1946』에서 본격적으로 다루어졌다. 태평양 전쟁을 치르며 유럽 전선의 독일이나 이탈리아와는 전혀 다른 정서를 보여주는 일본군들을 이해하기 위해 미국 국방성이 정식으로 인류학자에게 의뢰한 일종의 일본인 취급 매뉴얼인 셈이다참고로 루스 베네딕트는 당시까지 한 번도 일본에 가 본 적도 없고 일본인을 직접 접한 적도 없었다. 국화는 일본인들이 가장 선호하는 꽃 중의 하나이며 천황을 상징한다. 칼은 국화의 오상고절傲霜孤節한 이미지와 달리 격렬하고 단칼에 베는 잔인함과 명예를 위해 자신의 복부를 거침없이 가르는 무모함 및 역사적으로 천황과 항상 대립해 온 쇼군을 상징한다.

이렇게 전혀 상관없고 오히려 상반되기까지 한 두 개념이 한 사람의 가치관으로 자리 잡을 수 있고, 이렇게 모순된 가치관이 전 국민에게 일관적으로 발휘될 수 있다는 것. 일본인의 이중성은 굳이 국화와 칼로 상징하지 않더라도 센고쿠 시대의 성이 담당하던 당시의 역할을 고려하면 좀 더 풍부하게 이해할 수 있을 것 같다.

제10장 우리는 일본인이 아니다
: 오키나와의 슈리首里 성과 구스쿠御城 유적

1. 류큐 열도와 오키나와의 지리적 배경

환태평양 조산대의 거주 민족들

환태평양 조산대環太平洋造山帶, circum–Pacific belt라는 용어가 있다. 직역하면 '태평양을 고리처럼環 둘러싸고 산山을 만드는造 띠帶 모양의 지점'이다. 지질학적으로 조산 지역은 다른 지역에 비해 융기가 심한 지역이다. 그런데 지구의 지각은 여러 개의 판plate으로 구성되어 있기 때문에 어느 한쪽이 융기해서 산을 만들려면 다른 쪽은 바닷물 속으로 가라앉아 엄청나게 깊은 심연深淵을 이룬다. 이러한 환태평양 조산대는 우리나라의 동해 바로 옆을 관통한다.

환태평양이라는 용어에서 알 수 있듯이 북미 지역에는 로키산맥, 남미에는 안데스산맥이 태평양에 접하고 있다. 하지만 아시아 일대는 신대륙처럼 대륙 내부에서 솟아오른 게 아니라 대륙 일부 지역이 지금의 심해가 되고 대신 반대쪽이 섬과 반도로 솟아올랐다. 이렇게 섬과 반도로 솟아오른 대표적인 곳이 러시아 북동부의 캄차카반도, 사할린섬과 쿠릴 열도, 일본열도 및 남쪽으로 연결되는 타이완, 필리핀, 인도네시아, 파푸아뉴기니 등과 같은 화산섬들이다.

환태평양 조산대는 판이 기울면서 한쪽이 융기하고 반대쪽이 침강하기 때문에 판과 판이 만나는 곳에서는 지진과 화산 활동이 빈번하다. 일본은 말할 것도 없고 요즈음은 조산대의 내부 맨틀 대류가 변

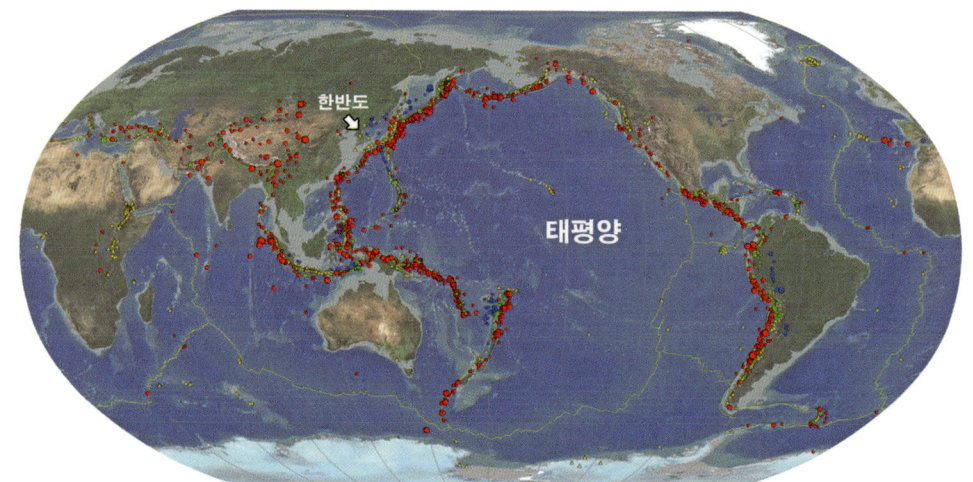

그림10.1   환태평양 조산대를 잘 나타내는 고리 모양의 지진대. 지진이 발생한 지점인 진원震源의 깊이가 얕으면 붉은색 점이고 깊으면 푸른색, 중간이면 녹색이다. 이 그림을 보면 우리나라가 얼마나 안전하고, 일본이 얼마나 지진으로 위험한 동네인지 알 수 있다. 오키나와를 포함하는 류큐 열도도 지진 빈번 발생 지대이다. 오키나와에서 갈라져 나오는 푸른색과 녹색 점의 군집은 태평양에서 가장 깊은 심연인 매리아나 해구와 부합한다.

해서 그런지 우리나라 동해안의 주요 도시인 포항, 경주에서도 심심찮게 지진이 발생한다. 그리고 2025년에는 일본열도 대지진설이 크게 유행하기도 했다.

태평양 연안의 환태평양 조산대에 사는 사람들은 대륙의 아시아 인종들과 유전적으로 많은 차이를 보인다. 환태평양 조산대의 거주민들은 일찍이 구석기시대가 끝나고 해수면이 상승하기 이전에 육지로 연결되어 있던 때부터 거주해 오던 사람의 후손이다. 그러다가 해수면 상승으로 지금은 섬이 되면서 유전자가 고립되고, 외부와 문화 교류를 거치지 않으면서 고유한 풍속과 외모를 지금까지 유지해 오게 되었다.

일본 북방에 거주하는 아이누족이나 여기서 다룰 남방의 오키나와인우치난주, 沖縄人, ウチナンチュー들은 바로 그런 고대 족속의 후예들이다. 지난 장에서 우리가 아이누족을 토벌하는 직책을 쇼군征夷大將軍이라

고 했듯이 당시 일본의 대표적인 족속인 야마토 민족은 이러한 고대인들의 후손을 자기들과는 전혀 다른 족속이나 오랑캐, 혹은 괴물로 봤을 수도 있다외모지상주의의 프로토타입이란 말인가?.

류큐 열도의 위치와 최초의 인구 거주

류큐 열도는 현재 일본에 귀속된 오키나와 현과 북쪽 규슈의 가고시마鹿児島, かごしま현 소속인 아마미奄美, あまみ 군도까지 포함한다. 류큐 열도는 여러 개의 다양한 섬이 일렬로 서 있듯이 구성되어 있어 일본열도 내의 또 다른 작은 열도에 해당한다. 류큐 열도혹은 제도는 지리적으로 일본보다는 타이완에 더 가깝고, 일본 수도인 도쿄와의 거리는 중국 상하이보다도 멀다. 그래서 상당히 따뜻한 아열대 기후를 보인다.

류큐 열도의 대표적인 섬은 오키나와沖縄, おきなわ섬, 이에伊江, いえ섬, 구메久米, くめ 섬 등이 있고, 안에 아주 작은 섬들의 집합체인 게라마 제도慶良間諸島, けらましょとう, 아구니 제도粟国諸島, あぐにしょとう 및 사키시마 제도先島諸島, さきしましょとう가 포함된다. 사키시마 제도에는 중국과 일본의 분쟁 지역에 해당하는 센카쿠 열도尖閣列島, 중국어로는 '자오위다오,' 钓鱼岛가 있다. 류큐 열도는 엄청나게 작고 다양한 섬들로 구성되어 있으며 각각의 섬에 거주하는 인종들도 자체적으로 유전자가 고립되며 독특한 신체·문화적 특징을 보인다.

류큐 열도에서 가장 크고 대표적인 섬은 오키나와섬이기 때문에 '류큐=오키나와'라는 고정관념이 있다. 사실 지금 얘기하는 류큐 왕국의 본거지가 오키나와섬이고 또한 근대에 일본의 영토가 되는 과정도 오키나와를 중심으로 이루어졌다. 오키나와섬은 일본이 메이지유신을 통해 근대화를 이루며 제국주의의 식민지 진출에서 가장 인기 있

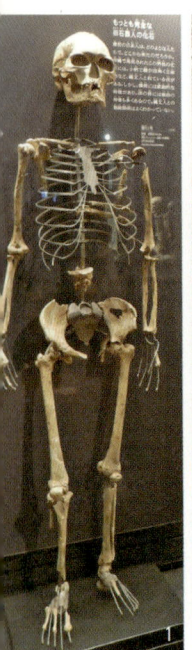  

그림10.2 오키나와의 미나토가와 석회암 지대에서 발견된 화석 인류(1)와 동경국립과학박물관에 전시된 그 복원상(2). 같은 박물관에 있는 일본의 조몬 시대 사람의 모습(3)과 비교할 때 도저히 같은 종족이라 볼 근거가 없다. 다문화 시대에 인종적인 차이가 별 의미가 없기는 하지만 과거 일본인들이 오키나와 사람을 볼 때 어떻게 생각했을지는 얼핏 짐작할 수 있다.

던 학문인 인류학의 실험 실습장이기도 했다. 그래서 일본에서도 오키나와의 민속, 종교, 언어 등을 연구하는 '오키나와학沖繩學'이라는 분야가 생겼다.

오키나와에서 발견된 일본(?) 최고最古의 화석 인류는 미나토가와港川, みなとかわ인이다. 총 4구의 호모 사피엔스가 발견되어 아시아 말단에 현생 인류가 파급되던 당시의 신체적 특징을 알 수 있다. 신체 크기는 150cm 정도이고 왜소한 인간이라는 '倭人'이란 호칭은 괜히 생긴 게 아닙니다 산산이 부서진 뼛조각 상태로 발견되어 식인 풍습의 결과가 아니냐는

주장도 제시되었다. 인종적으로는 남방계에 해당하고 피부색은 야마토 족속과 달리 갈색에 가깝다는 연구 결과가 있다.

류큐 열도의 선사시대

오키나와를 포함한 류큐 일대는 1879년 본격적으로 일본열도에 합병되기까지 일본과는 전혀 다른 별개의 역사를 가지고 있다. 아이누 및 각종 일본의 소수 민족과 마찬가지로 류큐 일대의 원주민들은 농사를 짓는 시점이 상당히 늦다AD 1000경. 또한 일부는 아직 농사를 짓지 않고 어로와 수렵 및 채집과 같은 직접적인 자연 식량을 활용하는 집단도 있다. 농업을 통한 잉여생산물이 활발히 발생하고 노동력의 차별적 배분에 따른 계층화 및 관료제의 형성이 문명과 깊숙한 관련이 있다는 얘기는 한국의 문화유산 부분에서 언급한 바 있다. 오키나와는 그런 면에서 문명화의 시점이 오래되지 않았고 그 수준도 그다지 높지 않았을 것으로 추측할 수 있다.

　오키나와만으로 한정하면 기원후 한참 지나서까지 금속기 제작이 없었고 농사를 짓지도 않았다. 또한 뚜렷한 정착 주거지도 없어서 당시 고대 류큐인들이 남긴 고고학적 흔적은 조잡한 타제석기 분포 지점 및 조개껍데기를 쌓아 놓은 패총貝塚이 대부분이다. 그러나 오키나와 원주민들은 발달한 해양 기술에 의지하여 비교적 멀리 떨어진 곳까지 간단한 배를 만들어 이동하고, 다시 귀환하는 원점거지homebase 복귀 관습은 있었던 것으로 보인다.

농경의 시작과 구스쿠 시대

11세기가 되면 류큐 제도에 구스쿠御城 ぐすく라고 불리는 성 혹은 요

 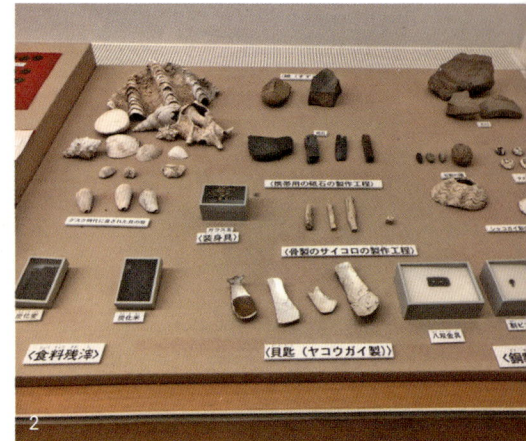

그림10.3 오키나와 북부의 나키진 구스쿠의 형태(1)와 그 안에서 발견된 출토품들 (2). 구스쿠는 상당히 견고하고 꾸준히 증축되어 왔기 때문에 그 안에서 발견되는 유물들은 장기간에 걸쳐서 누적된 과거인의 산물이다. 그래서 선사시대의 조잡한 도구부터 대륙의 중국에서 전래 된 화려한 청자나 금속 유물들도 같이 나오고 있다.

새가 오키나와를 중심으로 곳곳에 세워지기 시작한다. 그동안 뱀 잡아먹고 개구리 잡아먹고 조개나 까먹던 류큐인들이 외부의 자극으로 금속기 및 위신재와 같은 희소한 선진 문물을 받아들이면서 자연스럽게 계층화를 이룬다. 그런 과정에서 특정인의 권위를 표출하고 사유재산을 보호하기 위하여 외부 불순분자들의 차단을 목적으로 구스쿠를 쌓은 것으로 보인다.

당시 대륙에서는 쌀농사와 소를 이용한 우경법이 보편화되었다. 따라서 류큐 열도에서는 농업이 빠른 속도로 퍼져나갔다. 아열대에 가까운 높은 생산성으로 인하여 밀이나 조는 물론 논을 이용한 쌀 재배 및 돼지 사육도 보편화되었다. 당·송대의 도자기 편도 발견되는 것으로 보아 이 당시 이미 해상 교류도 활발했던 것으로 보인다.

구스쿠를 지배 혹은 통치하거나 소유하는 유력 세력을 아지按司, あ

ㄴ라고 한다. 이는 나중에 류큐에 존재하던 세부 족속의 우두머리를 일컫는 용어로 정착하게 되었다. 12세기부터는 류큐에서 농경이 파급된 이후 개별 지역의 생산성을 반영하는 세력의 확장이 이루어지고 다양한 크기의 구스쿠가 생겨났다.

본토 일본인의 활발한 유입 및 고려 삼별초의 진출 가능성

섬이라는 특징상 인구의 군집cluster 규모는 작게 마련이고, 외부 인구의 유입 및 외부로의 피신도 쉽지 않기 때문에 씨족을 기반으로 형성된 구스쿠 집단은 언제든지 멸문滅門, 친족 집단을 송두리째 없애서 아예 씨를 말리는 숙청 작업당할 위험이 있었다. 그래서 구스쿠는 실제 방어 시설 이상으로 견고하면서도 그 안에서 얼마든지 자력갱생自力更生할 수 있을 정도의 시설을 갖추고 있다.

이때부터 류큐인들과 일본 본토 야마토 인들과의 유전적 차이가 크게 없어지기 시작한다. 구스쿠 시대는 우리가 이전 장에서 살펴본 바와 같이 본격적으로 일본의 황실과 막부가 정권을 잡고 다양한 실력 행사를 하기 시작하는 시점이다. 그래서 천황 중심의 왕권이 확립되고 일찍이 관료제가 확립된 헤이안 시대의 일본 제도가 류큐에 전수되면서 한자는 물론 가나도 보급되었다. 그러는 와중에 일본 본토 사람들도 류큐에 상당수 유입되었다.

아마도 일본열도에서 칼을 가진 자, 혹은 칼에 시달린 자들이 너도 나도 할 것 없이 류큐로 몰려들어 아직은 순박하고 간신히 자급자족이나 하던 류큐인들과 접촉하였을 것이다. 그리고 그들에게 달라붙어 문명화를 시켜주면서 동시에 물을 흐려 놨을 가능성이 높다. 그래서 구스쿠 시대는 요새를 튼튼하게 쌓고 문 걸어 잠그고 '개와 일본인 출

그림10.4 류큐 왕국의 우라소에요도레浦添ようどれ 유적(1)과 슈리首里 성에서 발견된 수막새 연화문 기와(2)는 13~15세기에 제작된 것이다. 연화문 이파리의 개수가 류큐의 기와는 9개이고 13세기의 제주도 용장성 출토품은 8개라는 차이가 있지만 두 종류의 기와는 상당히 유사한 형태를 보여준다.

입금지'라고 간판 놓고 살았을 가능성도 있다영화 〈정무문〉에서는 '개와 중국인 출입금지'라 써 놓은 일본어 간판을 이소룡이 '아뵤~'하며 날아 차기로 장렬하게 뽀개 버린다.

구스쿠 시대에는 당시 한반도의 고려와도 밀접한 관계를 맺었다. 몽골과 외롭게 항쟁하고 고려 왕실에 버림받으면서 전남 나주 일대를 점령한 삼별초三別抄 반란군은 결국 1271년에 원나라와 고려의 정규군에게 패퇴하고 제주도로 피신하였다. 그 후 2년 후에 삼별초는 다시 여·몽 연합군에 의해 토벌되었다는 기록만 남아 있는데, 2007년에 전남 진도 용장성龍藏城에서 발견된 고려시대의 기와와 오키나와에서 발견된 기와가 거의 일치하는 상황이 보고되었다.

용장성은 삼별초가 1270년 진도에 쌓은 전략적 요새이기 때문에 거의 비슷한 기와가 무려 600km 정도 떨어진 오키나와에서 발견되는 것은 흥미로운 사실이다. 실제 1389년 고려 우왕 때 류큐에 사절을 파견한 기록이 있지만, 이 당시는 류큐 왕국 성립 이전이기 때문에 아마도 구스쿠를 쌓던 다양한 류큐 내 집단 중 어느 한 곳과 인적 교류를 맺어 왔을 가능성이 크다.

2. 류큐琉球 왕국의 역사 AD 1429~1879

삼산시대와 류큐 왕국의 통일

구스쿠 시대가 다양한 지역에서 서로 다른 크기의 구스쿠를 쌓으면서 독자적인 지방 세력이 난립하던 시기라면 삼산시대三山時代는 대륙중국+한반도과 비슷하게 오키나와섬과 아마미 군도가 크게 세 개의 왕국으로 분리되던 시기를 말한다. 삼산시대 AD 1322~1429에는 위로부터 차례로 북산北山, ほくざん, '슬램덩크'의 고등학교가 있는 곳이 절대 아니다, 중산中山, ちゅうざん, 남산南山, なんざん이라 불리는 세 개의 국이 오키나와섬을 분할 점령하고 있었다.

북산국은 가장 면적이 크지만 삼산중 가장 늦게 발전하였고한국은 북쪽이 가장 먼저 등극했건만······ 수도는 나키진 구스쿠今帰仁城이다. 남산국은 오키나와의 최남단을 차지하고 있으며 중산이 가로막고 있어서 북산과는 접점이 없다. 수도는 남산성이라 불리던 시마시리오 오자토 구스쿠島尻大里城이다. 중산국은 나중에 삼산을 통일하여 류큐 왕국으로 등극하는 국가로서 수도는 슈리 구스쿠首里城이다.

세 나라는 서로 경쟁하면서 당시 중국의 명나라와 제각각 조공 관계를 형성하고 따로 책봉되었다. 그러나 이 삼산시대는 고대왕국의 기틀이 마련된 상태보다는 우리나라의 가야나 진국辰國과 같이 다양한 구스쿠 연맹체로 남아있었다고 보는 게 타당할 것이다. 중국 명나라 입장에서는 한참 과거인 '북방 오랑캐'와 싸우던 시절에나 등장하던 일종의 국國들이 15세기에 여전히 존재하고 천자에게 책봉과 조공 관계를 요청하니 '대략 난감'했을 것 같다.

중산국의 마지막 왕인 쇼 하시尚巴志, AD 1422~1439 재위는 북산과 남산을 정벌해서 오키나와를 통일하고 오키나와 최초의 통일 왕국인 류큐 왕조를 개창하였다AD 1429. 이때부터 본격적으로 역사서에 류큐의 존재가 기록되기 시작한다. 중국의 『명실록明實錄』, 한국의 『조선왕조실록』, 오키나와 중산국의 왕조 기록인 『중산세보中山世譜』에 삼산시대의 삼국과 통일 이후의 류큐 왕국이 기록되어 있다.

류큐 왕국의 발전과 동아시아 조공 네트워크의 성립

중산국은 삼산국을 통일하기 이전부터 동아시아 해상 루트의 중요한 거점으로 활발한 활동을 해 왔다. 그리고 구스쿠를 쌓으면서 스스로 자위적 방어 체계를 유지했기 때문에 통일 왕조는 더 이상의 소모전을 펼치지 않고 작은 섬나라로서의 위상을 유지하면서 내실을 기할 좋은 기회가 될 수 있었다.

　통일 왕조인 류큐 왕국은 이전 중국으로부터 책봉을 받을 때 쓰던 중산국이라는 국명을 통일 이후에도 그대로 쓰면서 자신들의 역사적 정통성을 유지하였다. 그리고 명나라 및 조선으로부터 재삼 책봉을 받으면서 중화사상에 입각한 동아시아 조공 네트워크에서 어엿한 독립국의 자격을 유지했다.

　그러나 류큐는 일본의 천황이나 막부에는 고개도 돌리지 않았다. 당시 일본 본토는 무로마치 막부가 집권하고 있었고 본격적으로 센고쿠 시대가 시작되던 시기였다. 일본열도에 내홍이 있는데 대륙 중심의 대외적인 조공 네트워크에 가입할 여력이 있었을까? 만약 일본이 이러한 조공 네트워크의 일원이었다면 임진왜란이나 명나라의 조선 원군도 존재하지 않았을 것이다. 조선과 일본의 사신이 베이징으로 가서 명나라 만력제萬曆帝에게 꾸지람 듣고 조용히 덮었을 것이다, 물

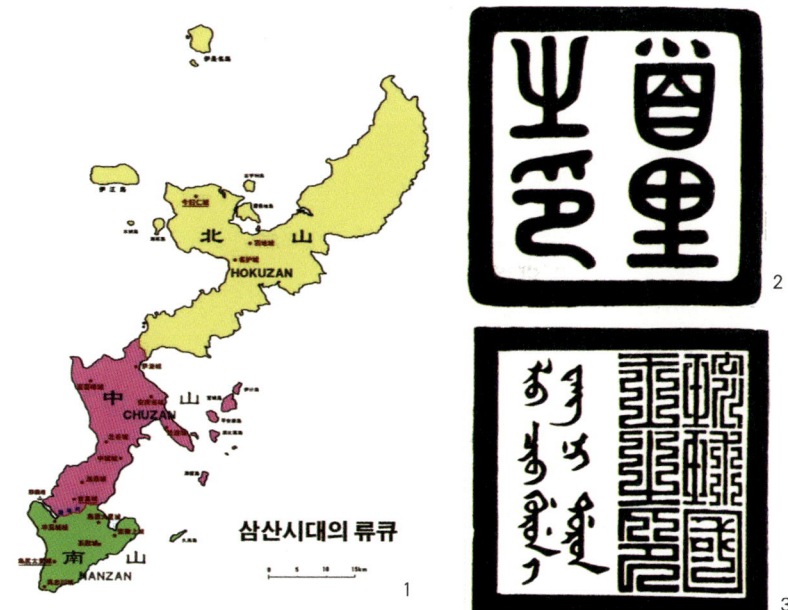

그림10.5 삼산시대 당시의 오키나와(1). 이 셋 중 가운데의 중산이 오키나와를 통일하여 수도는 슈리로 정하고 본격적인 류큐 왕국으로 발전하였다. 칭왕을 하면서 옥새首里之印(2)를 보유하였고 중국과 조공 관계를 맺으면서 정식으로 청나라 황제로부터 책봉을 받기도 하였다(3). 청나라 황제의 옥새에서 좌측 부분은 만주어로 각인되어 있다.

론 명나라의 만력제가 과연 그럴 대인인지는 모르지만만력제가 어떤 수준의 황제이고 그 때문에 명나라가 어떻게 되었는지 더 이상의 자세한 설명은 생략하련다.

일본 사쓰마薩摩 번의 침입

센고쿠 시대의 규슈 지역 남부에는 사쓰마 구니薩摩国라는 나라가 있었고, 여기에는 당시 나름 잘 나가던 다이묘인 시마즈島津 씨 일파가 있었다. 시마즈 가문은 규슈 지역을 거의 통일하고 이제 혼슈 진출을 노리면서 오다 노부나가와 대치하고 있었다. 그런데 오다가 혼노지에서 사망한 후 '갑툭튀'로 등장한 도요토미 히데요시에게제9장 참조 전국

제10장 우리는 일본인이 아니다: 오키나와의 슈리성과 구스쿠 유적

통일의 주도권을 빼앗긴다. 울고 싶은데 뺨 때려 준다고, 난데없이 전혀 가 본 적도 없는 대한해협 너머 대륙의 형님 국가 원정에 강제로 징집당하기까지 한다AD 1492.

드세기로 유명하고 아픈 데만 골라서 찔러 대는 조선 수군에게 제대로 털린 시마즈 씨 가문은 난데없이 도요토미 히데요시에게 일부러 너무 적은 병력을 보냈다는 혐의를 받고 임진왜란 후 영지가 줄어드는 불이익을 감수해야 했다. 그러다가 세키가하라 전투에서는 줄을 잘 못 서서 도요토미 계열인 서군 쪽에 붙었다. 당연히 도쿠가와 가문이 승리하고 에도 막부가 성립하자 시마즈 가문의 형제들은 서로 '꼬리 자르기' 하면서 책임 추궁의 독박을 자기들끼리 씌우며 '콩가루bean powder' 집안이라는 것을 인증했다안 풀려도 이렇게 안 풀리기는 정말 힘들다.

이런 상황이 닥치면 기분이 어떨까? 회사에서 결정적 승진을 눈앞에 두고 있는데 난데없이 낙하산으로 그 자리에 누가 앉았고, 미운털 박혀서 좌천당했다가 간신히 신용회복 해서 그 상사 계열로 들어갔더니, 그 상사가 사내의 경쟁자들에게 피떡이 되도록 당하고 회사의 주권을 송두리째 빼앗기면 어떻게 될까? 아마 홧김에 스스로 지방 지사 발령을 요청해서 순박한 현지 직원들이나 못살게 굴며 별 볼 일 없는 자신의 힘을 과시하고, 아재 개그나 일삼으면서 강제 웃음을 강요하는 치사한 21세기 한반도의 중년과 같은 신세로 전락할 수밖에 없을 것이다.

졸지에 한국의 치사한 중년과 같은 신세로 전락한 에도 시대 사쓰마 번의 시마즈 가문은 남에게 피해 안 주고 조용히 자그마한 점방이나 차려서 살아가던 류큐 왕국을 집적거리기 시작했다. 느닷없이 에도 막부에 사신을 보내라고 옆구리를 쿡쿡 질러대는 것이다. 당연히 류큐 왕국에서는 이러한 제안을 거절하였고 사쓰마는 자신의 꾸겨진 체면을 동네 꼬마 애 팔목 비트는 걸로 세우기 시작했다. 그래서 사쓰마 번의 다이묘인 시마즈 다다쓰네島津忠恒는 가고시마鹿兒島를 시작으로 계속 남진해 류큐 왕국을 차례로 점령하고 중산국의 수도인 슈리 성까지 침공하였다. 결국 류큐 왕국은 왕자와 대신을 볼모로 보내면서 굴복할 수밖에 없었다AD 1609, 류큐 왕국에서는 '기유왜란'이라고 표현한다.

류큐 왕국의 몰락과 일본 병합

사쓰마 번의 침략 당시 류큐 열도 북쪽의 아마미 군도는 아예 사쓰마 번에 복속되어 현재 규슈 가고시마현 소속이 되었다. 그런 이유로 류큐 왕국은 중국의 명·청 교체기 즈음에는 어느 정도 일본화가 진행되었다. 그리고 일본의 발달한 문물을 흡수하는 과정에서 청나라에 재빠르게 칭신稱臣하면서 대륙과의 조공 관계도 새롭게 업데이트하였다.

오키나와섬을 본거지로 하는 중산국은 중국과 한국에 더해, 이왕하는 김에 일본 막부하고 치사한 중년인 사쓰마 번에도 달라는 대로 퍼 줘야만 하는 신세가 되었다. 마침 17세기부터 이 지역에서 재배되기 시작한 사탕수수가 인기를 끌게 되자 단 것 좋아하는 일본 본토인들은 지금도 오키나와 특산물로 인기가 있는 흑사탕인 고쿠도우黑糖, こくとう를 이때부터 즐길 수 있었다말 그대로 '단물'을 쪽쪽 빨아 먹는 거다.

중국과의 조공 네트워크를 만들면서 인적 교류도 활발해지자, 발달한 대륙의 문물뿐 아니라 사람 패는 방법도 대륙에서 배워왔다. 류큐 왕국이 중국 복건성에 오키나와 상류층 인사들을 파견해서 배워 온 무술당수, 唐手이 바로 오키나와의 전통 맨손 입식 타격기인 가라테空手, 혹은 唐手다. 이 가라테는 무기 소유가 원천적으로 금지되던 류큐 왕국 시절에 개인의 체력 단련과 정신 수양용으로 널리 권장되었다.버 젓이 칼 두 개씩 차고 다니면서 아무나 베어 버리던 일본의 사무라이와는 완전 다르다.

특히 사쓰마 번의 지배 동안 오키나와인들 사이에서 비밀스럽게 전파되어 다양한 가라테 유파가 생겼다. 그리고 19세기에 오키나와의 일본 병합 이후 유도柔道처럼 품격 있는 의미의 '道'가 붙어사람 패는 방법도 품격이 필요한가? 한국에서는 공수도가 되었다. 그리고 이를 근거로 태권도가 생겼다. 따라서 우리가 흔히 보는 태권도는 태견에서 기원한 게 아니라 오키나와의 가라테에서 기원한 것이고, 이것은 중국 무술에서 온 것이라고 보면 된다.

사쓰마 번의 점령 이후 류큐 왕국은 19세기 들어 일본의 개항AD 1853과 대정봉환大政奉還, たいせいほうかん, AD 1867, 메이지유신 등을 함께

 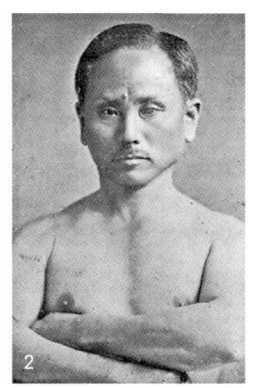

그림10.6 가라테는 중국을 거쳐 오키나와에 정착한 맨손 무술이다. 원래는 '唐手'라고 표기하였지만, 청일전쟁과 중일전쟁을 치르면서 중국을 상징하는 '唐'자를 기피하여 같은 음가를 가지는 '空手'로 바꾸었다. 일본은 일찍이 칼을 숭상하는 사무라이의 부시도가 자리 잡고 있어서 맨손 무술은 유도만 인정했을 뿐 가라테는 큰 인기가 없었다. 그래서 오키나와에서만 주로 연마되다가(1) 메이지유신을 거치면서 사무라이 계층의 몰락 및 본격적인 근대화와 함께 일본 본토에서 인기를 끌고 조선으로 전수되어 태권도의 발생에 영향을 크게 미쳤다. 현재 일본 가라테의 본관인 쇼토칸松濤館의 창시자인 후나코시 기친船越義珍(2)은 오키나와 슈리 출신이다.

겪게 되었다. 이렇게 일본의 '국명 빼고 다 바꾸는' 격동기 속에서 류큐 왕국은 1872년에 일본의 일개 번藩으로 강등당한다. 그리고 전 세계가 식민지에서 전쟁을 치르거나 동맹을 맺으면서 와자지껄하던 1879년에 마지막 왕인 쇼 타이尙泰가 폐위되고 후작으로 봉해지면서 류큐 왕국은 정식으로 오키나와현이 되었다.

이 당시 청나라와 미국이 일본의 오키나와 국권 겁탈에 약간의 간섭이나 쓸데없는 '오지랖'을 부리기는 했다. 하지만 당시의 국제정세는 자그마한 섬나라 왕국 하나 정도는 남의 나라 땅이 되든 말든 관심을 기울이지 않던 수준이었다. 이것은 타이완이나 한반도의 경우도 마찬가지다지금 같은 시기에는 상상도 할 수 없던 외교적 무단행위이다.

3. 류큐 왕국이 남긴 문화유산

오키나와의 구스쿠 유적들

전 세계의 지역마다 그 지역을 특징지어 주는 경관이 있다. 오키나와는 환태평양 조산대에 위치하기 때문에 화산섬의 지형이 대부분이다. 하지만 11세기부터 석회암을 이용해 쌓은 상당히 견고한 요새 형태의 구스쿠가 류큐 열도의 독특한 경관을 만들어 놓았다. 2000년에는 5곳의 구스쿠와 류큐 왕국의 도성인 슈리 성이 유네스코 세계유산에 지정되었다. 세계유산으로 지정된 유적들은 모두 오키나와섬에만 위치한다.

구스쿠는 오키나와 말로 성御城이나 요새를 뜻하지만 실제로는 오키나와 전통 민간 신앙에서 일종의 성지聖地에 해당하는 영역 표시로

그림10.7 오키나와의 구스쿠 유적들. 류큐 왕국 이전부터 자신들만의 고유한 영토를 확보하고 외부인을 배척하면서 자연스럽게 돌로 쌓은 형태의 구스쿠가 다수 축조되었다. 북산국의 나키진 구스쿠(1)는 다소 산만한 형태로 쌓여 있지만 중산의 가쓰렌 구스쿠는 상당히 견고하게 지어졌다(2). 그래서 2차대전 이후 미국 점령군이 잠시 주둔지로 사용했다.

볼 수도 있다. 또한 단순한 마을 공동체인 집락설集落說도 있고 아지로 대표되는 지방 세력자의 거주지에 해당하는 성관설城館說 등 다수 의견이 존재한다. 어쨌든 이러한 구스쿠들은 그 안의 영역과 바깥의 영역이 확실하게 구분되는 일종의 장벽이다. 이것은 이전 장에서 살펴본 일본의 성과 일맥상통한다.

11세기부터 지어지기 시작하는 구스쿠는 중산국이 오키나와를 통일한 15세기 이후에도 방어의 목적으로 꾸준히 지어졌다. 또한 그 견고함으로 인하여 2차대전의 오키나와 전투에서는 방어막으로 훌륭하게 활용되기도 하였다덕분에 많이 훼손되기는 했지만.

대표적인 구스쿠 유적 중 하나는 나키진 구스쿠今帰仁城이다. 삼산시대 북산국의 수도인 나키진은 기도나 참선 및 명상에 사용되었을 것으로 보이는 일종의 자연 암자인 우다기御嶽가 여러 개 포함되어 있다. 따라서 구스쿠는 종교적인 기능도 있다는 견해를 뒷받침 해 준다.

자키미 구스쿠座喜味城는 중산국이 북산국을 토벌하던 당시 중산국의 장군인 고사마루護佐丸가 지은 요새이다. 대부분의 오키나와 구스쿠는 석회암을 다듬어서 만들었기 때문에 상당히 오랜 기간 동안 사용되고 또 개축이나 증축되기도 하였다. 2차대전 당시 일본군은 자키미 구스쿠를 기관총 거치대로 사용하여 방어 요새로 활용하였고, 종전 이후에는 미군이 주둔하면서 레이다 기지로 활용하였다. 그러므로 대부분 훼손되거나 변형되었고 그중 일부는 복원되기도 하였다.

또 다른 구스쿠인 가쓰렌 구스쿠勝連城는 오키나와 동부의 우루마宇流麻 시에 위치한다. 가쓰렌 구스쿠는 류큐 왕국 설립 후 아직도 지방의 실세로 남아있던 아지인 아마와리阿麻和利의 본거지이다. 아마와리는 류큐 왕이 철석같이 믿던 충신인 고사마루가 반역을 꾀한다고 거짓 소문을 내서 고사마루를 자살하게 했다. 그러자 류큐 왕은 자신의 또 다른 장수인 우니 우후구스쿠鬼大城를 보내 가쓰렌 구스쿠를 함락시키고 아마와리를 처형하였다.

후일담에 의하면 이러한 모든 사건은 류큐 왕실에서 조작한 '프레임'이라 하는데, 만약 이게 사실이라면 삼산 통일의 공신인 고사마루와 지역 내 강력한 호족인 아마와리를 상대로 토사구팽兎死狗烹과 타초경사打草驚蛇, 풀을 쳐서 뱀을 놀라게 하듯이 적의 말을 그대로 믿어 주면서 적의 본색을 드러나게 하는 전략를 일타쌍피一打雙皮로 구사하는 무서운 책략이다. 참고로 2016년에 가쓰렌 구스쿠에서는 서로마의 동전과 오스만 제국의 동전이 발견되기도 하였다. 이것으로 볼 때 중산국의 해상 무역 및 교역은 이른 시기부터 상당 수준에 달하였다는 것을 짐작할 수 있다.

류큐 왕국의 왕궁터인 슈리 성

오키나와현의 나하那覇시는 현재 오키나와의 현청이 있는 행정 중심지이지만 과거에는 류큐 왕국의 수도였다. 여기에는 왕궁인 슈리 성이 있으며, 슈리 성의 부속 시설이자 별궁에 해당하는 시키나엔識名院, しきなえん, 역대 류큐 왕국의 왕묘를 모셔 놓은 다마우둔玉陵, たまうどぅん 등이 있다.

슈리 성은 중산국 시절부터 꾸준히 만들어진 성으로서, 현재 오키나와에서 가장 규모가 큰 문화유산이자 건물이다. 슈리 성은 지난 장에서 살펴본 일본의 성과는 전혀 다르게 생겼다. 높이가 높지 않고 오히려 평지에 널찍하게 건물들이 분포하고 있어 중국이나 조선의 왕궁과 흡사하다. 그래서 문과 건축물은 중국과 유사한 붉은 색이고 초창기 건물에는 고려에서 수입된 기와를 사용하기도 하였다. 다양한 사신을 알현하고 영접하는 국가의 특성상, 외교 의전에 치중한 형태가 잘 드러나고 있다.

슈리 성의 왕궁세이덴, 正殿, 그림 10.8의 2은 공교롭게도 불에 여러 번

그림10.8 슈리 성의 다양한 모습. 슈리 성의 두 번째 출입구인 슈레이몬守礼門(1) 과 슈리 성의 메인 건물인 세이덴(2). 중산국 시절의 세이덴을 복원한 미니어처(3)와 세이덴 안에 있는 중산국왕의 옥좌(4).

타서 없어진 아픈 역사를 갖고 있다. 1453년 건국 이후 왕국의 왕위 다툼 과정에서 처음으로 불타 없어졌다. 그 후 재건되었지만 1609년 사쓰마 번의 침입 때 일부가 훼손되었고 결국 일본의 속국으로 지내면서 1660년에 다시 화재를 당했다. 1709년에 또 다른 화제를 겪었으며, 1879년에 류큐 왕이 폐위되자 2차대전 때까지 일본군의 주둔지로 쓰였다. 그런데 하필이면 오키나와 전투 때 미 해군의 함포 사격을 제대로 두들겨 맞아 슈리 성의 왕궁은 또다시 전소되었다.

그 후 왕궁의 터가 1950년부터 류큐대학의 부지로 사용되어 오다 1978년에 대학의 이전으로 인하여 1992년부터 철저한 고증을 거쳐 복원되었다. 그리고 2000년에 유네스코 세계유산에 등재되었다. 하지만 2019년 10월 31일에 원인 모를 거대한 화재가 발생해서 또다시 슈리 왕궁은 모두 불타 버렸다. 역사상 단일 건물이 총 5회의 화재를 겪은 사례도 없을 것이다. 과연 제대로 복원되고 유네스코 세계유산으로 다시 채택될 수 있을지는 의문이다.

다마우둔과 시키나엔

슈리 성의 건물들 이외에 중요한 문화유산으로는 류큐 왕국 역대 왕들의 종묘인 다마우둔을 들 수 있다. 류큐 왕국에는 남방 섬나라들의 특징인 세골장洗骨葬이 있었다. 세골장은 화장 풍습 이전에 따로 뼈만을 보전하기 위한 장례법이다. 이것은 뼈만 남기고 여타의 조직들은 자연적으로 깨끗하게 제거되도록 시신을 매장하기 전에 들판에 일정 기간동안 방치해 놓는 풍습이다. 이럴 경우 시신의 매장 공간을 축소할 수 있기 때문에 상당히 집약적으로 관과 묘실을 사용할 수 있다. 다마우둔에서는 세골장 풍습에 의해 역대 왕과 왕실 가족들의 유골함을 중실, 동실과 서실에 모셔 놓고 있다.

슈리 성 바깥에는 왕족들의 별장이나 외국 사신을 접대하기 위한 특별 용도의 응접실이라 할 수 있는 별궁인 시키나엔이 있다. 주로 중국 사신을 영접하는 데 쓰였는데, 내부에는 중국, 특히 명나라 당시의 조경을 거의 완벽하게 재현해 놓은 정원이 있다. 이것으로 볼 때 류큐 왕국은 대륙의 중국에 노골적인 모화慕華사상을 표현했다는 것을 알 수 있다. 이것은 더욱 더 큰 물에서 놀면서 자기네들 위쪽의 성가신

섬나라 칼잡이들과는 근본적으로 다르다는 것을 보여주고자 하는 강력한 의지의 표출인 셈이다.

6세기경 중국 남조의 물질문화를 적극적으로 수용하면서 대륙과의 친교를 한반도의 삼국항쟁기에 이용해 온 백제의 외교 정책도 이와 일맥상통한다 볼 수 있다. 다만 백제는 중국과 일본을 모두 사대교린事大交隣이라는 양다리 전법을 썼지만, 류큐는 일편단심 중국만 짝사랑해 왔다. 그래서 일본의 질투와 시샘을 한 몸에 받으면서 결국은 강제로 보쌈당한 건지도 모른다. 외교도 연애처럼 "밀당"이 필요한 셈이다.

4. 20세기 오키나와의 상황 및 류큐 왕국의 역사적 의미

류큐 왕국은 대륙과 활발하게 교역하였다. 당시 대륙에 속하던 조선이 류큐에서 가장 활발하게 들여온 것은 조선술造船術이다. 고려 말부터 한반도와 중국 연안 부분을 약탈하던 왜구倭寇들을 물리치기 위해 세종대부터 외래 기원의 조선 기술을 도입하기로 한 결과이다. 그래서 류큐와 대마도對馬島의 선장과 선박 기술자들로부터 쾌속 주행이 가능하고 비에 강한 전함의 건조 기술을 배운 후, 조선의 해군력은 상당한 향상을 이루었다.

하지만 조선이 류큐와 교역하였어도 확실한 이득을 취하거나 진귀한 왕실 전용 토산품을 무한정 공급받지는 않았다. 성종실록에는 이러한 교역의 전말이 꽤 자세하게 등장한다. 조선이 류큐에서 들여온 가장 대표적인 물품은 설탕砂糖과 후추胡椒이다. 특히 후추는 상류층에서 소비하던 사치품으로서, 류큐는 이러한 후추를 지금의 인도차이나반도 남쪽의 참파占婆, 2권 참조 왕국에서 수입해 조선에 재수출했다. 후추의 수요가 증가하자 성종은 국산화시키기 위해 류큐와 일본에 종자를 요청하였지만 실제로 조선 현지 재배는 이루어지지 않았다. 본격적으로 한반도에서 후추가 재배되는 시기는 임진왜란 이후이다.

이렇게 류큐 왕국과 한반도는 물적 교류와 인적 교류를 함께 해왔다. 물론 류큐 왕국이 오직 조선하고만 교류한 것은 아니다. 그들은 자신의 영토가 빈약한 화산섬이고, 농사는 지을 수 있더라도 규모의 경제면에서 자력갱생하기가 쉽지 않다는 것을 일찍이 깨우쳤다. 따라서 약소국임에도 능숙한 외교와 중계무역으로 자신들의 정체성을 유지해 왔다. 그리고 중국, 한국, 일본은 물론 동남아시아와 서역까지 교류하는 글로벌리즘을 일찍이 15세기부터 실천해 왔다.

이는 스스로 폭넓은 외래문화의 수용 자세를 표방하고, 국권을 수호하려면 기꺼이 굽히고 다가서겠다는 겸허함, 지금으로 따지면 서비스 마인드サービスマインド를 일찍감치 터득한 것으로 볼 수 있다. 류큐 왕국은 이런 탄력적인 외교 정책과 동시에 나름대로 지조도 있고 뚝심도 있었다. 단적인 예로 자신이 누구에게 조공을 바치고 어떤 리그에 속하는지 알고 있었다. 그래서 임진왜란 당시 명나라에 도요토미 히데요시의 야심을 알려주었고, 일본의 강압적인 조선 파병 요청에도 끝내 응하지 않았다.

1879년 일본 정부는 사쓰마 번의 정벌 이래 작은 예속 국가였던 류큐 왕국을 완전히 통합하였다流球處分. 그 후 일본의 지방 현으로 존재하면서 본토인들에게 차별받고 류큐만의 고유한 문화가 심각한 침해를 받아왔다. 이러는 와중에 일본 관제 인류학자들의 현지 조사를 통해 오키나와를 포함한 류큐의 독특한 문화가 깊이 있게 연구되기도 하였다. 하지만 2차대전 말기, 오키나와는 일본 제국의 마지막 광기 어린 항쟁의 장소이자 미국의 무차별 폭격이 자행된 실험실이기도 하였다.

1944년 하반기부터 미군은 오키나와를 정벌하기 위한 사전 작업으로 항공모함을 사용한 무차별 공습을 하였다. 이 과정에서 류큐 왕국의 수도였던 나하 시가 거의 다 파괴되었다. 그 후 1945년 4월부터 진행된 오키나와 상륙전에서는, 직전에 이오지마硫黄島 전투의 지옥 같은 경험으로 인하여 무조건 '깨부수는' 전술을 구사하였다.

당시 일본군은 류큐 왕국이 세운 천혜의 요새인 우라소에 구스쿠浦添城를 진지로 활용하였고 슈리 성은 사령부로 점령하고 있었다. 미군 측의 무차별 폭격으로 결국 우라소에 구스쿠는 3주 만에 파괴되었고 슈리 성은 전소되었다. 당시 일본의 초거대 전함 야마토가 기쿠스이菊水 작전이라는 자살 공격을 감행해 오키나와에서 침몰한 사건은 미군만큼이나 몰상식하고 무자비했던 일본 해군의 실상을 제대로 보여주는 셈이다.

오키나와 전투에서 일본군은 당시 점령하고 있던 조선인들과 비슷한 방식으로 오키나와인들을 다루었다. 남자들은 일본 황군에 가담해서 명예롭게 전사하기를, 여자들은 미군들에게 함락당하느니 끝까지 싸우는 일본 제국의 남자들에게 극진히 봉사하기를 강요당했다. 현재까지 한국의 중요한 과거 청산 이슈로 남아있는 일본군 강제위안부 문제보다 더 처절하고 심각했던 삶과 죽음의 기로가 오키나와인들 남녀 모두에게 덮쳐왔던 것이다.

오키나와 전투 당시 무의미한 가담과 최후까지 항전하라고 독려

그림10.9 　오카모토 기하치岡本喜八가 감독하고 담바 데쓰로丹波哲郎, 나카다이 데쓰야仲代達矢가 주연한 1971년 영화 〈오키나와 전투激動の昭和史 沖縄決戦〉. 희생자인 오키나와 사람들의 입장보다는 패전하고도 입이 열 개인 것처럼 떠들어 대는 일본의 비장한 영웅담만 요란하게 나열하고 있다. 마치 오키나와 주민들이 일본 천황과 일본 제국을 위해 목숨을 바쳐 충성을 다하고 장렬하게 전사한 것처럼 묘사하는 또 다른 프로파간다이다.

하던 일본군들의 무자비한 태도는 당시 주민들에게 별로 인정도 받지 못했고 참여도 끌어내지 못했다. 그래서 오키나와인들은 자발적으로 미군에 협력하여 현지 정보를 제공하고 숨어있던 일본군 패잔병 색출 업무도 공조하였다.

　1945년에 일본이 연합군에 항복하고 한국은 독립을 획득하였다. 하지만 당시 엄연히 일본 땅이었고, 표면상 일본군과 함께 미군에 맞서 싸웠다는 역사적 팩트로 인하여 류큐 열도는 미국이 직접 지배하

게 되었다. 1945년부터 1972년까지의 이 시기는 오키나와에서 미국 시기米國世, あめりかゆ라 부른다. 이 시기 동안 일본 본토의 미군 규모가 축소되면서 오키나와로 대부분의 미군 기지가 옮겨왔다. 당시 오키나와에서는 미군을 해방군 비슷하게 인식하고 있었다마치 어느 나라의 남쪽 분위기와 흡사하다.

일본으로부터 미군의 힘을 빌려 독립하자는 측과, 인종과 언어도 다른 미국보다는 차라리 일본에 복귀하자는 측의 대립이 지속되었다. 1972년에 미국은 일본으로부터의 독립을 스스로 거부하는 의사 결정을 존중해서 오키나와를 일본에 반환한다. 그 이후 오키나와를 포함한 류큐 열도는 아직 일본 땅으로 남아 있다.

현재 오키나와 현지에서 류큐 독립운동은 여전히 진행되고 있다. 하지만 그 움직임은 미약하다. 민족이 스스로 고유함을 견지한다고 저절로 독립이 보장되는 것은 아니다. 앞의 7장에서 살펴본 티베트의 예처럼 꾸준하게 정체성을 유지하며 독립을 추구해야만 가능할 것이다. 대한민국은 그러한 과정을 겪어 왔고 자력으로 독립을 쟁취했다. 류큐도 그럴 수 있을 것이다.

역사적으로 항상 일본과는 대등한 관계를 유지해 왔고, 열도 보다는 대륙을 동경했던 동아시아 조공 네트워크의 막내 동생이자 유능한 심부름꾼이었던 류큐 왕국. 타자의 입장에서 그들을 단순히 일본인으로 간주하고 그들의 역사를 일본의 역사로 치부하는 것은 무지의 소산이요 심각한 부레이코無禮講, ぶれいこう, 술 먹은 김에 함부로 계급장 다 떼고 예의를 무시하는 일본의 '야자타임' 문화가 될 수도 있을 것이다.

에필로그

 고고학에 대한 나만의 견해를 갖고 일반 대중을 대상으로 고고학이 무엇인지 이야기를 해 보았다. 그리고 한국을 포함하여 한국의 주변인 중국과 일본, 또한 현재 분단되어 있지만 우리 민족인 북한의 세계문화유산 한 가지에 대해 짤막하게 다루어 보았다. 방대한 4개국의 역사를 이 책 한 권에 담아 내 보려고 한 시도는 역시 내 능력의 한계만 깨닫게 해 주었다. 하지만 능력의 한계를 깨달았다는 것을 성과로 받아들인다면 다음 권인 2권은 훨씬 더 부담 없이 준비하고 더욱 더 유연하게 글을 이끌어 갈 수 있을 것이라는 낙관을 맞이하게 해 준다.

 스스로 많이 깨우치면서 다시금 재고할 수 있는 여러 가지를 접할 수 있었다. 어찌 보면 이 책은 내 전공 분야하고는 전혀 상관없는 내용이 대부분이다. 하지만 그렇기 때문에 더욱 조심하고 '행인임발우개봉行人臨發又改封'의 심정으로 지나가는 사람에게 검토라도 한 번 더 받을 수 있었다끝까지 헛소리하네. 1권에서는 우리나라 및 우리나라와 직간접적 관계를 역사적으로 맺어 온 나라를 중심으로 다루었다. 이제부터는 우리나라와 사회적으로 거리를 두고 역사적으로만 공존해 온 나라들을 다룰 것이다. 그래서 2권에서는 동남, 중앙, 남아시아와 러시아의 세계문화유산에 대해 짚어 보고자 한다. 모쪼록 독자분들의 너그러운 혜량과 날카로운 지적 및 기대 어린 응원을 염치 불고하고 바래본다.

1990년 12월에 수교도 맺기 전인 중국 베이징北京 북쪽에 위치하는 팔달령八達嶺의 만리장성에서.

그림 목록

그림	캡션 및 출처
그림1.1	충남대학교 학생과 박순발 선생 발굴 현장 모습 저자 직접 편집
그림1.2	다윈 캐리커처와 캐나다 어린이의 발굴 현장 참여 위키피디아 https://en.wikipedia.org/wiki/Darwinism 캐나다 CBC 방송 https://www.cbc.ca/news/canada/prince-edward-island/orwell-corner-public-archeology-1.3689580
그림1.3	이집트 로제타스톤과 미국 미시시피 카호키아 마운드 유적 위키피디아 https://en.wikipedia.org/wiki/Rosetta_Stone 카호키아 마운드 공식 홈페이지 https://cahokiamounds.org/gallery
그림1.4	야외 고고학과 실험실 고고학의 차이 저자 직접 촬영 영국 케임브리지 대학 고고학과 공식 홈페이지 https://www.arch.cam.ac.uk/about-us/archaeological-science
그림1.5	고고학자가 안 하는 것과 하는 것들 고고학자 커뮤니티 shovelbums.org http://shovelbums.org/
그림1.6	제주도의 한라산의 백록담과 경주 토함산의 석굴암 위키피디아 https://en.wikipedia.org/wiki/Jeju_Volcanic_Island_and_Lava_Tubes https://en.wikipedia.org/wiki/Seokguram
그림2.1	영화 〈석양에 돌아오다〉 오리지널 이탈리아 포스터 위키피디아 https://en.wikipedia.org/wiki/The_Good,_the_Bad_and_the_Ugly
그림2.2	한국의 대표적인 청동유물들 국립중앙박물관·국립광주박물관, 1992, 『한국의 청동기문화』, 범우사
그림2.3	한국 청동기시대의 대표적인 토기들 저자 직접 편집
그림2.4	한국 청동기시대의 마제석기들 저자 직접 편집

그림	캡션 및 출처
그림2.5	강화도와 프랑스 카르낙의 거석문화 문화재청 국가문화유산포털 http://www.heritage.go.kr/heri/cul/culSelectDetail.do?pageNo=1_1_1_1&ccbaCpno=2332300320000# 저자 직접 촬영
그림2.6	고창과 화순의 고인돌 유적 저자 직접 편집
그림3.1	영화 〈신라의 달밤〉 포스터 네이버 영화 https://movie.naver.com/movie/bi/mi/photoViewPopup.nhn?movieCode=30984
그림3.2	경주의 신라 왕경 복원도 경주시청 문화관광과 제공
그림3.3	경주 남산 배리 석불 입상과 칠불암 충남대학교 주경미 박사 제공
그림3.4	경주 월성의 항공사진 모습 국립경주문화재연구소 블로그 https://blog.naver.com/wolseong11/221779908415
그림3.5	황남대총 출토 유물들 문화재청 국가문화유산포털 http://www.heritage.go.kr/heri/unified/selectUnifiedList.do?pageNo=5_1_1_0
그림3.6	황룡사지와 분황사 모전 석탑 문화재청 국가문화유산포털 http://www.heritage.go.kr/heri/cul/imgHeritage.do?ccimId=1612748&ccbaKdcd=11&ccbaAsno=00300000&ccbaCtcd=37
그림4.1	원삼국시대 한반도의 상황 저자 직접 편집
그림4.2	금동대향로와 무령왕릉 문화재청 국가문화유산포털 http://www.heritage.go.kr/heri/cul/imgHeritage.do?ccimId=1612303&ccbaKdcd=11&ccbaAsno=02870000&ccbaCtcd=34
그림4.3	공주 무령왕릉과 출토품 문화재청 국가문화유산포털 http://www.heritage.go.kr/heri/cul/imgHeritage.do?ccimId=1612272&ccbaKdcd=11&ccbaAsno=01540000&ccbaCtcd=34

그림	캡션 및 출처
그림4.4	부여시와 정림사지 및 관북리 유적과 출토품들 충남대학교 이판섭 박사 제공 문화재청 국가문화유산포털 http://www.heritage.go.kr/heri/cul/culSelectDetail.do?pageNo=1_1_1_1&ccbaCpno=1333404280000#
그림4.5	부여지역의 세계문화유산들 충남대학교 이판섭 박사 제공 문화재청 국가문화유산포털 http://www.heritage.go.kr/heri/cul/imgHeritage.do?ccimId=1626464&ccbaKdcd=13&ccbaAsno=00140000&ccbaCtcd=34
그림4.6	백제 금동대향로와 석조 사리감 문화재청 국가문화유산포털 http://www.heritage.go.kr/heri/cul/imgHeritage.do?ccimId=1612303&ccbaKdcd=11&ccbaAsno=02870000&ccbaCtcd=34
그림4.7	익산 왕궁리와 미륵사지의 출토 유물들 문화재청 국가문화유산포털 http://www.heritage.go.kr/heri/cul/imgHeritage.do?ccimId=1612358&ccbaKdcd=11&ccbaAsno=01230000&ccbaCtcd=35
그림5.1	전국시대의 중국 지도 딴지일보 http://www.ddanzi.com/ddanziNews/75425712
그림5.2	진시황릉, 제1호 병마용갱과 진시황 상상도 위키피디아 https://en.wikipedia.org/wiki/Mausoleum_of_the_First_Qin_Emperor https://en.wikipedia.org/wiki/Qin_Shi_Huang#/media/File:Qinshihuang.jpg
그림5.3	진시황릉 출토 유물들 위키피디아 https://en.wikipedia.org/wiki/Mausoleum_of_the_First_Qin_Emperor
그림5.4	진시황릉에서 발견된 다양한 진용들 위키피디아 https://en.wikipedia.org/wiki/Terracotta_Army
그림5.5	채색된 상태로 복원된 진용과 채색에 사용된 안료 위키피디아 https://en.wikipedia.org/wiki/Terracotta_Army

그림	캡션 및 출처
그림5.6	중원지역의 위치와 범위 중앙일보 조인스닷컴 https://news.joins.com/article/2637790
그림5.7	가욕관, 산해관, 노룡두 위키피디아 https://en.wikipedia.org/wiki/Jiayu_Pass https://en.wikipedia.org/wiki/Shanhai_Pass
그림5.8	중원지역을 지배한 역대 북방민족의 군주들 바이두(百渡) 백과 https://baike.baidu.com/item/%E6%8B%93%E8%B7%8B%E7%8F%AA/1525923?fr=aladdin 위키피디아
그림6.1	낙랑 채협총 출토 유물들 각종 저자 직접 편집 조선고적연구회, 1934, 『彩篋塚』
그림6.2	고구려 개마무사와 〈태왕사신기〉 포스터 조선닷컴 http://pds.joins.com/jmnet/koreajoongangdaily/_data/photo/2009/07/21214751.jpg http://img.bemil.chosun.com/nbrd/files/BEMIL085/upload/2008/01/%B0%ED%B1%B8%B7%C1%C0%C7%C0%FC%C5%F5_thdwndyd96.jpg 네이버 https://entertain.naver.com/read?oid=119&aid=0000034516
그림6.3	환도성과 주변의 고분들 위키피디아 https://en.wikipedia.org/wiki/Hwando#/media/File:Hwando_Mountain_Fortress_Rising_Wall.JPG
그림6.4	살수대첩과 을지문덕 표준 영정 전쟁기념관
그림6.5	오녀산성 원경과 서쪽 입구 충남대학교 박양진 교수 제공
그림6.6	국내성의 성곽 흔적 충남대학교 박양진 교수 제공 위키피디아 https://en.wikipedia.org/wiki/Gungnae#/media/File:Corner_of_Gungnae_Fortress_(GuoNei_Fortress).JPG

그림	캡션 및 출처
그림6.7	광개토대왕비와 장군총 충남대학교 박양진 교수 제공
그림6.8	안악3호분의 묘주도와 생활도 위키피디아 https://en.wikipedia.org/wiki/Anak_Tomb_No._3
그림6.9	강서대묘의 사신도 동북아역사넷 http://contents.nahf.or.kr/search/itemResult.do?levelId=iskk.d_0001_0020&setId=30103&position=2
그림7.1	티베트의 이미지 위키피디아 https://en.wikipedia.org/wiki/Tibet
그림7.2	티베트의 불교 순례자와 달라이 라마 위키피디아 https://en.wikipedia.org/wiki/Tibetan_Buddhism
그림7.3	송첸감포 대왕과 문성공주 조각상 위키피디아 https://en.wikipedia.org/wiki/Songtsen_Gampo
그림7.4	알탄 칸, 소남 갓초, 로짱 갓초 초상화 위키피디아 https://en.wikipedia.org/wiki/Altan_Khan https://en.wikipedia.org/wiki/3rd_Dalai_Lama https://en.wikipedia.org/wiki/5th_Dalai_Lama
그림7.5	티베트의 영역과 현재 중국 자치구의 티베트 저자 직접 편집
그림7.6	티베트 포탈라 궁의 여러 모습들 위키피디아 https://en.wikipedia.org/wiki/Potala_Palace
그림7.7	조캉 사원과 노르블링카 궁전 위키피디아 https://en.wikipedia.org/wiki/Jokhang https://en.wikipedia.org/wiki/Norbulingka
그림8.1	일본 야요이 시대의 생활상 위키피디아 https://en.wikipedia.org/wiki/Yayoi_period

그림	캡션 및 출처
그림8.2	전방후원분과 히미코 및 진무 천황 위키피디아 https://en.wikipedia.org/wiki/Kofun https://en.wikipedia.org/wiki/Himiko
그림8.3	아스카데라 위키피디아 https://en.wikipedia.org/wiki/Asuka-dera
그림8.4	쇼토쿠 태자 초상과 을사의 변 암살도 위키피디아 https://en.wikipedia.org/wiki/Prince_Sh%C5%8Dtoku https://en.wikipedia.org/wiki/Taika_Reform
그림8.5	일본 나라시대의 문화적 업적 위키피디아 https://en.wikipedia.org/wiki/Heij%C5%8D-ky%C5%8D https://en.wikipedia.org/wiki/Kojiki https://en.wikipedia.org/wiki/Man%27y%C5%8Dsh%C5%AB
그림8.6	나라시 도다이지의 각종 문화유산들 위키피디아 https://en.wikipedia.org/wiki/T%C5%8Ddai-ji 저자 직접 촬영
그림8.7	도쇼다이지와 가스가다이샤 위키피디아 https://en.wikipedia.org/wiki/T%C5%8Dsh%C5%8Ddai-ji https://en.wikipedia.org/wiki/Kasuga-taisha#Kasugayama_Primeval_Forest
그림9.1	고즈레 오가미 각종 미디어물 저자 직접 캡쳐 https://booklive.jp/product/index/title_id/282487/vol_no/015 IMDB(imdb.com) https://www.imdb.com/title/tt0068815/
그림9.2	미나모토노 요리토모와 몽골의 일본 원정 위키피디아 https://en.wikipedia.org/wiki/Kamakura 월페이퍼 억세스 https://wallpaperaccess.com/ghost-of-tsushima

그림	캡션 및 출처
그림9.3	아시카가 다카우지와 무로마치 시대 위키피디아 https://en.wikipedia.org/wiki/Ashikaga_Takauji https://en.wikipedia.org/wiki/Muromachi_period
그림9.4	센고쿠 시대의 다케다 신켄과 우에스기 켄신 위키피디아 https://en.wikipedia.org/wiki/Uesugi_Kenshin https://en.wikipedia.org/wiki/Takeda_Shingen IMDB(imdb.com)
그림9.5	아즈치 성과 오사카 성 위키피디아 https://en.wikipedia.org/wiki/Osaka_Castle https://en.wikipedia.org/wiki/Azuchi_Castle
그림9.6	히메지 성과 그 평면도 위키피디아 https://en.wikipedia.org/wiki/Himeji_Castle
그림9.7	히메지 성 내부와 미야모토 무사시 위키피디아 https://en.wikipedia.org/wiki/Himeji_Castle IMDB(imdb.com) https://www.imdb.com/title/tt0049710/?ref_=nm_flmg_act_143
그림10.1	환태평양 조산대와 지진 발생 위키피디아에서 수정 https://en.wikipedia.org/wiki/Ring_of_Fire
그림10.2	미나토가와 인과 조몬인의 비교 위키피디아 https://en.wikipedia.org/wiki/Minatogawa_Man https://en.wikipedia.org/wiki/J%C5%8Dmon_people
그림10.3	오키나와 북부의 나키진 구스쿠와 출토품 충남대학교 고고학과 이주선 학생 제공
그림10.4	오키나와 제주도 용장산성의 고려 기와 비교 국립제주박물관, 2007, 『탐라와 유구왕국』, 해양문물교류특별전 Ⅱ
그림10.5	삼산시대 지도와 류큐 왕국 옥새 및 청나라로부터의 책봉 위키피디아 https://en.wikipedia.org/wiki/Ryukyu_Kingdom

그림	캡션 및 출처
그림10.6	슈리 성 앞의 가라테 연무 모습과 후나코시 기친 위키피디아 https://en.wikipedia.org/wiki/Okinawan_martial_arts https://en.wikipedia.org/wiki/Karate
그림10.7	오키나와의 구스쿠 유적들 충남대학교 고고학과 이주선 학생 제공 위키피디아 https://en.wikipedia.org/wiki/Katsuren_Castle
그림10.8	슈리 성의 다양한 모습들 충남대학교 고고학과 이주선 학생
그림10.9	일본 영화 〈오키나와 전투〉 포스터 위키피디아 https://en.wikipedia.org/wiki/Battle_of_Okinawa_(film) IMDB(imdb.com) https://www.imdb.com/title/tt0067523/mediaviewer/rm1179012864